저스트 지저스 : 오직 예수

Just Jesus

저스트 지저스 : 오직 예수

브라이언 바

규장

프롤로그

나의 이야기가 아닌
하나님 그분의 이야기!

먼저 이 책을 접하신 모든 분들에게 꼭 드리고 싶은 말씀이 있습니다. 그것은 제가 예수님을 몰랐을 때, 쓸모없고 죽어 마땅한 죄인인 저를 하나님은 끝까지 지켜보시며 여기까지 인도해주셨다는 것입니다. 바로 그 좋으신 하나님을 여러분에게 소개하고 싶습니다. 이제 브라이언박은 십자가 뒤에 감춰주시고 처음부터 끝까지 오직 예수님만 드러나기를 바라는 마음으로 기도드리며 저의 이야기를 시작하려고 합니다. This is not my story, but His story!

예수님을 인격적으로 만나 교제해보세요

이 책을 시작하며 먼저 저의 마음을 찬송가 가사와 성경을 통해 나누고 싶습니다. 그것은 찬송가 304장 3절 가사와 요한복음 20, 21장 말씀입니다. 저같이 무익하고 죽어 마땅한 죄인을 하나님께서 만나주시고, 살려주시고, 불러주셔서 사용하시는 하나님의 사랑은 "하늘을 두루마리 삼고 바다를 먹물 삼아도 다 기록할 수 없고, 측량할 수 없는, 영원히 변치 않는 사랑"입니다.

예수께서 제자들 앞에서 이 책에 기록되지 아니한 다른 표적도 많이 행하셨으나 오직 이것을 기록함은 너희로 예수께서 하나님의 아들 그리스도이심을 믿게 하려 함이요 또 너희로 믿고 그 이름을 힘입어 생명을 얻게 하려 함이니라 요 20:30-31

예수께서 행하신 일이 이 외에도 많으니 만일 낱낱이 기록된다면 이 세상이라도 이 기록된 책을 두기에 부족할 줄 아노라 요 21:25

이 책을 쓰게 된 목적은 예수님께서 말씀하신 대로(요 20:30-31) "오직 예수님을 믿어서 생명을 얻게" 하기 위함입니다. 그러나 하나님께서 지난 31년간 보여주신 하나님의 사랑과 초자연적인 이적을 낱낱이 기록한다면 말씀대로(요 21:25) 이 책 한 권으로 턱없이 부족하지만, 이 책을 통해서 제가 만나고 교제하고 있는 나의 사랑하는 예수님을 여러분도 인격적으로 만나서 교제하며, 제가 누린 하나님의 사랑보다 더 큰 사랑을 받고 누리시기를 바라는 마음뿐입니다.

그리고 글 중간중간에 영어 단어와 문장이 많이 등장하는데, 그 이유는 제가 미국에서 40년이나 살았기 때문입니다. 물론 지난 11년 간은 한국에 살면서 사역하였지만, 여전히 저는 하나님께 영어로 기도하고, 하나님의 감동 역시 영어로 받습니다. 그래서 자주 하나님의 감동을 영어로 쓰고 한국어로 번역하고 있으니, 여러분의 너그러운 이해를 부탁드립니다.

세상에서 두 번째로 위험한 책?

그리고 이 책의 제목이 왜 《저스트 지저스 : 오직 예수》인지 설명드리려고 합니다. 책을 준비하면서 하나님께 어떤 제목으로 출판하기를 원하시는지 여쭸을 때 하나님께서는 영어로 제목을 주셨습니다.

《Just Jesus》

The Second Most Dangerous Book In The World

직역하면, 《오직 예수》

세상에서 두 번째로 위험한 책

그러면 세상에서 가장 위험한 책은 무엇입니까? 당연히 성경이죠!

하나님은 모든 사람이 구원을 받으며 진리를 아는 데에 이르기를 원하십니다(딤전 2:4). 우리가 성경을 통해서 말씀이시며, 길이요 진리요 생명이신 구주 예수님을 인격적으로 만나고 교제하면 당연히 인생이 송두리째 바뀌어서 구원을 얻고, 구원을 누리다가 천국에 들어가 영생을 누리게 됩니다.

그렇다면 성경이 세상에서 가장 위험한 이유는 무엇입니까? 거꾸로 마귀는 모든 사람이 구주 예수님을 모르고, 보지 못하고, 모든 사람의 마음, 생각, 눈, 귀 그리고 입을 거짓과 어둠으로 가려서 예수님 없이 살다가 죽고 나면 지옥으로 끌고 가려 하기 때문에 매일 매 순간 치열한 영적 전투가 치러지기 때문입니다. 그래서 성경이 세상에서 가장 위험한 책입니다. 따라서 우리가 성경을 지식으로 읽기만 하지 말고 실제적으로 삶에 적용할 때 비로소 생명이 되고 영생을 누리게 되며 마귀도 거뜬히 이길 수 있습니다.

그런데 감히 이 책을 성경과 비교한다고요? 물론 '세상에서 두 번째로 위험한 책'이라는 것이 너무 대담하다는 것을 인정합니다만 하나님께서 주신 감동이라 순종할 수밖에 없다는 것 또한 이해해주시면 감사하겠습니다. 그러면 어떻게 이 책이 세상에서 두 번째로 위험한 책이 될 수 있을까요? 이 책에서 제가 나누는 하나님의 크심과 좋으심, 하나님의 신실하심과 사랑을 읽기만 하지 말고, 제가 배우고 실천한 대로 여러분도 실천해보신다면 제가 누렸던 하나님의 은혜보다 더 큰 은혜를 누릴 수 있고, 저의 삶이 바뀐 것보다 더 놀랍게 바뀔 수 있기 때문에 감히 이 책을 세상에서 두 번째로 가장 위험한 책이라고 소개하는 것입니다.

여러분께 간절한 부탁이 있습니다. 성경을 그냥 지식으로 읽지만 말고 실제적으로 삶에서 적용할 때 비로소 생명이 되고 영생을 누리게 되며 마귀도 거뜬히 이길 수 있듯이, 이 책 역시 그냥 읽기만 하지 말고, 여러분의 삶에 적용할 때 비로소 여러분에게 생명이 되고 영생을 누리게 되며 여러분이 어떤 상황에서도 마귀도 거뜬히 이기게 되는 것입니다.

제가 지금까지 사역하면서 가장 기분 좋았던 말은 "목사님, 은혜 많이 받았습니다"가 아니고 "목사님을 만나서 하나님을 만났고, 내 인생이 바뀌었습니다"라는 말입니다. 저는 그 말을 들을 때가 가장 기쁩니다. 하나님을 뜨겁게 만나 인생이 온전히 바뀌기를 바라는 마음으로 이 책을 읽기 바라고, 이 책을 통해 한 분 한 분의 삶에 회복의 은혜가 임하기를 축복합니다.

오직 예수가 왜 중요한가?

이제 이 책의 출판에 대한 이야기를 해보려고 합니다. 제가 하나님을 만난 지 25년 만에 하나님은 책을 출판하라고 하셨습니다. 하나님을 만난 이후 제 삶의 이야기를 담아내기까지 25년이 걸린 셈입니다.

'하나님께서 왜 책을 내라고 하셨을까? 왜 25년일까?'

저는 아브라함을 보면서 아브라함이 어떻게 25년을 기다렸을까 생각하다가 왠지 모르게 아브라함이 25년을 기다리는 것이 당연하다는 마음에 감동이 있었습니다. 저 역시 다시 기다림의 시간을 보내게 되었습니다. 하나님께서는 정확히 2019년 6월에 저에게 책을 쓰라는 감동을 주셨지만, 그 후로 6년이 흐른 2025년에, 그간 변화된 여러 사역의 내용까지 담아 하나님께서 저를 통해 어떻게 일하고 계신지 많은 분들에게 나누라고 하십니다. 그래서 하나님을 만나고 지금까지 제가 살아온 31년의 삶을 돌아보며 '오직 예수'로 새로워진 삶, '오직 예수님'으로 승리하는 삶이 무엇인지 알려드리고자 합니다. 어느 누구나 예수님을 만나고, 체험하고, 승리할 수 있도록 돕기 위해 세상에서 두 번째로 위험한 이 책을 쓰게 된 것입니다.

히브리서 2장 17절에 이런 말씀이 나옵니다.

그러므로 그가 범사에 형제들과 같이 되심이 마땅하도다 이는 하나님의 일에 자비하고 신실한 대제사장이 되어 백성의 죄를 속량하려 하심

이라 히 2:17

그런데 이 말씀을 영어성경(NIV)으로 보면, 예수님이 그의 형제들과 같이 되셨다고 합니다. 하나님이 예수님을 사람들과 너무나 비슷하게 만드신 것입니다. 왜냐하면 그들의 마음을 공감하면서 그들을 위해서 기도해줄 수 있는 그런 대제사장으로 만드시려고, 예수님이 사람들과 똑같이 모든 것을 체험하도록 하셨다는 것입니다.

우리에게 있는 대제사장은 우리의 연약함을 동정하지 못하실 이가 아니요 모든 일에 우리와 똑같이 시험을 받으신 이로되 죄는 없으시니라
히 4:15

예수님은 우리와 같이 우리의 모든 것을 경험하셨으며, 모든 욕을 다 받으셨습니다. 그분은 죄가 없이 승리하셨기 때문에 우리를 위해 대신 중보하실 수 있는 분입니다. 저는 예수님을 만나고 나서 이 두 구절이 가슴 깊이 와닿았습니다. 예수님은 죄가 없는 분이시고 저는 죄인입니다. 다만 다른 많은 분들이 겪은 것을 (물론 전부는 아니더라도) 저도 많이 겪었으며, 하나님의 지혜로, 하나님의 권능으로 승리하였고, 그래서 지금까지 경험한 것을 알려드리려고 하는 것입니다.

저는 여러분이 어떤 문제를 가지고 나오너라도 감히 징죄하지 못합니다. 같이 아파하고, 같이 힘들어하고, 함께 공감하며 여러분을 위해 기도할 수 있습니다. 히브리서의 이 두 말씀은 하나님이 저를 만드신 과정입니다. 따라서 저는 지금이 왜 '오직 예수'가 중요한지를 꼭 나누고 싶습니다.

항복하고 회개하여 다시 오실 예수님을 맞이하라

저는 죄인이며 본능적으로 교만덩어리라서 습관적으로 교만하고 오만한 마음이 자주 올라오기 때문에 하나님께서 저에게 불의 연단을 통해 빚어가며 사용하셨습니다. 만일 그렇지 않았다면 저는 아마 하나님을 빙자해서 저의 영광과 유익을 위해 사역했을 것입니다.

성경에 많은 인물들이 등장하는데, 저는 제가 세례 요한과 매우 비슷하다고 생각합니다. 세례 요한의 삶과 사역을 보면 오실 예수님을 맞이하도록 회개하라고 부르짖었습니다(마 3:1-12). 특히 회개에 합당한 열매를 맺고 오실 예수님을 맞이하라고 했고, 예수님은 흥하여야 하겠고 자신은 쇠하여야 한다고 전했습니다. 그리고 자신이 전한 말씀 그대로 살다가 인생을 마감했습니다.

저의 삶과 사역 역시 모든 분들에게 항복하고 회개하여 다시 오실 예수님을 맞이하도록 예수님만 증거할 수밖에 없습니다. 세례 요한처럼 저는 절대로 드러나서 안 된다는 것을 잊지 않고 목숨 걸고 오직 예수님만 증거하며, 이 책 역시 하나님의 이야기를 통해서 모든 독자들이 예수님을 인격적으로 만나길 바라는 마음입니다.

special thanks to
이 책이 나오기까지 도와주신 분들을 잠시 소개하겠습니다.

　가장 먼저 당연히 나의 하나님 아버지! 저 같은 죄인을 기다려주시고, 만나주시고, 살려주시고, 사용해주신 삼위일체 하나님께 모든 감사와 영광을 돌립니다. 모든 것이 하나님의 일방적인 은혜입니다(고전 15:10).

　두 번째로 저의 아내에게 진심으로 감사드립니다. 아내의 사랑과 기도와 인내심이 없었다면 오늘 제가 여기 있을 수 없었습니다. 고맙고 미안하고 사랑해. 여보!

　그다음 조화정 대표님께 고개 숙여 감사드립니다. 부족한 저의 모습을 오랜 세월 뻔히 보셨는데도 '콜링갓'부터 함께 동역해주시며 이 책이 나오기까지 해산의 고통을 함께해주셔서 죄송하고 정말 정말 감사드립니다.

비록 저는 지금도 무명이지만, 제가 예수님을 만난 처음부터 지금까지 사랑과 기도와 물질로 응원해주고 후원해주신 미국, 영국 그리고 한국에 계신 모든 귀한 분들에게 이 지면을 빌려서 부족하지만 제 감사의 마음을 전합니다.

그리고 CTS 감경철 회장님을 비롯한 모든 CTS 전현직 임직원들께도 감사드리고, 저를 믿어주고 함께 동역하는 저희 'Just Jesus' 스태프들과 전 세계에 계신 모든 'Just Jesus' 가족들에게도 진심으로 감사를 드립니다.

저를 낳아주시고 키워주신 부모님, 형들과 누나들은 물론 모든 가족과 처가 식구들에게도 감사를 드립니다.

마지막으로 규장 대표님을 비롯해서 규장의 모든 분들에게도 진심으로 감사드립니다.

브라이언박

책을 여는 기도

오직 믿음으로 기도하신 다음 책을 읽어주세요.

하나님, 저의 마음을 활짝 열겠습니다.
저를 만나주세요.

하나님, 저의 마음을 활짝 열었습니다.
저를 꼭 만나주세요.

하나님, 저의 마음을 활짝 열었습니다.
저의 죄를 책망해주시고, 항복하고 회개할 때 용서해주시고,
새롭게 시작하게 도와주세요.

하나님, 저의 마음을 활짝 열었습니다.
저의 가슴판에 하나님의 말씀을 새겨주시고,
하나님의 말씀을 들을 수 있는 귀를 주시고,
하나님의 마음을 깨달을 수 있는 마음을 주시고,
하나님의 뜻대로 순종할 수 있는 의지를 주셔서
하나님의 기쁨이 되게 도와주세요.

하나님, 우리나라, 우리 민족을 살려주세요.
하나님, 전 세계 80억 인구를 살려주세요.
모두 하나님 앞에 나와서 항복하고, 회개하고,
예수님께 생명을 바치고,
예수님만을 위해서 살게 도와주세요.

이 책을 통해서 저를 만나주시고 찔러주시고,
항복하고 회개할 때 용서해주시고,
진짜 크리스천답게 살게 도와주세요.

예수님의 이름으로 기도합니다.
아멘.

프롤로그

PART 1　죄인 나의 이야기

01	허망한 꿈의 추락	21
02	6시간의 초자연적 사건	36
03	하나님의 선물	65
04	하나님만 의지하는 사역	88

PART 2　나의 치료자 하나님

05	너는 나를 바라보라	117
06	그리 아니하실지라도	138
07	중독을 치료하시는 하나님	154
08	자유를 얻게 하시는 하나님	168

PART 3　나의 단련자 하나님

09	믿음의 시험과 훈련	189
10	순종과 감사 훈련	206
11	달콤한 유혹을 이기는 훈련	227

PART 4 나의 회복자 하나님

- 12 놀라운 하나님의 임재 — 241
- 13 여호와 이레 하나님 — 256
- 14 회복은 용서의 열매다 — 269
- 15 희귀병은 있어도 불치병은 없다 — 283

PART 5 저스트 지저스 : 오직 예수

- 16 나의 멘토, 나의 사명, 오직 예수 — 309
- 17 방송 사역에서 가상 교회까지 — 324

에필로그

PART 1

죄인 나의 이야기

Just
Jesus

CHAPTER 1

허망한 꿈의 추락

나는 어릴 때부터 꿈이 있었다. 나는 부자가 되고 싶었다. 나의 부모님은 함경북도 출신으로 해방 직후 내려오셔서 온갖 고생을 하시며 우리 6남매를 키우셨다. 3남 3녀 중 막내로 태어난 나는 우리 집이 가난하다는 것을 초등학교 때 알았다.

전쟁 직후 모두 가난하던 시절이었다. 내가 살던 집은 여덟 가구가 모여 살았는데, 그중 방 한 칸을 세를 얻어 우리 여덟 식구가 살았던 기억이 난다. 어머니가 시장에서 배추 우거지를 주워다가 가족들의 끼니를 해결할 정도로 우리 집은 가난했다. 하지만 나는 우리 집이 가난하다는 티를 내고 싶지 않았다.

나는 초등학교 때부터 이 생각이 뇌리에 박혀 있었다. "지금은 열심히 공부해라. 공부 잘해서 좋은 학교에 가면 돈을 많이 벌 수 있고 성공할 수 있다." 이것은 부모님이 항상 하신 말씀이기도 했다.

나는 어떻게 해서든지 공부를 잘해서 돈을 많이 벌어 떵떵거리고 살고 싶었다.

그런데 큰누나가 집안을 일으켜보겠다는 일념으로 1960년대에 유학을 가게 되었다. 큰누나는 나와 17살 차이가 나서 나를 키우다시피 했다. 그런 큰누나가 갑자기 미국으로 가서 공부도 하고 돈도 벌어 집안 살림에 보태기 시작한 것이다. 아버지도 돈을 벌고 계셨기 때문에 누나가 미국 유학을 떠난 뒤 집안 형편은 조금씩 나아졌다. 그렇지만 나는 여전히 가난하다고 느꼈고, 가난이 싫어 계속 돈을 많이 벌고 싶다는 생각밖에 없었다.

미국으로 이민을 떠나다

큰누나가 유학을 떠나고 몇 년 후, 남은 누나와 형들도 한 명씩 차례로 미국으로 유학을 가기 시작했다. 아버지도 한국에서 하던 사업을 정리하고 미국에서 사업을 시작하기 위해 먼저 미국으로 가셨다. 결국 1974년, 내가 중학교 3학년일 때 나는 남은 가족과 함께 미국으로 이민을 떠나게 되었다. 지금 생각해보면 그 시절에 이민의 길을 열어주신 것 또한 하나님의 큰 은혜였음을 깨닫게 된다.

우리 가족은 미국에서 정착하기 위해 밤낮없이 열심히 일했다. 부모님이 마켓을 운영하실 때 나는 학교를 마치고 부모님을 도와 마켓에서 일하기 시작했다. 비록 마켓에서 일을 했지만 나는 돈을 많이 버는 변호사가 되고 싶었다. 왜냐하면 아버지가 법관의 꿈을 이루지 못하셔서 3형제 중에 법조인이 나오기를 소망하셨기 때문이다. 나는 그런 아버지의 꿈을 이뤄드리고 싶었다. 그런데 아버지는 간경화로 하나님도 만나지 못한 채 일찍이 세상을 떠나셨다.

미국에서 맞이한 현실은 그리 녹록하지 않았다. 미국에 가자마자 다니게 된 학교에서 아이들은 나를 "찰리"라고 불렀다. 미국에서 형이 지어준 내 이름은 브라이언(Brian)이었는데, 아이들이 자꾸만 "찰리"라고 해서 형에게 물어봤다. 형은 미국 사람들이 베트남 사람들을 '베트콩'이라고 하는데, 베트콩(Viet Cong)을 지칭하는 말이 '빅터 찰리'라고 했다. 그러니까 찰리(Charlie)라는 이름은 나를 베트남 사람들과 동일하게 조롱하는 말이었던 것이다.

다음날 학교에 가자 어김없이 한 친구가 나를 "찰리"라고 놀렸다. 나는 다시는 그런 말을 하지 않도록 그 아이를 약간 때려줬고, 결국 학교에 들어간 지 2주 만에 정학을 당했다. 그런데 그 뒤로 아이들이 나를 건드리지 않았다. 왜냐하면 그때 나는 이미 운동으로 단련된 유단자였고, 지금만큼 덩치가 커서 미국 아이들보다도 꽤 큰 편이었기 때문이다.

그렇게 해서 나는 편안하게 중학교를 졸업하고 고등학교에 갔다. 하지만 우수하지 못한 내 성적을 보며, 어떻게 해야 공부를 잘해서 돈을 많이 벌 수 있을까 생각하던 나는 갑자기 운동에 꽂혀버렸다. 그리고 한국 사람으로는 처음으로 미식축구 선수가 되겠다는 생각으로 운동을 시작했다. 하지만 운동을 시작한 지 2년쯤 되었을 때 부상을 입고 미식축구 선수의 꿈을 접게 되었다.

벼락치기 공부로 UCLA에 가다

고등학교 3학년 때 나는 다른 동네로 이사를 가게 되었다. 그리고 입시를 준비하며 평생 꿈꾸던 UCLA 대학을 목표로 공부를 시작했다. 큰형이 UCLA를 나왔고, 큰매형, 큰형수도 그 학교를 나왔기 때문에 무조건 나도 UCLA에 가고 싶었다. 하지만 고등학교 2년 동안 미식축구에 빠져 있다보니 성적이 바닥이었다.

나는 이제부터라도 정신을 차리고 공부하겠다고 마음먹고 학교 상담실을 찾아갔다. 그리고 1년 내내 열심히 공부해서 전과목 A를 받으면 UCLA에 갈 수 있는지 물어봤다. 그러자 상담해주는 선생님이 나를 비웃으며 딱 잘라 불가능하다고 했다. 그래서 UCLA보다는 순위가 낮은 학교를 나열하며 진학이 가능한지 다시 물었다. 그러자 어떤 대학도 불가능하다면서 고등학교를 졸업한 후 단과대학에 가서 2년 동안 공부하다가 그다음에 성적이 괜찮으면 목표하는 대학으로 편입하는 방법밖에 없다고 했다. 그 말을 듣자마자 나는 속으로 '내가 반드시 보여주리라' 하는 오기가 생겼다. 그때 나는 내가 지기 싫어하는 성격이라는 것을 알게 되었다.

결국 나는 고3 공부를 하면서 지난 2년간 점수가 나빴던 과목을 다시 공부하기 시작했다. 그 당시에는 같은 시험을 봐서 둘 중에 더 좋은 점수를 인정해주는 제도가 있었기 때문이다. 나는 보통 사람이라면 불가능한 12클래스를 매 학기 추가로 신청해서 열심히 공부했다. 그리고 2년 치 코스 시험에 패스했다. 고등학교 2년 동안 망친 공부를 만회하여 결국 원하던 대학에 들어가게 된 것이다.

그토록 악착같이 공부하여 1년 만에 UCLA에 들어갔는데도, 나는 여전히 싸움을 잘하고 마약을 일삼던 아이였다. 나는 중3 때부터 마약을 시작했다. 형이 하는 것을 보고 궁금해서 시작한 마약을 청년이 되어서도 끊지 못한 것이다. 대학에 들어간 후 나는 학업에 열중했고, 아르바이트로 변호사 사무실에서 일했고, 학교 매점에서도 일했다. 그렇게 번 돈을 모아 모든 학비를 스스로 충당했다. 그렇지만 여전히 마약의 늪에서 빠져나오지 못했다.

집에서 학교까지 거리가 꽤 멀었는데도, 나는 매일 통학을 하며 밤 11시까지 일하고, 집에 돌아와서 공부하고, 다시 아침 일찍 나가는 생활을 꼬박 4년이나 했다. 그 당시 나는 '슈퍼맨 신드롬'에 빠져 있었다. 공부와 일 모두 최고로 거뜬히 해낼 뿐 아니라 마약에도 더 깊이 빠져들었다. 남들이 보기에는 뭐든지 다 잘하는 얄미운 존재였다는 사실을 그때 나는 전혀 몰랐다.

나는 내성적이고 교만해서 친구가 없었다. 다른 아이들이 일도 안 하고 학교만 다니면서 공부도 안 하고 놀러 다니는 것을 보면 '내가 너보다 낫다'라는 마음이 들었고, 다른 아이들과 어울리고 싶지 않았던 것이다. 하지만 나는 혼자서도 그야말로 할 것 다하며 살았다. 한번은 15명과 싸우다가 머리에 열일곱 바늘을 꿰매고, 등에 드라이버를 맞기도 했다. 둘째 형과 나는 LA 코리아타운에서 싸움 잘하는 형제로 유명했다. 우리는 누구도 건드리지 못하는 존재가 되었다.

나는 열심히 일하고 공부해서 드디어 4년 만에 대학을 졸업했다. 그 시절의 나는 자동차를 무척 좋아했다. 나는 졸업을 자축하며 그동안 일해서 모은 돈으로 내가 나에게 선물을 했다. 그것이 BMW 자동차였다.

변호사 아닌 증권맨으로

아르바이트로 변호사 사무실에서 일할 때 본 변호사의 삶은 너무나 화려했다. 보통 변호사들의 나이가 30대 중반이었는데, 그들은 하나같이 내가 동경한 삶을 그대로 살고 있었다. 오픈카를 탔고, 바닷가 별장 같은 집에서 살았으며, 모델처럼 예쁜 아내와 지내는 모습을 보며 나는 '바로 이거구나' 싶었다. 나도 변호사가 되어 그렇게 살고 싶었다. 그 당시 나는 변호사만 600명 이상을 고용한 세계적인 로펌에서 일했다. 거기서 일하는 변호사의 평균 연봉이 3억 정도였는데, 40년 전 연봉 3억은 어마어마하게 큰돈이었다.

부푼 꿈을 안고 로스쿨 준비를 할 때였다. 나는 타임지를 보다가 그 자리에서 벌떡 일어날 정도로 충격적인 기사를 읽게 되었다. 그 기사는 월가의 증권맨이 천문학적인 돈을 번다는 내용이었다. 연봉이 자그마치 3억의 100배인 300억이라는 것이다. 대학에 다닐 때는 친구들이 주가 차트가 실린 월스트리트 저널의 기사를 알고 읽는다는 것이 부럽기만 했다. 나는 내가 모르는 별천지 세상에 놀라 단번에 로스쿨의 꿈을 접고 무조건 금융맨이 되어야겠다는 목표를 정하고 증권회사의 문을 두드리기 시작했다.

그 후 나는 지원한 회사에서 약 3개월의 시험을 거쳐 인터뷰 최종 단계까지 올라갔다. 최종 4명을 뽑는 마지막 관문을 앞두고, 30명의 지원자는 마치 증권 브로커가 된 것처럼 가상증권을 파는 테스트를 받게 되었다. 고객들에게 일일이 전화해서 증권을 파는 일이었는데, 누구한테 한 번도 세일즈를 해본 적이 없던 내가 2시간 동안 세일즈를 하여 30명 중에서 가장 높은 점수로 일등을 했다. 그때 나는 내 안에 알 수 없는 어떤 힘이 있다는 것을 알게 되었다.

그 후 회사에 입사하여 연수를 받고 1년이라는 시간이 흘렀는데 의외로 수익이 전혀 없었다. 내게 주어진 업무는 매일 200여 명의 개인 투자자에게 전화해서 몇천 불씩 투자 유치를 하는 일이었는데 그 정도로는 내게 주어지는 수익이 많지 않았다. 사실 어마어마한 수익을 받는 증권 브로커들은 그 분야에서 30년 정도 종사한 베테랑이었다. 신참내기인 내가 처음부터 큰 수익을 바라는 것 자체가 터무니없고 비현실적인 생각이었다.

그래도 나는 꿈을 포기하지 않고 열심히 근무했다. 하지만 6개월이 지나도록 고객 한 명 확보하지 못하고 있을 때, 하루는 매니저가 나를 부르더니 한 달의 시간을 주겠다고 하면서 한 달이 지나도 눈에 띄는 실적이 없으면 해고하겠다고 말했다. 인정하기 싫었지만 어차피 해고될 거라면 무모한 도전이라도 한 번 해보자는 생각에 나는 다짜고짜 기관투자자인 은행에 전화를 걸어 투자 상품을 소개하기 시작했고, 드디어 첫 거래가 성사되는 기쁨을 누리게 되었다. 그때는 내가 잘해서 그런 줄 알았지만, 지금 돌아보면 그때도 역시 하나님께서 나와 함께해주셨다고 생각한다.

해고 위기의 상황에서 나의 첫 고객이 은행이고, 첫 거래 금액 역시 백만 불이나 되자 회사도 적잖이 놀라는 눈치였다. 투자의 최고 전문가가 되기로 마음먹은 나는 그다음 유로본드(Eurobond)의 문을 두드렸다. 그러나 그 당시 회사는 유로본드에 관심이 없었다. 하지만 나는 퇴근도 하지 않고 불철주야 유로본드를 파기 시작했다. 회사와 달리 내게는 유로본드의 전망이 뚜렷이 보였고 내 예상은 적중했다.

그때부터 나는 본격적으로 큰돈을 벌기 시작했다. 이제 막 입사한 사람들이 예전에 내가 그랬던 것처럼 나를 부러운 눈으로 바라보았다. 회사에서는 계속해서 승승장구하는 내가 다른 곳으로 이직할 것을 염려하여 연봉을 크게 인상해주었다. 그러나 나는 더 큰 꿈을 안고 회사를 옮겼다. 그때 나는 미국 나이로 26살밖에 되지 않았다. 그러나 이미 월가의 투자회사 부사장이 되어 있었다. 투자 수수료만으로 높은 연봉보다 더 엄청난 수익이 생겼다. 나의 야무신 꿈이 드디어 현실이 되었다.

돈 버는 것이 가장 쉬웠어요

그 당시 나는 엄청나게 큰돈을 벌었지만 어리석게도 그 많은 돈을 저축하지 않고 보이는 대로 흥청망청 쓰기 시작했다. 매번 차를 바꾸고 고가의 옷을 구입했다. 낮에는 회사에서 열심히 돈을 벌었고, 밤이 되면 어김없이 사람들과 어울려 술과 마약에 취해 잠을 거의 자지 않았다. 그러나 그다음 날 아침에 어김없이 출근하는 이중생활을 반복하며 살았다.

그런 삶이 반복되었는데도 피곤하지 않고 정신이 말짱해서 다시 일을 할 수 있었던 것은 '슈퍼맨 신드롬' 때문이었다. 나는 어떤 일도 견딜 수 있고, 나보다 더 센 것은 없고, 내가 어떤 상황보다 더 세다는 교만한 마음을 가지고 있었다. 나 자신에 대한 끝없는 자부심, 엄청난 자존심이 작용했던 것이다. 그렇기 때문에 나보다 약한 사람을 한없이 깔보면서 살았다. 마약을 하면서도 좋은 성적을 받았고, 회사에서도 승승장구했기 때문에, 나는 마약까지 내가 지배한다고 생각했지 어느 순간부터 내가 마약에 지배를 받고 있다는 사실을 몰랐다.

한번은 친구와 밤새 술을 마시고 새벽 4시에 잠이 들었다. 그날 따라 늦잠을 자게 되었고 나는 회사에 전화를 걸어서 지금 미팅을 하고 있어서 회사에 늦는다고 거짓말을 했다. 거래 은행에서 전화가 왔다는 소식에 바로 연락을 해보니 내가 제안한 투자 거래를 지금 당장 하겠다고 하는 것이 아닌가. 그렇게 해서 나는 회사가 아닌 집에서도 어렵지 않게 거래를 하게 되었다.

원래 회사에서 투자 거래를 할 때는 두 대의 전화기를 들고, 하나는 파는 사람, 다른 하나는 사는 사람이 정시에 거래가 되도록 만드는 일이 내 일이다. 그런데 그 날은 집에서 파자마를 입고 커피를 마시며 전화 한 대로 채권 사고팔기를 단 3분에 끝낸 것이다. 3분만에 나는 몇억의 수익이 생겼다. 그 당시 나는 가장 쉬운 일이 돈 버는 것이라고 생각했고, 실제로 그 말도 자주 했다. 얼마나 교만한가? 지금 생각하면 너무 부끄러워서 쥐구멍에라도 숨고 싶다.

물론 나도 돈을 많이 벌었지만 나보다 더 많이 돈을 버는 것은 회사였다. 나는 내가 벌어온 금액의 8퍼센트만 받는다. 나머지 92퍼센트는 회사의 수익이었다. 아무리 열심히 일해서 돈을 벌어도 뭔가 불공평하다는 생각이 들었다. 결국 나는 다니던 회사를 그만두고 더 큰 욕심으로, 더 큰 부자가 되기 위하여 직접 투자회사를 설립했다.

마약의 늪에 빠지다

나는 부자가 되어 풍요로운 삶을 살고 싶었다. 하지만 돈을 아무리 많이 벌어도 행복하지 않았다. 행복은커녕 채워지시 않는 부족함 때문에 마음이 더 힘들었다. 내 꿈은 세계에서 가장 큰 부자가 되는 것인데, 나는 내가 세계 제일의 부자가 아니라서 잠이 오지 않았다. 신문을 보면 나의 경쟁자들은 기업합병으로 큰돈을 번다는데, 나는 왜 그 거래에 참여하지 못했는지 불만이 가득했다. 성공에 대한 과도한 집착과 욕심이 나를 극도로 힘들게 했다.

아무리 돈이 많아도, 아무리 비싼 집과 차가 있어도 내 안에 채워지지 않는 블랙홀이 자리하고 있었다. 그동안 나는 술, 담배, 마약으로 그 공허함을 채우려고 했지만 쉽사리 채워지지 않았다. 설상가상으로 이제는 돈 버는 것도 재미가 없어져서 일보다 마약에 빠지는 날이 많아졌다.

결국 나는 큰 실수를 하고 말았다. 거래되는 돈은 항상 정확히 맞아야 한다. 또 돈을 옮기는 과정에서 1센트라도 틀리면 그 금액에 해당하는 이자를 물어야만 하는데, 내가 꼼꼼히 체크하지 않고 마약을 하러 간 사이, 주말 동안 내가 지불해야만 하는 이자가 몇만 불로 늘어나버린 것이다. 그런데도 나는 그 정도의 돈조차 우습게 여겼다. 나는 점점 마약 중독의 굴레에 빠져들었다.

그동안 막연하게 꿈꾸던 부자가 현실이 되었지만, 어느새 나는 마약으로 인해 삶을 송두리째 빼앗겼고, 가진 돈도 점점 없어지기 시작했다. 잘나갈 때는 좀 더 재미있게 돈을 벌고 싶어서 나이트클럽을 운영하기도 했다. 그 클럽은 한때 LA 할리우드 연예인들이 올 정도로 성황을 이루었는데 인원 초과로 적발되어 한순간에 망해버렸다. 사실 나이트클럽을 차린 것도 매일 밤 나가서 술 마시고 노는 놀이터를 만들어보고 싶은 마음에 시작한 것이다. 그러니 나이트클럽이 망해서 클럽의 문을 닫게 된 것도 나에게는 어렵지가 않았다.

이제 나는 하는 것마다 망하기 일쑤였다. 내가 살던 집도, 차도 한순간에 날아가버렸다. 투자사업도 접었다. 이제는 어느 회사에서도 더 이상 나를 부르지 않았다. 취업을 하려면 먼저 전화 인터뷰를 해야 하는데 전화기가 없어서 공중전화를 사용할 만큼 재정 상태가 바닥났다. 한순간에 빈털터리가 된 나는 하루에 40불 버는 일용직을 전전하는 신세가 되고 말았다. 실낱같은 희망을 품고 계속해서 증권회사에 이력서를 넣었지만, 현실은 냉정했고 나를 받아주는 곳은 아무데도 없었다.

수감자 신세가 되다

형과 나는 LA 거리의 무법자가 되었다. 마약에 취해 싸움을 하고 감옥에 들어가는 일도 빈번해졌다. 한번은 어머니가 보는 앞에서 나와 작은형이 경찰에 붙잡혀가기도 했는데, 그때 일을 생각하면 지금도 마음이 아프다. 밤늦게 집에 돌아온 나와 형이 샤워를 마치고 나왔을 때 누군가 문을 두드렸다. 주문하지 않았지만 피자 배달이라고 해서 문을 연 순간 경찰이 들이닥쳤고, 나와 형은 속옷만 입은 상태로 어머니 앞에서 그대로 끌려 나갔다. 두 아들이 갑자기 경찰에 끌려가는 모습을 본 어머니의 심정을 생각하면 너무나 죄송하다.

결국 우리 형제는 수감자 신세가 되었다. 마약 거래, 마약 소지와 폭력, 특수상해, 무장강도 등의 죄목으로 여러 차례 감옥생활을 하게 된 것이다. 게다가 살인자나 중범(重犯)들이 모여 있고 보안 경비가 가장 삼엄하다는 슈퍼맥스(supermax) 감옥에 들어가게 되었다.

노모(老母)는 두 아들을 면회하며 손에 영치금을 쥐여주셨다. 그럴 때마다 나는 '나는 죽어 마땅한 놈이다'라고 나 자신을 저주했다. 내 자신이 정말 싫었고 싫다 못해 너무 미웠다. 형과 나는 공범이라 따로따로 수감되어 있었고, 그래서 법원에 출두할 때만 잠깐 얼굴을 볼 수 있었다. 발에는 족쇄, 손에 수갑, 허리에 쇠사슬이 감긴 채 끌려가면서 짧게 안부를 묻곤 했다.

동양인이 미국 감옥에 들어가면 다른 죄수들로부터 인종차별을 당해 이유 없는 폭행이 벌어지기 일쑤다. 그래서 나는 살아남기 위해 그 안에서 최고의 악바리가 되어야겠다고 결심했고, 다른 죄수들을 강하게 제압하며 버틴 끝에 어느 순간 중범들만 있다는 방에서 일인자가 되어 있었다.

나는 감옥생활을 마치고 나온 뒤에도 증권회사의 문을 끊임없이 두드렸다. 그중 딱 한 곳에서 나를 받아주겠다고 해서 일용직 생활 1년 만에 다시 회사에 들어가게 되었다. 대기업에서 중역으로 일한 전적이 있었기 때문이다. 그동안 처참한 바닥 생활을 했음에도 불구하고 아직까지 나는 자존심이 남아 있었다. 나는 이적료를 요구했고 당당히 이적료까지 받고 입사하여 예전의 명성을 되찾았다. 그래서 회사의 부사장까지 되는 영광을 얻었다. 그러나 여전히 채워지지 않는 욕망을 좇으며 20년이 넘게 마약 중독, 술 중독에서 헤어나오지 못하고 있었다.

도대체 내 정체는 뭘까?

그런데 마약의 쾌락보다 더 끊임없이 나를 괴롭혔던 고민이 있었다. "도대체 나는 왜 마약을 하는 걸까? 내 정체는 뭘까?"

나는 나 자신에게 이런 질문을 던지며 깊은 자괴감에 빠져들었다. '너는 뭐 때문에 이러고 사니?' 어두운 밤 골목을 누비며 마약을 즐길 때도 '이건 아닌데… 이건 아닌데…. 언젠가 끊어야겠지…' 하면서도 마약을 끊어내지 못했다. 예전에 나는 학교 다니면서 마약을 해도, 일을 하면서 마약을 해도 내가 나를 컨트롤했다. 그런데 이제는 마약이 나를 컨트롤하고 있다는 것을 느꼈다. 이제 내가 마약에 끌려다니고 있는 것이다.

그때 나는 이미 '걸어다니는 종합병원'이었다. 대학 때 역기를 들다가 허리 부상을 입어 심각한 허리 디스크와 협착증으로 고생했고, 왼쪽 발뒤꿈치에 큰 종양이 있어서 언제나 절뚝이며 걸었고, 술을 워낙 많이 마셔서 위와 간이 다 헐어버렸다. 가장 심각한 것은 마약을 많이 해서 폐활량이 거의 바닥이었고, 부드러운 음식조차 먹기 어려울 정도로 이가 부서지고 망가져버렸다는 것이다.

온몸이 만신창이가 되자 나는 두 번이나 자살 시도를 하는 지경까지 이르렀다. 사실 이 모든 통증을 이기려고 마약을 점점 더 많이 했다. 마약이 나쁜 줄 알면서도 내가 나를 컨트롤할 수 있다는 허황된 자신감에 결국 마약 중독자가 되고 만 것이다. 어디 한 곳 건강한 데가 없는 중증 환자가 되어버린 나는 매일 아침 다량의 진통제를 먹지 않으면 몸을 움직이지 못하는 신세가 되었다.

내 삶은 점점 더 바닥으로 빨려 들어가는 것 같았다. 괴로움과 우울증에서 헤어 나오지 못한 채 하루하루 연명해가는 피폐하고 무기력한 생활이 반복되었다. 이런 내 과거의 삶을 돌아보니, 내가 하나님을 몰랐을 때도 하나님은 나를 지켜보고 계셨고, 내가 어렸을 때도 하나님은 나를 지켜주셨고, 나와 함께해주셨다는 것을 나중에야 깨닫게 되었다.

CHAPTER 2
6시간의 초자연적 사건

지금 돌아보면 마약을 할 때 나의 가장 큰 문제는 방탕한 삶이 아니었던 것 같다. 그 당시 나는 기독교인들이 그냥 싫었다. 그래서 그들을 핍박했다. 그들이 나를 전도해서 핍박한 것이 아니다. 나는 예수를 믿는다는 사람들에게 "너는 얼마나 너 자신에 대한 확신이 없으면 안 보이는 신을 믿냐?"라고 면박을 주기 일쑤였다.

심지어 교회 다니는 친구들이 금요예배를 드린다는 사실을 알고, 금요일만 되면 친구들을 모아놓고 술을 잔뜩 먹여서 교회에 가지 못하게 했다. 뿐만 아니라 친구들에게 "너희들이 믿는 예수는 가짜야!"라고 말했다. 그들이 그 말을 듣고 고개를 갸우뚱하며 기독교를 의심하는 것을 보면서 쾌감을 느꼈다. "두 주먹이 있으면 스스로 네 앞길을 만들고 개척해야지, 왜 보이지도 않는 신한테 비느냐?"라고 비꼬기도 했다.

나는 특별히 어떤 신을 믿지는 않았다. 집안이 불교라 어머니를 따라 절에 다녔다. 하지만 부처를 제대로 믿은 것도 아니었다. 나는 무신론자는 아니었다. 신이 있더라도 나는 내 힘으로 하겠다는 생각이 아주 강했다. 지금까지 모든 것을 내 힘으로 이루어왔고, 내 힘으로 우리 식구들을 아무도 건드리지 못하게 만드는 것이 내 성격이었다.

그런 내가 보기에 예수 믿는 사람들은 너무 나약해 보였다. 자기들은 뭘 하지도 않으면서 매번 하나님의 뜻이라고 핑계를 대는 것이 내 머리로는 도저히 용납되지 않았다. 본인이 그렇게 원하면 본인 힘으로 하면 되는데, 왜 안 보이는 존재한테 자신의 나약함을 변명하는지 이해할 수가 없었다.

그래서 나는 사람들에게 "왜 꼭 예수를 믿어야 천국에 가지?"라고 물어봤다. 하지만 시원하게 대답해주는 사람이 없었다. 내 나름대로 예수를 믿고 싶은 마음이 있어도 논리적으로 이해가 되지 않으면 받아들이지 못하는 이상한 고집이 그것을 가로막았다. 주변에 교회 다니는 친구들을 만나 이야기해봐도 내가 수긍할 정도로 답해주는 이가 한 명도 없었다.

크리스마스 칸타타와 채플 시간

돌이켜보면 예수님을 핍박하면서도 나는 예수님에 대해 관심이 꽤 많았다. 어느 날 한 친구가 크리스마스를 함께 즐기자고 해서 만났다. 그런데 한바탕 놀기 전에 같이 교회에 가자고 했다. 그래서 친구 따라 교회에 갔는데, 마침 크리스마스 칸타타를 준비하고 있어서 친구는 칸타타 연습을 하고, 나는 친구를 기다리며 그 모습을 물끄러미 바라보고 있었다. 그런데 너무 부러웠다. 그것이 내가 20대에 처음 예배당에 발을 들여놓으며 바라본 교회의 모습이자 처음으로 느껴본 감정이었다.

물론 결혼식에 참석하느라 교회에 가본 적은 있었다. 하지만 그 외에 교회에 가서 앉아본 것은 그때가 처음이었는데 뭔지 모르게 친구가 부럽고 그 모습이 좋아 보였다. 마음속으로 '이들에게는 어떤 소속감이 있구나! 그런데 나에게는 왜 소속감이 없지?' 이런 생각이 잠시 스쳐갔다. '크리스마스는 너희들 건데 그럼 나는 뭐지?' 하는 생각도 살짝 들었다. 하지만 나는 빠르게 고개를 저으며 술을 마시러 가야겠다고 생각했다.

감옥생활을 하는 동안 매주 수요일에 채플 시간이 있었다. 하루는 시간을 때우기 위해 채플실에 가서 덩그러니 앉아 있었다. 그때 흑인 목사님이 재소자들에게 말씀을 전하고 계셨다. 그런데 아무 생각 없이 그냥 시간이나 때우러 들어온 내가 갑자기 펑펑 울기 시작했다. 울면서도 내가 왜 그러는지 알 수 없었다. 설교를 귀담아 들은 것도 아니다. 불현듯 어머니에게 미안한 마음이 들었다. 그러더니 내 눈앞에 나의 과거가 필름처럼 펼쳐졌다.

"나도 예전엔 꿈도 많고 잘나갔는데…."

"세상 부러울 게 없고 두려울 게 없던 내가 어쩌다 이렇게 됐을까?"

"내가 왜 여기에 들어와 있지?"

나의 지난 과거들이 떠오르기 시작했다. 그동안 마약과 싸움으로 수많은 범죄를 저지르며 감옥을 드나들었던 시간부터 길거리 마약상들을 상대로 강도짓까지 벌이며 형과 LA 밤거리의 무법자로 살았던 시간들이 생생히 펼쳐지면서 하염없이 눈물을 쏟았다.

어둠은 빛을 이기지 못하였다

감옥에서 석방되고 나서 회사가 아닌 다시 일용직 생활을 하였지만, 나는 여전히 마약의 굴레에서 벗어나지 못한 채 밤이면 음침한 뒷골목을 헤매고 돌아다녔다. 그렇게 매일 환각의 밤을 지나고 나서 해가 뜨면 나는 숨고 싶은 마음이 간절해졌다. 어둠의 영은 계속해서 어둠을 찾는다. 요한복음 1장 5절에 이 말씀이 나와 있었다.

> 빛이 어둠에 비치되 어둠이 깨닫지 못하더라 요 1:5

어둠은 어둠만 찾는다. 그래서 밤에 마약을 하다가 해가 뜨기 시작하면 빛이 보기 싫어 어둡고 구석진 곳만 찾은 것이다. 그토록 어둠을 찾아다니다가 여전히 마약을 하는 나 자신이 너무 초라하고 싫어질 때면 나도 모르게 교회 주차장에 혼자 앉아서 '진짜 하나님의 존재가 있을까?' 생각하다가 금세 다시 교회 주차장을 빠져나오곤 했다. 왠지 교회에 가면 누군가는 나의 이런 고통과 문제에 대해 속시원히 이야기해줄 것만 같았기 때문이다. 신기하게도 아무도 없는 교회 주차장에서는 마약을 하고 싶다는 생각이 전혀 들지 않았다.

밤거리 뒷골목을 누빌 때, 마약상과 시비가 붙어 길거리에서 총격전이 벌어졌을 때, 마약 사범으로 붙잡혀갈 때도 나는 항상 형과 함께였다. 그때 나는 솔로였지만 형은 결혼해서 형수와 조카들까지 있는데도 매일 밤 나와 붙어다녔다. 형과 나는 어렸을 때부터 겁이 없었다. 귀신도 무서워하지 않았다. 귀신이라는 존재는 보이지 않을 뿐이지 두려워할 이유가 없다고 생각했다.

나와 형은 어렸을 때부터 유난히 귀신의 존재를 많이 느끼며 살았다. 술과 마약을 많이 했을 때 분명히 우리 둘뿐이었는데, 집에 돌아와 이야기를 하다보면 다른 존재가 우리와 함께 있었다는 것을 느낀 적이 자주 있었다. 특히 생명이 위험한 상황에서 형과 나만 있는 것이 아니라 분명히 한 명이 더 있다고 느꼈고, 그는 우리를 해치는 존재가 아니라 우리를 보호하는 존재라는 것을 똑같이 느꼈다. 나는 그때부터 하나님께서 우리에게 천사를 붙여주셨다고 생각한다.

> 삼가 이 작은 자 중의 하나도 업신여기지 말라 너희에게 말하노니 그들의 천사들이 하늘에서 하늘에 계신 내 아버지의 얼굴을 항상 뵈옵느니라 마 18:10

한번은 6일 동안 먹지도 않고 잠도 자지 않고 내내 마약만 한 적이 있었다. 엄청난 마약으로 환각 상태에서 깨어나지 못할 때였다. 그런 상태에서는 수시로 헛것이 보이고 말도 어눌해진다. 누구를 만나고 싶지도 않다. 머릿속은 온통 어떻게 하면 마약을 더할까 하는 생각뿐이었다. 그런데 마약으로 생명이 위험할 때마다 나는 형과 나 이외에 다른 누군가와 함께 있는 것 같은 '세 번째 존재'를 수시로 느끼며 살아왔다.

형과 나, 그리고 세 번째 존재

1994년 6월 16일 목요일, 그날도 우리는 어김없이 5일 동안 집에 들어가지 않고 마약을 하고 있었다. 평소와 다름없이 그날도 모텔방을 잡고 한참 마약을 하다가 밖으로 나와 술을 많이 마셨다. 새벽 2시에 술집이 문을 닫자 우리는 다시 모텔로 가서 마약을 하기 위해 차에 올라탔다. 그런데 갑자기 내 눈에서 콘택트렌즈가 하나 빠지는 바람에 운전을 할 수가 없었다. 형이 운전을 하기 위해 나와 자리를 바꿔서 형이 운전석에 앉고 내가 조수석에 앉았다.

그런데 지금도 기억이 난다. 나는 자동차 문이 총 세 번 닫히는 소리를 분명히 들었다. 운전석에서 한 번, 조수석에서 한 번 그리고 내 뒷자리 자동차 문이 닫히는 소리까지 세 번, '쿵' 하고 소리가 났다. '음, 또 왔구나.' 사실 이런 느낌은 익숙하다. 하지만 그 존재는 귀신이 아니라 왠지 좋은 남성이라고 느꼈다. 형과 나는 그가 우리를 지켜주는 수호신이라고 생각했다. 왜냐하면 그 세 번째 존재를 느낄 때마다 형과 내가 보호를 받았기 때문이다. 한번은 형과 나에게는 총이 두 자루뿐인데 8명이 뒤따라오며 우리를 향해 총을 쏘았음에도, 모든 총알이 빗나가고 차에만 총알이 박혔던 일도 있었다.

그래서 그날도 세 번째 존재가 차 문 닫는 소리를 들으며 우리는 기분이 나쁘지 않고 오히려 위안이 되었다. 그날따라 오렌지 카운티 어디에도 지나가는 차가 한 대도 없었다. 아무도 없는 거리에서 빨간 신호등 아래 차를 멈추고 서 있을 때 형이 불쑥 이런 말을 했다.

"혹시 우리가 죽었는데, 우리가 죽었는지 모르고 지금 여기 있는 거 아닐까?"

"그러게. 오늘 좀 이상하네."

새벽 3시이긴 해도 밤낮없이 복잡한 거리인데 사람은커녕 개미 한 마리도 없었다. 그런데 갑자기 도로 왼쪽에 동양 여자 한 명이 우리에게 도와달라고 손짓하는 모습이 보였다. 왠지 도와줘야겠다는 마음으로 차를 유턴해 그 여자가 있는 쪽으로 갔더니 뒷골목으로 따라오라고 했다. 그래서 따라가자 그 여자가 내 옆으로 걸어오는데 열린 창문으로 그 여자를 보는 순간 나도 그 여자도 서로 깜짝 놀라고 밀았다.

그 여자는 귀신이었다. 장의사가 망자의 얼굴에 화장을 하려고 하얗게 바르는 킬즈 프라이머를 바른 얼굴이었는데, 나는 사람이 아니라서 깜짝 놀랐다. 반면에 그 여자는 나를 향해 얼굴을 내밀다가 내 뒤를 보는 순간 기겁을 하며 소리를 질렀다. 그리고 내 뒤에 있는 세 번째 존재를 보고 놀라 도망치기 시작했다. 그때 나는 내 뒤에 있는 천사가 우리를 살렸다는 것을 알게 되었다. 그 여자는 형과 나를 저승으로 데려가기 위해 온 저승사자였던 것이다.

나는 형에게 그 귀신을 잡으러 가자고 했다. 여자는 좁은 골목에서 정신없이 도망쳤고 우리는 곧 그 귀신을 쫓기 시작했다. 하지만 차보다 빨리 달아나는 바람에 결국 놓치고 우리는 다시 모텔로 갔다. 생각하면 할수록 그때 상황이 무섭지도 않고, 놀랍지도 않았다. 그냥 찝찝하고 더러운 느낌이었다. 귀신이 우리를 데리러 왔는데 그 날도 수호신이 우리를 지켜줬다고 생각했다.

'귀신이 왜 우리를 데리러 왔지?'

6월 17일 예수님을 영접하다

우리는 또다시 마약을 했다. 6월 17일 아침이 되었을 때 우리는 마약도 돈도 다 떨어지고 아무것도 없는 상태가 되었다. 마약상에게 전화를 걸어 만났을 때 그는 마약을 보여주며 돈을 달라고 했다. 그때 나는 그를 빤히 쳐다보면서 돈이 없으니 마약을 그냥 달라고 했다. 마약상은 내 눈에서 살기를 느꼈는지 그냥 마약을 주고 가버렸다. 지금 생각해보니 내 안에 있던 악한 영이 그 사람 안에 있는 악한 영보다 더 강했던 것이다.

나는 다시 모텔로 돌아와 마약을 했다. 그런데 갑자기 옆방에서 여자의 끔찍한 비명소리가 들렸다. 이상한 음악 소리, 기분 나쁜 냄새를 맡는 순간 나는 죽음을 직감했다. 어젯밤에 저승사자를 보고 오늘도 이런 이상한 상황을 보게 되어 찝찝한 마음에 나는 형과 함께 무작정 그곳을 나왔다.

형과 내 모습은 무척 초췌했다. 며칠간 잠을 자지 못해 지친 상태라 커피 한 잔 하기 위해 세븐일레븐에 들렀다. 그때가 6월 17일 금요일 저녁 7시쯤 되었다. 형은 커피를 사러 갔고 나는 차에 앉아 있었는데 갑자기 우리 차 오른쪽으로 차 한 대가 들어왔다. 그런데 그 차에 탄 사람들은 음악을 듣는 것이 아니라 누가 말하는 것을 듣고 있었다. 그들이 설교를 듣고 있었다는 것을 나는 나중에 알게 되었다.

사실 나는 별 관심 없이 그냥 쳐다보고 있었다. 그런데 갑자기 검은 양복을 입은 남자 한 명이 내게 말을 걸었다. 영어로 나에게 중국어를 할 줄 아느냐고 물었다. 나는 중국인이 아니라고 답했다. 사실 나는 그 사람의 질문이 매우 귀찮았다. 그런데 그가 갑자기 내 쪽으로 걸어와 이렇게 말했다.

"너 예수님 믿니?"

예전에도 많은 사람들이 나를 전도하기 위해 이 질문을 했다. 그러면 나는 항상 "예스"라고 대답했다. "노"라고 하면 귀찮게 계속 말을 시키니까 무조건 "예스"라고 하는 것이다. 그날도 나는 당연히 "예스"라고 하려고 했다. 그런데 갑자기 내 입에서 퉁명스럽게 "노!"라는 대답이 바로 나와버려서 나도 깜짝 놀랐다. 그러자 그가 내게 말했다.

"너와 함께 기도해도 되겠니?"

나는 정말 싫었는데, 이번에는 갑자기 내 입에서 "예스"가 나왔다. 그러자 그가 내 손을 잡더니 자기가 하는 말을 따라 하라고 했다. 나는 나도 모르게 그 말을 따라 했다.

그 말은 16개 영어 단어의 조합이었다.

"Jesus with your blood take my sins away and put the Holy Spirit in me. Amen."

"예수님, 당신의 보혈로 저의 죄를 씻어주시고, 저에게 성령님이 임하게 해주세요. 아멘."

이렇게 따라 하자마자 그가 내게 말했다.

"축하합니다. 당신은 이제 거듭난 크리스천입니다."

그러자 나도 이렇게 말했다.

"당신이 누군지는 모르겠지만, 오늘은 내가 진짜 그게 필요했습니다."

귀신이 나가기 시작하다

나는 왠지 금세 마음이 편안해졌다. 그래서 돌아가려고 하는 그 사람을 붙잡고 누군지 물어봤다. 그러자 세븐일레븐에 가져다 놓은 전단지를 한 장을 가져와 내게 내밀었다. 그 전단지를 보니 그는 목사님이었고, 프로필을 보니 25년이나 미국 마피아 조폭이었는데 예수님을 만나 목사가 되어 이제는 전국을 다니며 성경을 가르치는 분이라고 소개되어 있었다. 목사님은 나에게 내일 모 호텔 컨퍼런스 룸에서 성경공부가 있으니 오라는 말을 남기고 그 자리를 떠났다.

나는 그 전단지를 접어서 차 안에 무심코 던져넣었다. 형이 커피 두 잔을 들고 돌아와 방금 그 상황에 대해 물었다.

"뭐야? 누구야?"

"몰라. 어떤 목사래."

우리는 그 장소를 떠났다. 그런데 형과 함께 차를 타고 가면서 커피를 마시는데 갑자기 주체할 수 없는 눈물이 터져 나왔다. 얼굴에 흐르는 눈물이 너무 뜨거워서 나는 실수로 얼굴에 커피를 쏟은 줄 알았다. 그토록 뜨거운 눈물과 통곡이 나오는 상황에서도 나는 속으로 내가 왜 울고 있는지 되물었다. 하지만 눈물이 그치지 않았다. 그렇게 엉엉 울다가 잠시 후에 눈물이 멈췄다.

형이 나를 쳐다보며 괜찮냐고 하는데 나도 모른다는 말만 계속했다. 그리고 다시 커피를 마시는데 또다시 바로 눈물이 나면서 통곡하기 시작했다. 첫 번째 눈물이 애통의 눈물이었다면, 두 번째 눈물은 억울해서 우는 느낌이었다. 그런데 통곡하는 목소리는 내가 아니라 내 안에서 흐느끼는 여자 목소리였다. 여자의 목소리는 너무 억울해서 못 나가겠다고 버티며 통곡하는 울음이라는 것이 느껴졌다. 그러면서도 속으로 '내가 왜 울고 있지?' 하는데 바로 울음이 멈춰졌다.

형은 또다시 내게 괜찮은지 물어봤고, 나는 모른다는 답변만 계속했다. 오렌지 카운티 거리를 지나가는데 이번에는 온몸이 떨리다 못해 이상하게 흔들리며 주체할 수 없이 심한 경련이 일어나더니 목이 오른쪽으로 꺾였고 내 몸에서 뭔가 빠져나가는 것을 느꼈다. 나는 즉시 형에게 내 몸에서 귀신이 나갔다고 말했다. 그러고 나서 밖을 보는데 어떤 희미한 존재가 내 몸에서 나와 공중에 둥둥 떠다니는 것이 보였다.

지금도 그때의 상황이 생생하게 기억날 정도로 나는 내 몸 안에 있던 귀신이 나가는 것을 고스란히 느꼈다. 그 느낌은 마치 고무줄을 잡아당겼다가 놓으면 제자리로 돌아오듯이, 내 몸을 사방팔방으로 마구 잡아당기다가 어떤 더러운 영이 빠져나가는 순간 원래의 몸으로 돌아오는 것 같은 기분이었다. 처음 하나가 빠져나가더니 그다음부터 5분에 하나씩 20개 정도의 귀신이 내 몸에서 빠져나가는 것을 느끼게 되었다. 그렇게 많은 귀신이 내 몸에서 빠져나가는 동안 나는 몸을 제대로 가눌 수 없었고, 창문에 머리를 부딪혀 피가 날 정도였다.

운전을 하던 형은 내가 조금 진정이 되면 "뭐야? 뭐야?" 하고 외치며 계속 물어보는 상황이 반복되었다. 나는 형에게 세븐일레븐 앞에서 어떤 목사가 나를 위해 기도해줬다고 말하고, 구겨진 전단지의 사진을 가리키며 이 사람이 바로 그 목사라고 설명했다.

그런데 전단지를 본 형이 기겁을 했다. 형이 그 전날 낮잠을 잤는데 꿈에 돌아가신 아버지가 깨끗한 양복을 입고 나타나 내일 이 사람을 통해서 너에게 메시지를 줄 거라고 사진을 보여주셨고, 그 사진 속 인물이 바로 전단지에 있는 목사님이었다는 것이다. 하나님 아버지께서 그 당시 우리가 믿을 만한 육의 아버지의 모습으로 나타나셔서 형에게 미리 알리셨다는 것을 나중에 깨닫게 되었다.

내 몸은 계속해서 흔들리며 귀신이 하나씩 빠져나가고 있었다. 귀신이 20마리 정도 나갔을 때 마지막 남은 귀신이 가장 강했는지 나는 한참 발작을 했다. 그런 상황에서 형이 차를 멈출 수 없었던 이유는 우리가 낮부터 술과 마약을 한 상태로 경찰에 수배 중이었기 때문에 내가 미친 듯이 발작하는 것을 보면 경찰이 그 자리에서 체포할 것 같았기 때문이었다.

차를 세우시도 못하고 미친 듯이 거리를 나니는 동안 드디어 내 몸에서 마지막 귀신이 빠져나갔다. 그 순간 내 마음은 지금껏 한 번도 경험해보지 못한 어마어마한 평안으로 가득했다. 반면에 내 몸은 마치 20명이 달려들어 나를 야구방망이로 때린 것처럼 아프고 힘들었다.

악한 영과의 레슬링

어렵게 귀신을 모두 쫓아내자 나는 너무 좋은데 갑자기 형이 걱정스러웠다. 그래서 세븐일레븐 앞에서 만난 목사님이 내일 오라고 한 호텔로 달려가 목사님을 찾기 시작했다. 하지만 컨퍼런스 전날이라 호텔에서는 목사님을 찾을 수 없었고, 전단지에서 전화번호를 발견하고 전화를 걸었다. 늦은 시간이었지만 목사님과 극적으로 통화가 되어 세븐일레븐 앞에서 만났던 일부터 그 후 차 안에서 내가 경험한 모든 이야기를 두서없이 쏟아내기 시작했다.

목사님은 황당하다는 반응이었고 마치 나를 사이코 취급하는 것 같았다. 그도 그럴 것이 횡설수설 늘어놓은 이야기가 그렇게 느낄 수밖에 없었을 것이다. 그래도 나는 목사님에게 지금 당장 만나야 한다고 했다. 목사님이 나를 위해 기도한 뒤로 내 몸에서 귀신이 나갔으니, 내게 기도해준 것처럼 지금 당장 내 형을 위해서 기도해달라고 했다. 내 이야기를 다 들은 목사님이 지금은 너무 늦은 시간이고 집에 아이들도 있으니 만나기 어렵다고 했다. 대신 형을 바꿔달라고 했다. 형은 전화로 목사님의 기도를 따라 했다.

"Jesus with your blood take my sins away and put the Holy Spirit in me. Amen."
"예수님, 당신의 보혈로 저의 죄를 씻어주시고, 저에게 성령님이 임하게 해주세요. 아멘."

그때 만난 목사님의 이름을 아직까지 생생히 기억한다. 그런데 어찌된 일인지 그 후 아무리 목사님을 찾으려고 해도 결국 찾지 못했다. 그렇게 형도 전화로 목사님의 기도를 따라 했다.

나는 형 역시 나와 같은 체험을 할 것 같아 이번에는 내가 운전을 하려고 형을 조수석에 태웠다. 나는 이미 한쪽 콘택트렌즈를 잃어버려서 한쪽 눈에만 렌즈를 한 상태였는데, 차에서 발작을 하는 동안 그마저 빠져버렸다. 그러면 밤에 운전하는 것이 불가능한데 신기하게도 운전석에 앉자마자 모든 것이 깨끗하게 보였다.

예상한 대로 내가 운전을 하자마자 형도 나와 똑같은 발작을 하기 시작했다. 형은 나보다 체격이 더 큰 편인데 발작이 나보다 10배는 더 강한 것 같았다. 형과 나는 우리 안에 있는 악한 존재와 싸워야 한다는 것을 알았고, 어떻게든 싸워서 이겨야 한다는 생각밖에 없었다. 그런데 형이 너무 힘들어하면서 차를 멈추라고 했다. 내가 차를 멈추자 형은 차 밖으로 튕겨 나가 시멘트 바닥 위에서 격렬하게 뒹굴며 몸 안에 있던 귀신과 맞서 싸웠다.

그 모습을 본 나 역시 경험이 있으니까 형을 덮쳐서 형 안에 있는 악한 영에게 나가라고 소리쳤다. 우리는 악한 귀신을 쫓아내기 위해 부둥켜안고 몸부림을 쳤다. 때는 여름이라 우리는 반바지에 민소매를 입고 있었는데, 나는 이미 차에서 머리를 몇 번 박아 피투성이였고, 형 역시 시멘트 바닥을 굴러 온몸이 상처투성이였다. 그러나 우리는 귀신 쫓아내기를 계속 반복했다.

다시 차를 타고 가다가 형이 차를 멈추라고 해서 브레이크를 밟았을 때 형은 갑자기 방언을 하기 시작했다. 나는 대학에 다닐 때 헬라어로 그리스 신화를 배웠기 때문에 헬라어 발음을 알고 있었다. 그래서 나는 형이 하는 말이 유창한 헬라어라는 것을 알 수 있었다. 형은 우리가 배운 유일한 기도문인 "예수님, 당신의 보혈로 저의 죄를 씻어주시고, 저에게 성령님이 임하게 해주세요. 아멘"을 영어와 헬라어로 계속 반복했다.

우리는 형이 차에서 뛰쳐나가 온몸을 뒹굴며 발작하고, 나는 그런 형 위에 올라타고 귀신에게 나가라고 소리를 질렀다. 그러다가 형이 좀 괜찮아지면 다시 차로 돌아오기를 몇십 번쯤 반복했던 것 같다.

광란의 질주

그렇게 악한 영과 싸우며 차에서 나갔다가 돌아오기를 반복하다가 하필이면 큰 도로 사거리 중앙에 차를 세웠다가 돌아왔는데, 그때 바로 옆으로 경찰이 지나가서 나는 난생처음 하나님께 급히 기도를 드렸다. "하나님, 경찰이 우리를 못 보게 도와주세요." 다행히 경찰은 태연히 우리 옆을 그냥 지나갔다. 2명의 경찰이 서로 이야기하느라 미처 우리를 보지 못한 것이다. 나는 하나님께서 경찰의 눈을 가려주신 거라 생각했고, 처음으로 하나님이 나의 기도를 듣고 계신다는 것을 알게 되었다.

위기를 모면하고 다시 차를 타고 뒷골목으로 지나가는데, 갑자기 우리 차 보닛에서 연기가 나더니 차가 순식간에 안개처럼 뒤덮였다. 그런데 연기에서 나는 냄새가 낮에 맡았던 죽음의 냄새와 같았다. 귀신이 끝까지 우리를 쫓아와 죽이려고 하는 현상이라는 것을 알 수 있었다.

우리는 연기가 사라질 때까지 천천히 달렸다. 그러다가 형이 차를 멈추라고 해서 브레이크를 밟았는데, 갑자기 브레이크가 작동하지 않고, 차는 내 의지와 상관없이 180킬로미터 이상 달리기 시작했다. 질주하는 차 안에서 나는 다른 차에게 비키라고 경고음을 울리며 달렸고, 형은 견디다 못해 창문으로 몸을 반쯤 내밀고 방언으로 소리를 지르는 상황이 되었다. 악한 영이 이제는 차를 이용해 우리를 죽이려고 했던 것이다.

나는 한 손으로 경고음을 울리며 차를 운전했고, 다른 한 손으로는 형이 튀어 나가지 못하게 붙잡은 상태로 달렸다. 앞에서 경찰차 3대가 지나가면서 우리를 보더니 유턴해서 따라오기 시작했다. 나는 다시 한번 간절히 하나님께 도와달라고 기도했다. 그 순간 경찰차가 우리 시야에서 사라져버리고 없었다. 그렇지만 차는 멈출 수가 없었다. 나는 하나님이 어떤 분이신지는 모르지만 그분께 계속 도와달라고, 살려달라고 기도했다.

광란의 질주는 계속되었다. 그런데 갑자기 어둠에 있지 말고 사람이 많고 밝은 곳으로 가면 된다는 생각을 떠올리게 되었다. 지금 돌이켜보니 그 생각 역시 하나님께서 주신 것이었다. 사람이 많고 밝은 장소가 어딜까 생각하다가 나는 24시간 영업하는 데니스(Denny's) 식당이 떠올라 무조건 그 식당에 가야 한다는 생각으로 달렸다.

그런데 그 곳은 높은 언덕을 올라갔다가 내려와야 했다. 데니스 식당이 언덕 아래 있었기 때문이다. 그래서 우리는 형은 방언을 하고 나는 기도를 하면서 언덕까지 올라갔다. 그런데 언덕 아래 식당 앞에는 빨간 신호등이 켜져 있고 모든 차선에 차들이 멈춰 서 있었다. 하지만 나는 차를 멈출 수가 없고 내리막길을 180킬로미터 이상으로 달려 내려가야 하는 상황이었다.

나는 계속해서 큰 소리로 하나님께 도와달라고 기도하면서 경고음을 울리며 달렸다. 그런데 중간 차선에 있던 차가 갑자기 오른쪽 차선으로 변경하자마자 내 차는 아무 문제 없이 중간 차선에서 빨간 신호등에 지나가게 되었다. 마치 영화의 한 장면 같았다. 사람들은 황당하다고 할지 모르겠지만 지금도 나는 기억이 생생하다. 빨간 신호등은 무사히 통과했지만 차는 여전히 멈출 기미가 없이 달렸다. 그런데 내가 핸들을 살짝 돌리자 차는 연기를 내며 몇 바퀴 돌다가 멈춰 섰고 드디어 눈앞에 데니스 식당이 보였다.

그러나 건너편에 있는 데니스에 가려면 한참 더 내려가 유턴을 해야 하는데, 옆에 있는 형의 상태가 너무 위급해 보였다. 나는 다시 막무가내로 콘크리트로 된 중앙분리대를 들이박으며 가로질러 데니스 식당 주차장으로 들어갔다.

내 차는 이미 폐차 직전 상태가 되어버렸고, 그 상황을 지켜보던 사람들은 놀라 도망치기 바빴다. 사람들이 망가진 차 안에서 덩치 큰 동양인 두 명이 피투성이가 되어 나오는 모습을 보고 있을 때 형의 발작이 다시 시작되었다. 나는 또다시 발작하는 형을 덮쳐서 귀신에게 나가라고 소리쳤다. 그러자 사람들은 우리가 싸우는 줄 알았던 모양이다. 잠시 후 형은 조금 진정이 되었다. 비록 차는 완전히 박살이 났지만 드디어 밝고 사람이 많은 곳에 도착한 것이다.

일촉즉발의 위기

우리는 피를 흘리고 가쁜 숨을 내쉬면서 기진맥진하여 주차장 바닥에 누워 있었다. 그러다가 형과 눈이 마주쳤는데 형의 눈이 나에게 말을 하고 있었다. 형은 마치 나에게 작별 인사를 하는 것 같았다. 나 역시 형의 생명이 점점 떠나고 있는 것이 보였다. 형은 이미 피를 너무 많이 흘린 상태였다. 형은 그동안 미안하다는 마음과 함께 눈으로 작별을 고하는 것처럼 나를 바라보았다. 나는 통곡하며 하나님께 형이 죽으면 안 된다고, 형을 살려달라고 간절히 기도했다. 하지만 형의 눈은 점점 감겼고 거친 호흡을 몰아쉬더니 그마저 희미해졌다. 그 모습을 보며 나는 더 크게 울면서 하나님께 살려달라고 소리치며 매달렸다.

그때 식당 안에서 빨간 옷을 입은 필리핀 여성이 우리에게 다가와 형을 살피며 같이 기도하겠다고 했다. 여자는 주차장 바닥에 무릎을 꿇더니 한 손으로 피가 나는 형의 뒤통수를 받치고 다른 손으로 형의 가슴을 쓸어내리며 형을 안정시키는 것 같아 보였다. 나 역시 무릎을 꿇고 그 여자와 함께 형을 살려달라고 기도했다. 그러자 형의 생명이 점점 돌아오는 것 같았다.

그런데 나중에 형의 말을 들어보니 처음에는 그 여자의 손길에 마음이 편안했는데, 갑자기 그 여자가 목을 조르기 시작했다는 것이다. 나는 눈을 감고 기도하느라 이런 상황을 전혀 몰랐다. 그때 형이 거친 호흡을 몰아쉬며 그 여자에게 "마귀가 너의 손에 있구나"라고 말하자 여자가 깜짝 놀라며 형의 목을 조르던 손에서 힘을 뺐고, 그때 마침 경찰차 세 대가 주차장으로 들어왔다고 한다.

여섯 명의 경찰은 총을 겨누며 우리를 한쪽으로 격리시켰다. 그야말로 그곳은 아수라장이 되어버렸다. 경찰이 먼저 내게 다가와 어떻게 된 일인지 물었을 때 나는 자초지종을 설명했다. 그러자 경찰은 우리에게 마약을 했는지, 술을 마셨는지 물었다. 나는 마약을 하지 않았다고 거짓말을 했다. 술은 맥주 한 잔을 마신 것이 전부라고 했다. 그러자 경찰은 형과 내가 어떤 상태인지 확인하기 위해 앰뷸런스를 불러 형과 나를 따로따로 체크하기 시작했다.

그때 나는 다시 하나님께 기도했다. 경찰에게는 거짓말을 했지만 마약도 했고, 술도 마셨고, 피도 많이 흘린 상태에서 시속 180킬로미터를 달려 여기까지 왔으니 얼마나 가슴이 뛰었겠는가. 그런데 구급요원들이 우리 두 사람을 체크하고 나서 고개를 갸우뚱하더니 경찰에게 가보라고 하고 그 자리를 떠났다. 경찰은 우리가 겉보기에 상당히 비정상인데 몸 상태는 정상이라고 했다. 더군다나 술과 마약 성분도 전혀 검출되지 않았다는 것이다. 그 역시 하나님이 역사하신 것이다.

그래서 나는 다시 차분히 상황을 설명했다. 하지만 경찰은 전혀 믿지 않는 눈치였다. 그리고 운전면허증을 보여달라고 했다. 그 당시 나는 경찰 수배 중이었기 때문에 운전면허증을 보여주면 또다시 감옥에 가야 하는 상황이라 면허증을 보여줄 수 없었다. 그렇다고 면허증이 없다고 하면 경찰서에 가서 지문을 찍어야 하기 때문에 수배 중이라는 사실이 바로 나올 것이었다.

어떻게든 그 상황을 모면해야만 하는데 형이 지혜를 발휘했다. 형은 수배 중이 아니고 미국 시민권자가 아니라 미국 영주권자였기 때문에 마침 한국 여권을 가지고 있었다. 형이 자신은 한국 여권을 경찰에게 보여줄 테니, 나에게는 형의 운전면허증을 경찰에게 보여주며 우리가 쌍둥이라고 하자고 했다. 그런데 형과 나는 같은 형제지만 전혀 닮지 않아서 경찰이 우리 말을 곧이곧대로 믿지 않을 것 같았다. 그렇더라도 달리 방법이 없어서 나는 형이 시키는 대로 했다.

경찰은 여권과 면허증을 번갈아 보더니 왜 두 사람의 생년월일이 같은지 물었고 나는 우리가 쌍둥이라고 맞받아쳤다. 경찰은 못 믿겠다면서 돌아가며 여권에 있는 사진과 면허증에 있는 사진을 대조해보더니, 여권에 있는 사진은 형이 맞는데 면허증에 있는 사진은 내가 아니라 여권에 있는 사람이라고 했다. 결국 신원 확인이 되지 않으면 당장 경찰서로 끌려가 지문을 찍어야 하기 때문에 계속해서 나는 하나님께 도와달라고 기도했다.

하나님이 주신 감동으로 위기를 모면하다

그때 처음으로 하나님께서 나에게 강한 감동을 주셨다. 여섯 명의 경찰 중 여자 경찰이 한 명 있었다. 그리고 계급이 가장 높은 경찰이기도 했다. 하나님은 그 경찰에게 가서 말하라는 감동을 주셨다.

그리고 여자 경찰은 임신 중이며 태중의 아이는 금발의 남아라는 것을 환상처럼 보여주셨다. 그런데 그 임신은 불륜으로 인한 것이었다. 하나님이 보여주신 것을 그 여자 경찰에게 설명하면 들을 것이라는 감동도 주셨다.

내가 여자 경찰에게 가려고 하자 다른 경찰이 소리치며 앉으라고 나를 저지했다. 나는 계속해서 여자 경찰에게 할 말이 있다고 했다. 간신히 그 여자 경찰에게 다가갔을 때 나는 조용히 말했다. "나는 당신을 모르지만 미리 축하합니다. 당신 몸에 있는 아기는 남자아이입니다." 나는 불륜 사실은 말하지 않았다. 그러자 여자 경찰의 얼굴이 갑자기 창백해졌고, 때마침 여자 경찰이 우리의 여권과 면허증을 보고 판단을 내려야 하는 차례가 되었다.

다섯 명의 경찰은 모두 형이 여권과 운전면허증의 사람이 맞고 나는 아니라고 말한 상황에서 여자 경찰은 갑자기 여권은 형이 맞고 면허증은 내가 맞다고 말했다. 다섯 명의 경찰이 여자 경찰에게 아니라고 반박하려는 순간 하나님은 다섯 명의 경찰들의 마음까지 일제히 바꿔주셔서 다섯 명 모두 입장을 바꿔 여권은 형이고 운전면허증은 나라는 결론을 내렸다.

그때부터 우리에게 총을 겨누던 경찰들의 태도가 돌변했다. 다른 도와줄 일이 없는지 친절하게 묻기 시작했다. 사실 나도 너무 놀라 정신이 없었다. 어떻게든 빨리 그 자리를 모면하기만 바랄 뿐이었다. 그런데 그때 더 놀라운 것은 박살 난 우리 차를 한쪽으로 밀어놓기 위해 경찰이 우리 차의 트렁크를 열어보았다는 것이다. 불과 몇 시간 전만 해도 트렁크에는 마약을 했던 도구들이 가득했다. 그런데 목사님을 찾기 위해 갔던 호텔 쓰레기통에 마침 모두 버렸기 때문에 트렁크에는 아무 것도 남아 있지 않았다.

만약 그때 버리지 않았다면 우리는 경찰이 트렁크를 연 순간 곧바로 연행되었을 것이다. 모든 것을 아시는 하나님께서 흔적마저 미리 없애주신 것이다.

경찰은 기물 파손한 것도 봐주고 범칙금도 없이 택시까지 불러주었다. 형과 나는 아무 문제 없이 택시를 타고 그 자리를 떠났다. 피투성이인 채 택시를 타고 가면서 우리는 서로 하이파이브를 했다. 그동안 생명의 위협과 위기를 모면했던 순간이 너무 많다보니 이번에도 우리가 잘했다고 착각한 것이다. 그 사이에 우리가 왜 피투성이가 되었는지, 왜 차가 박살이 났는지는 잊어버리고 감옥에 가지 않아도 된다는 기쁨을 나누며 집에 돌아왔다.

온 가족 구원의 역사

그 당시 집에는 어머니와 누나, 형과 형수, 조카 둘, 나까지 일곱 명이 살고 있었다. 불교 신자였던 어머니는 보살(불교의 여성 신도)이었기 때문에 집안 곳곳에 향을 피우고 불공을 드리는 일이 많았다. 그래서 언제나 집안에서 향냄새가 났다. 그런데 택시에서 먼저 내린

형이 현관 문을 여는 순간 우리 집에 있던 수많은 귀신들이 형의 몸 안으로 다시 들어가버렸다.

> 이에 가서 저보다 더 악한 귀신 일곱을 데리고 들어가서 거하니 그 사람의 나중 형편이 전보다 더욱 심하게 되느니라 이 악한 세대가 또한 이렇게 되리라 마 12:45

이 말씀처럼 더러운 귀신이 나간 그 자리에 더 악한 귀신이 다시 형의 몸속으로 들어간 것이다. 온갖 난리를 치며 몸 안에 있던 귀신들을 내쫓았는데, 집안에 들어서자마자 다시 귀신이 들어가 형의 발작이 다시 시작되었다. 그때가 새벽 3시였다. 나는 집 앞에서 구르며 발작하는 형을 붙잡고 다시 귀신을 쫓기 시작했다. 지금까지 나는 간증을 할 때 '6시간의 초자연적인 사건'이 있었다고 말했다. 그 6시간의 초자연적 사건의 전말이 바로 형과 내가 하나님의 도움으로 어마어마한 귀신들과 싸워 이긴 이 사건이다.

다시 형이 어느 정도 안정을 찾아갈 때 나는 형을 데리고 집으로 들어갔다. 조카는 아빠의 모습을 보고 울음을 터트렸고, 어머니는 일주일 만에 피투성이가 되어 들어온 두 아들이 갑자기 하나님을 만났다는 말에 많이 놀라셨다. 그토록 긴 하루를 보내고 나서 나는 아침에 일어나자마자 형수에게 지난밤에 있었던 6시간의 초자연적인 사건을 상세히 털어놓았다. 그런데 내 이야기를 들은 형수가 뭔가 석연치가 않다면서 아직 뭔가 더 남아 있는 것 같다고 했다.

  그 당시 우리 주변에는 교회 다니는 사람이 한 명도 없었다. 그나마 한때 천주교 신자였던 형수는 왠지 이 상황에서는 교회 목사님을 부르는 것이 좋을 것 같다면서 한인 명부를 찾아 한인 교회에 일일이 전화를 걸기 시작했다. 상황을 설명한 다음 남편과 시동생을 도와줄 수 있느냐고 할 때마다 전화가 끊어지면서 수많은 한인 교회로부터 거절을 당했다. 형수님은 지인의 선배 부인이 유방암에 걸렸다가 어느 교회에서 치유를 받았다고 한 말을 떠올리며 그 분에게 전화를 걸어 출석하는 교회의 이름을 물었다. 그러자 은혜한인교회라고 했다.

  은혜한인교회에 전화하자 담임목사님은 러시아 선교 중이라고 했다. 더욱이 그날은 토요일이었는데 보통 토요일은 목사님이 설교 준비를 하기 때문에 전화 연결이 쉽지 않은데도 목사님의 사택 전화번호를 안내받아 곧바로 사택으로 전화를 했다. 그러자 부목사님이 전화를 받으셨다. 형수님은 교회에 다니는 사람은 아니지만, 남편과 시동생이 이상하니 도와달라고 부탁을 드렸다. 목사님은 바로 찾아오시겠다고 했다. 그런데 그만 잘못된 주소를 알려드리는 바람에 우여곡절 끝에 목사님이 1시간 만에 집에 오시게 되었다.

  하지만 나는 그렇게 찾아오신 목사님을 보고 형수에게 짜증을 냈다. 형과 나는 이제 문제가 다 해결됐고, 우리 형제가 귀신들을 이겼는데 왜 목사를 불렀느냐고 한 것이다. 집에 오신 목사님과 사모님은 우리를 앉혀놓고 차근차근 예수님에 대하여 전하며 우리를 위해 기도해주셨다. 처음에는 나를 위해 기도해주셨는데 별다른 감동 없이 기도가 끝났다. 그다음 형을 위해 기도해주실 때 형이 무릎을 꿇고 기도를 받다가 갑자기 목사님을 쩨려보며 몸을 심하게 떨었다. 그러자 목사님과 사모님이 방언으로 기도를 했고, 나는 그 모습을 지켜보고 있었다. 목사님이 계속 안수기도를 하자 형의 눈이 풀어지더니 심하게 떨던 형이 잠잠해졌다.

기도를 마치고 나서 목사님은 이제 어느 교회를 나갈 건지 물어보셨다. 우리는 당연히 목사님의 교회에 가겠다고 했고, 목사님은 내일 주일예배가 있으니 나오라고 하고 돌아가셨다. 나는 어머니에게 내가 어제 하나님이라는 분을 만난 것 같으니 같이 교회에 가자고 했다. 그러자 어머니는 "네가 말하는 하나님이 누군지 모르지만, 우리 아들들을 이렇게 하실 수 있는 분이라면 믿어보겠다"라고 멋지게 말씀해주셨다.

온 가족 첫 믿음, 첫 찬송, 첫 예배

그다음 날, 우리는 처음으로 온 가족이 교회에 나가 예배를 드렸다. 처음으로 성경책을 샀고, 교회에 첫발을 들이게 된 것이다. 나에게는 그것이 난생처음 드린 예배였다. 맨 처음 부른 찬송가는 '주 안에 있는 나에게'(370장)였는데, 지금도 나는 이 찬송가만 부르면 너무 감사하고 감격해서 눈물이 난다. 가족들과 다 함께 예배를 드리고, 새신자 등록을 하고, 첫 예배를 드린 교회에서 목사님과 함께 사진을 찍었는데, 그때 내 눈이 시뻐렇게 멍든 상태여서 웃지 못할 사진으로 남게 되었다.

그렇게 해서 우리 가족은 1994년 6월 19일 LA 근방에 있는 이민 교회에 새신자로 이름을 올리게 되었다. 그 후 우리 집에 처음 심방 오셨던 목사님이 보통은 교회에서 목사님의 사택 전화번호를 주지 않고, 특히 토요일은 설교 준비로 전화를 잘 받지 않는데 그때 전화를 받은 것도 신기하고, 잘못 가르쳐준 주소로 어떻게 집을 찾아갔는지 정말 하나님의 인도하심이 놀라울 따름이라고 하셨다.

온 가족이 하나님을 믿기로 했는데도 아직까지 집에 불상이 있고 불교 용품들이 있는 것이 내 마음에 걸렸다. 그래서 나는 어머니와 의논하여 불교 용품들을 모두 싸서 어머니와 함께 제일 큰 절에 조용히 가져다주었다. 왜냐하면 70년 넘게 절에 다니신 어머니의 마음을 그나마 편하게 해드리라고 하는 하나님의 감동 때문이었다. 그리고 봉투에 돈을 넣어 주지승에게 드리며 이렇게 말했다.

"그동안 감사했습니다. 그리고 앞으로는 다시 안 올 겁니다."

그러자 어머니의 마음이 한결 편해지셨다는 것을 느낄 수 있었다. 얼마 후 어머니가 꿈을 꾸셨는데 꿈에 하나님이 나타나셔서 이렇게 말씀하셨다고 했다. "어미 소가 밀고 나가야 새끼 소가 따른다. 그러니 네가 강하게 나가라." 어머니가 믿음을 지켜야 한다는 하나님의 명령을 받으신 것이다. 그 후 어머니는 교회에 열심히 다니셨다. 권사 직분도 받으시고 오로지 자식들을 위해 기도하며 사셨다.

CHAPTER 3
하나님의 선물

첫 신앙생활이 시작된 6월 17일 이후 신기하게도 나는 마약 생각이 전혀 나지 않았다. 여전히 술과 담배를 하기는 했지만, 마약은 전혀 하고 싶지 않았다. 그때 이런 생각이 들었다. '그래. 나에게는 초자연적인 이적이 있었고, 지금 교회도 다니고, 이제 마약도 안 해. 그러니까 됐어. 교회는 일주일에 한 번씩 다녀오면 돼!'

그런데 그런 생각을 하고 있을 때 아침에 면도를 하려고 거울을 보면, 거울 속에 비친 내 눈이 계속해서 나를 째려보는 것이 느껴졌다. 그 눈에서 마귀가 보였다. 아직도 내 안에 뭔가 있다고 느껴지자 갑자기 두려움이 찾아왔고, 그 두려움 때문에 밤에 잠을 이루지 못했다. 밤새 두려움에 떨다가 다음날 아침에 목사님께 물어보기로 했지만 마음이 편치 않았다. 거울 속으로 보이는 내 눈을 쳐다보는 것이 너무 무서웠다. 그동안 수많은 귀신과 싸워서 이겼는데,

이토록 두려움에 떠는 내 모습이 도저히 용납되지 않았다.

방언의 은사, 병 고치는 은사

그런 상태로 3주째 주일에만 교회를 왔다갔다하다가 갑자기 수요예배에 가야겠다는 생각이 들어서 식구들과 함께 수요예배에 나가게 되었다. 수요예배가 시작되기 전에 담임목사님께서 통성기도를 하자고 하셨다. 그래서 기도를 하는데 갑자기 내 혀가 이상하게 움직이더니 내 의지와 상관없이 침을 튀기면서 움직이기 시작하면서 혀가 멈춰지지 않다가 통성기도가 끝나니까 잠잠해졌다. 그러니까 그날 나에게 방언의 은사가 나타났던 것이다.

   방언이라는 것을 전혀 모르다가 갑자기 방언기도를 하게 되자 그때부터 나는 성경이 더 알고 싶어졌다. 그래서 교회 구역장에게 특별 집회를 하는 곳이 없는지 묻고 알려주신 집회에 참석하게 되었다. 그 집회에서도 예배 전에 통성기도를 하였는데, 나는 전날 방언기도를 했다고 잘난 체하며 일어나서 방언으로 기도하기 시작했다.

   그러다가 문득 하나님이 살아 계신 것이 너무 강하게 믿어지면서 세계 곳곳을 다니며 하나님의 살아 계심을 보여주고 싶다는 생각을 처음으로 하게 되었다. 그래서 우리 하나님을 내 오른쪽 어깨에 모시고 세계를 다니며 좋으신 하나님을 보여주고 싶다고 방언기도를 했던 기억이 난다.

그 당시 나는 성경을 잘 몰랐다. 그런데도 무조건 하나님께 내 허리를 고쳐달라고 방언으로 기도했다. 그러자 갑자기 내 의지와 상관없이 마치 누군가 끌어올리는 것처럼 나의 왼손이 올라갔다. 그리고 마치 누가 내 손을 움직이는 것처럼 아픈 허리에 왼손이 올려지는 순간 갑자기 허리에 전율이 느껴졌다. 그러더니 자주 감각이 없던 왼쪽 다리 뼛속으로 찬바람이 빠져나가면서 16년 동안 앓던 허리 디스크와 협착증이 2초 만에 고침을 받았다. 그렇게 아팠던 허리가 갑자기 아프지 않자 나는 너무 신기했다. 허리가 아프지 않다는 것을 테스트하고 싶어서 밖으로 나가 주차장에서 혼자 체조를 하고 이리저리 움직여보기도 했는데 전혀 아프지 않았다.

이 신기한 체험을 하고 난 뒤 나는 더욱 성경이 궁금해졌다. 고린도전서 12장 8절부터 11절을 보니까 성령님의 은사가 있는데, 병 고치는 은사도 있다는 것을 찾아보게 되었다. 또한 그중에 방언의 은사가 있다는 것 또한 처음 알게 되었다. 은사가 뭔지는 잘 몰라도 참 좋은 것은 분명했다.

그리고 그때부터 신기한 일들이 계속되었다. 하루는 구역 식구 중에 한 청년과 차를 마시고 있었는데, 갑자기 그 청년의 오른쪽 목 부근과 왼쪽 허리에 빨간 불이 깜박이는 것이 보였다. 어디서 빛이 비추는 줄 알았는데 아무리 봐도 다른 빛은 없었다. 그래서 그 청년에게 목 부근과 왼쪽 허리가 어떤지 물어봤다. 그러자 지금 그 두 군데가 너무 아프다고 했다. 그래서 나도 모르게 기도하자고 하고 그 청년을 위해 간절히 기도하자 깨끗이 치유를 받는 신기한 체험을 하게 되었다.

그리고 구역예배에서 방금 있었던 일들을 이야기하자 권사님들이 나에게 안수기도를 부탁하셔서 기도했는데 기도할 때마다 다 치료가 되는 역사가 일어났다. 많은 분들이 그것을 보게 되었고, 하나님이 내게 은사를 베풀어주셨다는 것을 알게 되었다. 그 후로 나의 은사가 소문이 나게 되어 수요예배가 끝나면 권사님들이 안수해달라고 길게 줄을 설 정도가 되었다.

그 당시 나는 교회에 출석한 지 얼마 되지 않은 초신자였기 때문에 부득불 만류하는데도 권사님들이 막무가내로 내 손을 본인의 머리에 얹기도 했다. 하루는 하나님이 어머니의 무릎이 안 좋다는 것을 보여주셨다. 그래서 어머니의 무릎을 붙잡고 기도하자 그 뒤로 어머니가 뛰어다니셨다.

지식의 말씀 은사

그런데 신기한 것은 그 분들을 위해서 기도할 때면 그들이 어디가 아픈지 하나님께서 다 보여주시고 알려주신다는 것이다. 나에게 안수기도를 받은 분들은 거의 다 치료를 받았다. 알고보니 그것이 지식의 말씀 은사였다. 지식의 말씀 은사는 나는 전혀 모르지만 모든 것을 아시는 하나님께서 나에게 지식으로 알게 해주시는 것이다.

그것은 질병뿐만이 아니었다. 사람들이 가지고 있는 내면의 문제들까지 마치 영화의 한 장면처럼 보여주시니까 그것을 놓고 기도하면 내면의 문제가 해결되는 일들이 우후죽순처럼 나타나게 되었다. 때로는 사람들과 악수를 하다가도 그 사람 안에 있는 악한 영이 내 손을 통해 느껴지면 바로 손을 놓아버리는 일까지 생겼다. 사람들을 보면 그 안에 있는 죄가 보이고, 그 사람의 과거가 보였다. 또 미래가 어떻게 될지도 알려주시곤 했다.

처음에는 이런 상황들이 너무 재미있고 신기했다. 그런데 시간이 가면서 불편해지기 시작했다. '혹시 내가 박수무당이 된 거 아닌가?' 하는 생각에 가만히 있을 수가 없었다. 그래서 처음으로 우리 집에 오셔서 내게 안수해주신 목사님을 찾아가 그동안 나에게 일어났던 일들을 자세히 설명드리고, 왜 이런 일들이 일어나는지 여쭤보았다. 목사님은 내 이야기를 다 듣더니 이렇게 말씀해주셨다.

"형제님, 이것은 하나님이 선물로 주신 성령의 은사가 맞습니다. 하지만 형제님은 지금 영적으로 너무 어리기 때문에 계속 이런 은사를 따르다보면 신비주의에 빠질 수 있어요. 지금은 모든 은사를 잠시 내려놓으시고 말씀으로 하나님을 만나세요"라고 하시며 먼저 요한복음부터 읽으라고 권면해주셨다.

그때 내가 첫 번째로 정독한 말씀, 내가 가장 좋아하는 성경이 바로 요한복음이다. 처음부터 요한복음이 마음에 와닿았던 것은 아니다. 그러나 나는 차분히 성경을 읽으며 나에게 나타난 은사를 잠잠케 하려고 노력했다. 그럼에도 불구하고 은사가 바로 잠잠해지지는 않았다. 그렇다고 예전처럼 심하게 민감하지도 않았다.

점차 하나님과 교제하다보니 하나님께서 가족들을 만나주셨고, 평안히 지내고 있을 때 갑자기 멀쩡했던 조카가 악한 영에 붙잡혀 있는 것을 보게 되었다. 하루는 내가 운전을 하고 형은 어린 조카를 안고 조수석에 앉았는데 조카가 갑자기 아프다고 했다. 조카는 삼촌이 기도하면 아픈 것이 낫는 것을 알고 있었다. 형이 기도했는데도 조카가 낫지 않자 나는 운전을 하면서 조카를 위해 기도했다. 예수의 이름으로 악한 영을 내쫓는 기도를 하자 축 늘어져 있던 조카가 갑자기 노래를 부르기 시작했다.

"사탄 이름으로 사탄 이름으로 승리를 얻었네."

원래 '예수 이름으로'라는 찬양인데 악한 영이 조카의 입술로 "사탄 이름으로"를 넣어 부르게 한 것이다. 조카에게 아무리 아니라고 해도 조카는 계속 사탄을 넣어 노래를 불렀다. 나는 차를 세우고 조카를 끌어안고 그 안에 있는 악한 영에게 나가라고 소리쳤다. 내 목숨을 바쳐서라도 어린 조카를 구해야 하니까 온 마음을 다해 기도했다. 그러자 조카가 갑자기 숨을 크게 쉬더니 괜찮아졌다. 조카는 자신이 그렇게 노래 부른 사실을 기억하지 못했다.

하나님의 얼굴을 보고 하나님을 찬양하는 은사

나에게 여러 가지 은사와 이적이 나타나는 상황에서도 나는 담배를 끊지 못하고 있었다. 하루는 운전 도중 신호등 앞에 멈춰 서서 담배를 피우다가 갑자기 이런 생각이 머리를 스쳤다.

'은사가 있다면 내 안에 성령님이 계신 거잖아. 그분이 내 안에 계신데, 지금 이 담배 연기가 성령님의 숨통을 막는 거 아닐까? 그러면 안 되는데….'

그때부터 나는 내 안에 거룩한 존재가 계신 것이 피부로 느껴지기 시작했다. 그러자 갑자기 담배를 피우던 내 입안이 쓰고 입에서 똥 냄새가 났다. 나는 곧바로 담배를 버리고 담뱃갑도 버렸다. 그 후로 나는 담배를 한 번도 피우지 않았다. 담배를 버리고 나니 운전하는 내내 길거리에 있는 꽃들과 하늘의 구름까지 나를 보고 방긋 웃으며 반겨주었고, 하나님께서 내 옆에서 나를 지켜주고 계신다는 것을 느끼게 되었다. 하나님께서는 "내가 너를 계속 보고 있단다"라는 감동을 주셨.

그때부터 나의 하루는 새벽기도로 시작되었다. 나는 수요예배, 금요철야까지 모든 예배에 빠지지 않고 참석했다. 하루는 가족들을 모두 태우고 수요예배에 가고 있었다. 그런데 내 눈에 구름 사이로 나타난 하나님의 활짝 웃는 얼굴이 보였다. 너무 놀라 가족들의 얼굴을 쳐다보았지만 아무도 내가 본 하나님의 얼굴을 보지 못한 것 같았다. 그래서 나는 하나님께 내가 본 모습이 진짜인지 아닌지 알려달라고 했다.

수요예배를 드린 다음 날 아침, 알람으로 맞춰놓은 라디오에서 흘러나오는 첫 번째와 두 번째 노래 가사를 듣자마자 나는 어제 구름 사이로 본 하나님의 환한 얼굴은 하나님께서 나에게만 보여주셨다는 것을 확신하게 되었다. 첫 번째 곡은 'I can see clearly now'(Johnny Nash, 1972), 그리고 두 번째 곡은 'For your eyes only'(Sheena Easton, 1981)였다. 두 곡의 제목을 직역해보면 "이제 나는 선명하게 볼 수 있는데, 이것은 나에게만 보이는 거야"가 된다. 얼마나 놀랍고 섬세하신 하나님의 응답인가? 하나님은 이런저런 방법으로 나를 계속해서 찔러주시고, 항복하고 회개할 때마다 용서해주시고 만나주셨다.

어느새 하나님을 만난 지 3개월이 흘렀다. 1994년 9월 나는 교회 수련회를 통하여 산에서 3박 4일 동안 하나님을 찬양하며 하나님을 만나고 회복되는 엄청난 은혜를 받았다. 나는 초등학교 4학년 때 잠깐 피아노를 배운 적이 있다. 하지만 실력은 형편없었다. 그런데 수련회에서 찬양의 은혜를 받자 찬양 곡을 키보드를 치고 싶었다. 어릴 때 잠깐 배운 실력으로 악보도 제대로 볼 줄 모르는데도 불구하고 나는 하나님께 기도드렸다.

"하나님, 저도 키보드를 치면서 찬양하고 싶어요."

그러자 나도 모르게 다음 날부터 악보도 보지 않고 찬양이 들리는 대로 키보드를 치며 찬양을 부르기 시작했다. 지금도 나는 악보를 볼 줄 모른다. 그런 나에게 하나님께서 키보드로 하나님을 찬양할 수 있는 초자연적인 은혜와 은사를 허락하신 것이다. 그 후로 형은 드럼으로, 한 청년이 기타로, 나는 키보드를 치면서 3년 동안 새벽기도 시간에 찬양팀으로 섬겼다.

천국을 보여주신 하나님

1994년 10월 4일, 나는 지금도 그 날을 정확히 기억한다. 새벽기도를 마치고 난 후였다.

> 너는 내게 부르짖으라 내가 네게 응답하겠고 네가 알지 못하는 크고 은밀한 일을 네게 보이리라 렘 33:3

하나님께서 예레미야서 33장 3절 말씀을 주시며 3일 금식을 하라고 나에게 명령하셨다. 나는 태어나서 처음으로 10월 4일부터 3일 금식을 하게 되었다. 은혜로 3일 금식을 잘 마친 뒤 10월 7일 새벽기도 시간에 기도할 때, 하나님께서 3일 금식을 명령하실 때 주셨던 예레미야서 33장 3절의 '크고 은밀한 일'을 바로 체험하게 하실 것 같다는 감동이 있어서 하나님께 감사한 마음이 가득했다.

하나님은 보잘것없는 나를 만나주셨고 구원해주셨다. 이 모든 것들이 너무 감사해서 무릎을 꿇고 머리를 숙이고 감사기도를 하고 있을 때 갑자기 내 눈앞에 밤색 샌들을 신은 발이 보였고 그 발등 위로 흰 세마포가 보였다. 나는 그분이 예수님이라는 것을 직감하고 그분의 발목을 힘껏 붙잡았다.

나는 내 손이 부러지는 한이 있어도 예수님을 절대로 놓치지 않겠다는 마음으로 예수님의 발을 힘껏 잡은 채 울면서 계속 감사하다고 말했다. 그런데 내가 붙잡은 예수님의 발이 생각보다 크고 야위어서 앙상한 발꿈치 아킬레스건이 느껴질 정도로 생생했다.

내가 예수님의 야윈 발을 붙잡고 울면서 기도할 때 한 집사님도 내 옆에서 큰소리로 예수님을 부르며 눈물로 기도하고 계셨다. 그러자 갑자기 내 앞에 계셨던 예수님이 그 집사님 앞에 서시는 것을 나는 영의 눈으로 보게 되었다. 그 후 그 집사님은 몽골 선교사가 되어 지금도 열심히 복음을 전하고 계신다. 그때 내가 속한 교구에서 주의 종이 여섯 명(나를 포함해서)이나 배출되기도 했다.

집사님 앞에 서신 예수님께서 다른 분이 또 큰 소리로 예수님을 부르자 다시 그 분 앞으로 가시는 것을 내 눈으로 똑똑히 보게 되었다. 나는 예수님을 다시 내 앞으로 오시도록 하려고 진짜 큰 소리로 예수님을 부르기 시작했다. 그랬더니 예수님이 다시 내 앞으로 오시는 것을 보았고, 이제 다시는 놓치지 않겠다는 각오로 예수님의 발을 부여잡았다. 한 여자가 눈물로 예수님의 발을 적시고 머리털로 발을 닦아드린 것처럼(눅 7:38) 나도 내 눈물로 예수님의 발을 씻겨드리며 감사기도를 드리고 있었는데 갑자기 장면이 바뀌었다.

나는 분명히 교회 기도실에서 기도하고 있었는데, 갑자기 내 눈 앞에 천국의 광경이 펼쳐진 것이다. 나는 엄청나게 큰 피라미드 꼭대기에서 무릎을 꿇고 기도하고 있었다. 피라미드 꼭대기 끝은 가장 좁은 공간인데도 불구하고 내가 앉은 곳 양옆은 끝이 보이지 않을 정도로 길었다. 그리고 정면에 커다란 강대상이 놓여 있고 그 뒤로 큰 십자가가 달려 있었다. 그곳에서 내가 앉은 양쪽으로는 많은 사람들이 세마포를 입고 무릎을 꿇고 나와 함께 기도하고 있었다. 그리고 그 아래로 축구 경기장 같은 넓은 스탠드와 그 아래 계단에서도 많은 사람들이 똑같이 무릎을 꿇고 기도하고 있었다. 그 아래로 한참 내려가니까 구름이 있고 구름 아래 수많은 사람들이 무릎을 꿇고 기도하는 모습이 끝없이 펼쳐진 것이 보였다. 그곳에서 기도하는 사람들의 수가 상상할 수 없을 만큼 많은 것을 보게 되었다.

거기서 나는 계속 예수님을 붙잡고 기도하고 있는데, 내 양옆에 앉은 사람들 앞에 남자가 한 명씩 서 있었다. 그들은 바로 천사들이었다. 사람들은 기도할 때마다 가슴에서 빨간 노끈이 묶인 작고 흰 상자를 하나씩 꺼내 천사들에게 건넸다. 그러면 천사들이 그 흰 상자를 강대상 위에 놓았고, 흰 상자는 십자가 안으로 순식간에 빨려 들어갔다. 그 순간 천사들과 사람들은 없어지고, 또 다른 사람이 기도하면 똑같은 상황이 반복되었다. 그러면서 점차 기도하는 사람들의 수가 적어졌다.

인류 구원을 위한 기도와 부르심

나는 예수님의 발을 붙잡고 이런 기도를 했다.

"예수님, 저를 통해서 온 인류를 구원해주세요."

이 기도가 나오는 순간 집채같이 큰 흰 상자가 내 몸에서 나와 점점 더 커지기 시작했다. 그때 예수님의 손짓을 기다리던 천사들이 커다란 상자를 들어 힘겹게 강대상으로 옮겨 놓자 강대상 뒤에 있던 큰 십자가 안으로 상자가 쑥 빨려 들어가더니 십자가 위에서 갑자기 사방으로 황금빛이 쏟아져 내리기 시작했다. 그 빛은 내 머리 위에도 쏟아져 주변을 천천히 황금빛으로 물들였다.

나는 바닥에 오래 무릎을 꿇고 기도하고 있었는데도 무릎이 전혀 아프지 않았다. 바닥의 느낌은 딱딱하지도 않고 부드럽지도 않고 차지도 않고 뜨겁지도 않았다. 그 곳이 천천히 황금빛으로 물들여질 때 하나님은 갑자기 큰 산을 보여주시더니 왼쪽부터 큰 글자가 지나가며 하나님의 음성이 또렷이 들려왔다.

"In His Time it would be done."

직역하면 "주님의 시간에 이루어지리라"라는 하나님의 음성이 영어로 온 세상에 울려 퍼지기 시작했다. 그 순간 나는 하나님이 나를 통해 온 인류를 구원하시고자 하는 계획이 있으시다는 감동을 받았다. 동시에 전 세계 모든 교회를 연합하고 개혁시키기 원하시는 하나님의 마음을 크게 느끼게 되었다. 그 음성이 끝나자 하나님은 내 뒤로 엄청나게 큰 산을 다시 보여주셨고, 그 산맥에도 똑같이 'In

His Time'이라는 글자가 지나가면서 "네가 기도한 것이 이루어진 다"라고 한 번 더 말씀하셨다.

이런 엄청난 상년을 보면서도 나는 계속해서 예수님의 발을 붙잡고 있었다. 그런데 예수님의 얼굴이 너무 보고 싶어서 고개를 천천히 들었는데 어찌나 높이 계신지 끝이 보이지 않았다. 그래도 예수님의 얼굴을 찾고 찾았을 때, 고개 숙여 나를 바라보고 계신 예수님의 얼굴이 내 눈앞에 계셨다. 그런데 내 눈에 비친 예수님의 얼굴은 커다란 광채로만 보였는데, 아무리 쳐다봐도 눈이 부시지 않고 눈이 아프지도 않았다. 예수님이 저 멀리 계신 줄만 알았는데 바로 내 앞에서 나를 쳐다보고 계셨던 것이다.

그렇게 천국을 체험하고 정신을 차려보니 약 30분 정도의 시간이 흘렀다는 것을 알게 되었다. 내 얼굴은 눈물과 콧물로 범벅이 되어 있었다. 1994년 10월 7일 새벽에 나는 하나님의 일방적인 은혜로 주의 종으로 부르심을 받게 되었다. 그때 하나님은 매우 특별한 사명을 주셨다. 그것은 전 세계 모든 교회를 예수님으로 연합하고 개혁해서(unification and reformation of the church) 온 인류가 구원을 얻도록 하라는 것이었다.

그때부터 하나님은 내게 온 인류의 구원을 위해 기도하라고 명령하셨다. 그래서 나는 전 세계 온 인류의 구원을 위해 매 순간 쉬지 않고 기도하고 있다. 나에게는 세계 인구 80여 명이라는 숫자가 허무맹랑한 숫자가 아니라 손에 잡히는 숫자로 느껴진다. 그때부터 매일 새벽기도를 할 때 하나님은 자주 지구를 보여주셨다. 우주에서 보는 지구가 얼마나 작은지 보여주시며, 온 인류의 구원도 전능하신 하나님의 권능으로 쉽게 이루어질 수 있다는 것을 자주 알려주셨다.

브라이언, 나는 너를 원한다

하나님께서 나를 뜨겁게 만나주셨던 순간부터 천국의 경험과 부르심까지 나는 당연히 주의 종이 되어야 한다는 생각으로 계속해서 말씀을 통해 하나님을 만나고 교제했다. 그런데 그 후 주의 종이 되고자 신학대학원에 갈 준비를 하고 있을 때 왠지 모르게 주의 종이 하기 싫어졌다. 그래서 만나는 사람마다 내가 주의 종으로 부름을 받았는지, 아니면 사업하는 장로로 부름을 받았는지 물어보았다. 그러면 모두 주의 종으로 부르심을 받은 것 같다고 했다.

 나는 하나님이 내게 주신 달란트는 돈을 버는 것이라고 생각했다. 내가 돈을 많이 벌어서 사역자들을 팍팍 지원해주면 되는데, 왜 하필이면 주의 종이 되라고 하시는지 도무지 이해가 되지 않아 2년 동안 부르심을 거역하고 도망 다녔다. 그동안 나는 해외를 다니며 사업을 했고, 사업이 잘 되자 그것을 주의 종이 되지 말아야 하는 증거라고 여기며, 주의 종이 되는 길에서 점점 멀어져갔다. 1996년 해외 업무를 마치고 미국으로 돌아가는 동안 내 안에 이런 앙금이 계속 남았다.

'나는 1994년 10월 7일에 주의 종으로 부름을 받았고, 신기한 체험도 많이 했다. 그런데 내가 왜 이렇게 노망만 다닐까?'

이 마음이 떠나지 않자 나는 기도원에 들어가기로 결심했다. 어떻게든 하나님과 담판을 지어야겠다고 생각했다. 나는 가족들에게 하나님이 진짜 나를 주의 종으로 부르신 것이 맞는지 확실하게 확인을 받아 돌아오겠다는 각오를 알리고 기도원으로 올라갔다. 기도원에 도착한 것은 밤 11시가 넘어서였다. 너무 늦게 들어가기 미안해서 차에서 잠을 자고 새벽에 깼지만 새벽예배도 가기 싫어서 다시 잠을 청하여 오전 9시쯤 깨어났다. 그래도 기도원에 왔으니 기도를 해야 한다는 마음으로 기도실에 앉아 하나님께 이렇게 말씀드렸다.

"하나님, 저를 주의 종으로 부르신 게 맞나요? 저는 그 길로 가기 싫어요."

"저는 돈을 버는 달란트가 있으니 돈을 많이 벌어서 목회자들을 후원하겠습니다."

"하나님의 뚜렷한 응답이 없으면 저는 기도원에서 내려가지 않겠습니다."

그때 내가 하나님께 드릴 수 있는 최고의 선물은 나의 전 재산이라는 생각이 들어서 나는 하나님께 나의 전 재산을 드리겠다고 말씀드렸다. 그런데 뜻밖에도 하나님은 너무 부드럽게 이런 감동을 주셨다.

'Brian, I don't want your money.'

"브라이언, 나는 너의 돈을 원하지 않는다."

'Then what do you want?'

"그럼 뭘 원하세요?"

'Brian, I want you!'

"브라이언, 나는 너를 원한다."

그 순간 나는 하나님께 너무너무 죄송했다.

"너덜너덜하고 더럽고 쓸모없는 저를 원하신다고요?"

나는 내가 가진 모든 재산을 드린다고 했는데, 하나님은 나같이 쓸모없는 인간을 원하신다고 하니 나는 가슴이 북받치고 너무너무 죄송했다. 그래서 나는 곧바로 하나님의 뜻대로 해드리겠다고 말씀드렸다. 결국 나는 작정하고 올라간 기도원에서 단 5분 만에 기도 응답을 받았다. 기도원에서 내려오자마자 나는 바로 신대원에 들어가려고 여러 방면으로 알아보았다. 하지만 벌써 다 마감이 되었다고 해서 난감해졌다. 그런데 기적적으로 마감 후에 낸 내 원서를 받아준 풀러신학대학원에서 신학을 공부할 수 있게 되었다.

신대원 입학 통지서를 받은 날 형과 형수와 함께 학교에서 나오다가 우리는 동시에 하늘을 봤다. 하늘에는 뭉게구름이 있고 어린 양이 그 구름 위에서 우리를 보고 웃고 있는 모습을 똑같이 보게 된 것이다. 주의 종이 되기 싫어서 2년이나 도망 다녔는데, 그 날 하늘을 보며 하나님이 나를 얼마나 기다리셨는지 알게 되었다. 턱없이 부족하고 무익한 나를 원하시는 하나님께 감사해서 눈물만 나왔다. 그래서 지금까지도 오직 감사뿐이다.

하나님이 맺어주신 나의 반쪽

예수님을 만나고 약 4개월 후에 나는 교회 집사님으로부터 소개팅 제안을 받았다. 그때까지 나는 솔로였다. 썩 내키지 않았지만 집사님이 하도 강권하여 소개팅을 하기로 했다. 그 날 샤워를 하는데 그날따라 내 입에서 찬양이 흘러나왔다. 그것은 '주님의 뜻 따르렵니다'라는 곡이었는데, 찬양을 부르면서도 나는 하나님께 계속 싫다고 말씀드렸다.

그때 소개팅을 해서 만난 사람이 바로 내 아내였다. 사실 만나자마자 첫눈에 반한 것도 아니고, 특별한 감동도 없고, 딱히 할 말도 없어서 나는 내가 어떻게 예수님을 만나게 되었는지 2시간 동안 간증을 쏟아놓았다. 그런데 아내는 간증을 들으면서 자신이 처음 예수님을 만났을 때처럼 몸이 가벼워지며 말할 수 없는 기쁨과 감격과 평안을 느꼈다고 했다. 그리고 예수님을 사랑하는 마음으로 나와 결혼하면 행복할 것 같다는 마음이 강하게 들었다고 훗날 내게 고백했다.

그동안 계속 세상 여자들만 만나다가 교회 자매를 만난 것은 이내가 처음이었다. 사실 나는 결혼하고 싶은 생각이 없었고, 결혼

할 인연도 아닌 것 같아 2년 동안 교회 동생으로 평범하게 알고 지내다가 헤어졌다. 생각해보면 내가 예수님을 만나 신분이 바뀌었지만, 지금까지 살아온 생활 패턴, 내 안에 있는 속사람은 곧바로 바뀌지 않았던 것이다.

이 자매와 헤어지고 2개월쯤 지났을 때 나는 주의 종으로 부르신 부르심을 확인하여 신대원에 들어갔다. 그런데 이상하게 헤어진 자매, 즉 지금의 아내가 계속 생각이 났다. 나는 2달 만에 전화를 걸었고 그렇게 아내와의 만남이 다시 이어졌다.

나는 아내를 다시 만나 내 마음을 전하며 사모에 대해서 생각해봤는지 물었다. 그때 아내는 사모가 될 준비는 안 되어 있지만 순종할 준비는 되어 있다고 했다. 그다음 날 나는 다시 전화를 걸어서 사모에 대해서 생각해봤느냐고 물었다. 아내는 함께 3주 동안 기도해보고 하나님의 뚜렷한 사인이 있으면 결혼하고, 아니면 없던 일로 하자고 했다. 그때부터 아내와 나는 매일 통화하며 본격적으로 만남을 이어가게 되었다.

그리고 다시 만난 지 19일째 되던 날, 하나님은 우리 두 사람에게 명확한 사인을 주셨고, 우리는 결혼을 약속하게 되었다. 확실한 응답을 받고 아내의 가족에게 인사드리러 갔지만, 아내의 부모님이 나를 마음에 들어 하지 않는 것 같았다. 그래서 나는 두 분에게 내가 만난 예수님을 2시간 동안 간증하기 시작했다. 간증하는 도중에 아내의 오빠의 반대에 부딪쳤지만 나는 모든 간증을 끝마치고 나왔다. 물론 쫓겨난 것은 기분이 상했다. 하지만 나는 거기에 굴하지 않고 기도하며 기다려서 결혼 승낙을 받아 한 달 반 만에 결혼하였다.

아내는 나의 반쪽이 되었고, 우리는 지금도 매 순간 행복한 결혼생활을 이어가고 있다. 우리는 서로에게 첫눈에 반하는 그런 마음은 없었다. 하지만 하나님께서 보이지 않는 끈으로 연결해주셔서 평생의 동반자가 되게 해주셨다. 누가 뭐라 해도 아내는 이 세상에서 내가 가장 신뢰하는 사람이다. 이 사실은 영원토록 변함이 없을 것이다. 우리는 1996년 12월에 결혼했다. 내가 신대원에서 한 학기를 겨우 마쳤을 때였다.

기도실에서 보낸 신혼생활

결혼 후 첫 달은 사업을 하고 있었고 돈에 대한 개념 없이 펑펑 쓰고 살았는데, 갑자기 사업이 뜻대로 되지 않고 점점 어려워지는 상황이 닥쳤을 때 내 주머니에는 160불밖에 남아 있지 않았다. 결국 나는 자존심을 버리고 아내에게 이제 우리에게 남은 돈은 160불이 전부라고 말했다. 그 말을 들은 아내가 나를 위로하며 말했다. 아내가 기도하는데 하나님께서 이런 감동을 주셨다는 것이다.

"딸아, 그동안 부모의 도움으로 배불리 먹고 살았지? 지금까지 잘 나가는 남편 덕분에 걱정 없이 살았지? 그런데 너는 한 번이라도 내가 주는 만나를 먹으며 살아봤니? 이제 내가 주는 만나를 먹지 않겠니?"

아내는 그동안 자신이 형식적으로만 감사했지 물 한 잔도 하나님께서 주신다는 것을 한 번도 체험하지 못했는데, 하나님께서 그것을 깨닫게 해주셨다고 말했다. 그래서 아내는 하나님께 이런 고백을 했다고 한다.

"남편이 아닌 아버지가 저를 먹여주세요. 아버지가 굶으라고 하시면 굶겠습니다. 아버지가 저를 먹여주세요."

그 후 아내와 나는 교회 기도실로 들어가 21일 철야기도를 시작했다. 21일 동안 아내와 나 둘이서 조용히 시작한 기도였는데, 교구 성도님들이 찾아와 함께 기도하고 이런저런 이야기를 나누다보면 어느새 예전처럼 하나님이 그 사람의 상태를 알려주셨고, 그것을 놓고 기도하면 엄청난 이적들이 나타나기 시작했다. 그러자 점점 소문이 나서 사람들이 내게 기도를 받으러 오기 시작했다.

사람들이 찾아와서 기도하면 이적이 나타났고 사람들이 돌아가면 우리는 다시 기도하면서 그렇게 21일을 보냈다. 그러니까 1994년에 예수님을 만나고 나서 나에게 불같이 나타났던 은사는 잠시 잠잠했다가 1997년에 다시 강하게 나타나게 된 것이다.

결국 21일을 기도로 보낸 시간이 너무 좋아서 21일 철야기도가 40일 철야기도로 늘어났다. 꿈만 같던 40일 기도가 80일 기도가 되었고, 120일이 되었다. 아내와 나는 결혼하고 나서 4개월 동안 매일 밤 기도실에 가서 기도하고, 자고 일어나서 다시 새벽기도를 하는 패턴으로 한동안 살았다.

돌아갈 다리를 불태워라

그런데 나에게는 신학이 너무 어렵고 힘들었다. 결국 나는 역시 주의 종은 내 길이 아니라는 생각으로 휴학을 하고, 또다시 2년간 도망쳤다. 두 번째 도망이었다. 나는 공부와 사업을 병행하며 여러 번 좌절하는 상황을 맞이했다. 1998년에 하나님은 나를 평신도 사역자로 인도하셨다. 나는 오히려 그 사역을 통해서 공부했던 신학이 정리되는 것을 경험했다.

1999년 11월 19일 평신도 사역을 한 지 1년쯤 되었을 무렵, 하나님께서 갑자기 새벽 3시에 나를 깨우시더니 열왕기상 19장 19절부터 21절을 읽으라고 하셨다.

엘리야가 거기서 떠나 사밧의 아들 엘리사를 만나니 그가 열두 겨릿소를 앞세우고 밭을 가는데 자기는 열두째 겨릿소와 함께 있더라 엘리야가 그리로 건너가서 겉옷을 그의 위에 던졌더니 그가 소를 버리고 엘리야에게로 달려가서 이르되 청하건대 나를 내 부모와 입맞추게 하소서 그리한 후에 내가 당신을 따르리이다 엘리야가 그에게 이르되 돌아가라 내가 네게 어떻게 행하였느냐 하니라 엘리사가 그를 떠나 돌아가서 한 겨릿소를 가져다가 잡고 소의 기구를 불살라 그 고기를 삶아 백성에게 주어 먹게 하고 일어나 엘리야를 따르며 수종 들었더라 왕상 19:19-21

이 대목은 엘리야가 엘리사를 부르는 장면이었다. 하나님은 엘리사가 엘리야를 따르기 위해 무엇을 했느냐고 내게 물으셨다. 엘리사는 한 겨릿소를 잡고 소의 기구를 불살라 그 고기를 삶아 백성에게 주어 먹게 하고 일어나 엘리야를 따랐다. 하나님은 내게도 동일하게 말씀하셨다.

"Burn your bridges."

그것은 돌아갈 수 있는 가능성을 차단하라는 말씀이었다. 다시는 과거로 돌아갈 수 없게 "네가 건너온 다리를 태워버리고"(burn the bridges that you crossed) 이 길을 따라야 한다고 말씀하셨다. 그것은 곧 내 사업을 정리하라는 말씀이었다. 나는 순종하는 마음으로 감사기도를 드리고 모든 사람들에게 회사를 정리한다고 알렸다. 그리고 하나님이 주시는 감동대로 순종하며 따라갔고, 드디어 신대원을 졸업하고 2001년에 목사 안수를 받아 교회를 개척하게 되었다.

하나님은 내 속에 깊게 자리 잡고 있던 교만들을 하나씩 제거해 주시기 시작했다. 나의 교만을 깨트리는 방법은 내가 하는 것마다 안 되게 해주시는 것이었고, 그것이 하나님의 뜻이었다. 그래야 하나님이 아니고는 할 수 없고, 내가 할 수 없다는 것을 철저히 깨닫기 때문이었다. 나 자신이 드러나고 사람들로부터 박수받는 것을 좋아하던 교만덩어리인 내가 이제는 주의 종으로서 사람들로부터 박수를 받으면 숨고 싶고, 너무 불편해서 손사래를 치며 제발 그러지 말아달라고 한다. 내가 박수를 받는 것이 아니라 하나님의 영광만이 드러나기를 바라는 것이다.

그때 내가 진심으로 하는 말이 있다.

"제가 한 것은 하나도 없습니다. 하나님이 다 하셨습니다. 그러므로 하나님께만 모든 영광을 돌립니다!"

CHAPTER 4

하나님만 의지하는 사역

하나님은 교회를 개척하라는 마음을 주셨다. 그래서 2001년에 'The Church'(골 1:18)라는 교회를 개척했다. 교회를 개척하기 전에 우리는 어느 교회를 빌려서 예배를 드렸다. 그러다가 하나님이 그 교회를 나와 집으로 들어가서 예배를 드리라는 마음을 주셔서 그때부터는 집에서 예배를 드리고 성경공부를 시작했다. 그곳에 하나님의 임재가 강하게 임하여 몇 명 안 되는 교인들과 정말 행복하게 사역할 수 있었다.

하나님께서는 2002년에 이제는 집에서 나와 교회 장소를 구하라는 마음을 주셨다. 나는 기도하며 어느 지역인지 여쭤봤다. 그리고 하나님이 말씀해주셨을 때 그 장소가 맞다면 정확한 사인을 보여 달라고 했다. 그때그때 하나님은 그분의 뜻을 확증해주셨고, 우리는 그 장소로 달려갔다. 그러나 하나님이 인도하신 곳에는 돈이 없는 우리가 예배를 드릴 만한 작은 공간이 없었다.

그래 바로 이곳이다!

그때 유리로 된 2층 건물이 눈에 들어왔다. 우리는 그 건물 지하에 예배 장소가 없는지 알아보았다. 그런데 부동산 중개인이 자꾸만 2층을 보라고 했다. 가진 돈이 없어서 2층은 아예 엄두도 내지 못했는데 2층을 보니 교회로 사용하기에 정말 좋은 공간이었다. 그래서 나는 중개인에게 아내와 둘이 5분만 기도할 시간을 달라고 하고 바로 무릎을 꿇고 하나님께 기도하며 여쭤봤다.

"하나님이 예비하신 장소가 여기입니까?"

"그래. 바로 여기다."

하나님의 응답에 아내와 나는 눈물을 흘렸다. 하나님은 그 건물 앞에서 구름 기둥이 올라가는 것을 보여주셨다. 하나님이 예비하신 장소가 맞았다. 하지만 우리에게는 그만한 돈이 없었다. 2층 임대료는 달에 600만 원이었는데, 우리 교회의 한 달 헌금 수입은 겨우 60만 원이었다. 교회 재정상 사례비는 당연히 없었고, 60만 원 중에 40만 원은 아내와 내가 내는 헌금이었다. 그런 상황에서 매달 600만 원을 임대료로 내기란 불가능했다. 더욱이 지금까지 모든 교회 운영에 카드를 사용했기 때문에 카드빚을 제때 갚지 못한 나는 이미 신용불량 상태였다.

그러나 나는 건물 주인에게 서류를 보내보았다. 물론 안 될 거라고 생각했다. 건물 주인에게 답이 없어서 재차 연락했을 때에야 우리는 그 장소를 빌려주기로 허락한다는 서류를 메일로 보냈다는 이야기를 듣게 되었다. 나는 너무 놀랐다. 현실적으로 우리는 돈이 없어서 들어가지 못한다. 그래서 어떻게 해서든지 못 들어갈 만한 상황을 만들기 위해 우리는 건물 주인에게 우리가 사용할 수 있도록 사무실과 부엌을 만들어달라고 무리한 요구를 했다. 그런데 주인이 모든 요구 사항을 다 들어주겠다는 것이 아닌가. 그래서 우리는 여기가 하나님이 세우신 교회 장소라는 확신을 가지게 되었다.

그때부터 교회에 필요한 집기와 가구들을 보러 다녔다. 아무리 싸게 해도 6천 불 정도는 있어야 교회를 꾸밀 수 있을 것 같은데 당장 돈이 없으니까 계속 기도만 하고 있었다. 그 와중에 하루는 장인 장모님을 뵈러 갔는데 두 분에게 걱정을 끼치고 싶지 않아 우리의 상황을 시시콜콜 말씀드리지 않았다. 그런데 두 분이 교회 개척 비용으로 쓰라고 6천 불을 헌금하셨다. 하나님이 두 분을 통해서 6천 불을 채워주신 것이다.

감사한 마음으로 아껴서 교회에 꼭 필요한 물품만 샀는데도 2천 불이 초과되어 하는 수 없이 부족한 금액을 카드로 결제하고, 예상보다 더 많이 쓴 것을 한참이나 회개했다. 그런데 며칠 후 은행에서 내 앞으로 2만 불이 입금되었다는 연락을 받았다. 알고보니 예전에 거래하던 회사에서 나에게 미지급되었던 금액을 보내준 것이었다.

그래서 십일조로 2천 불을 헌금하자 필요한 8천 불이 딱 채워졌다. 하나님이 하신 것이다.

입당예배와 오병이어의 기적

어느 정도 교회의 모습을 갖추게 되었을 때, 입당예배 준비를 하기 시작했다. 그런데 주문한 가구가 입당예배 드리기 전 날인 토요일에나 도착한다는 것이다. 나는 교회 청년과 함께 토요일에 도착한 의자를 조립했고, 아내는 입당예배 때 대접할 음식을 준비한다고 먼저 집으로 들어갔다. 새벽까지 의자 조립을 마치고 집에 와보니 아내는 음식을 만들고 나서 잠들어 있었다.

다음 날 우리는 입당예배를 드리기 위해 모였다. 그런데 교인들이 가족과 지인들까지 모셔 와서 40명 정도 되었다. 문제는 음식이었다. 아내가 만든 샌드위치는 15개 정도였는데 적은 양으로 어떻게 나눠 먹을지 걱정이 되었다. 그런데 예배를 마치고 나서 성도들이 끊임없이 샌드위치를 나눠 먹는 것이 아닌가. 그것도 한 사람이 두세 개씩 먹는 것을 보았다. 모두 충분히 먹고 나중에는 남아서 포장해 갈 정도였다. 40명이 몇 개씩 먹어도 남을 만큼 하나님께서 채워주신 것이다. 나와 아내는 물론이고 늦은 시간까지 함께 의자를 조립했던 청년도 이 광경을 목격하고 하나님께 영광을 돌렸다. 나는 이 장소에서 봤던 구름 기둥을 떠올리며 하나님의 임재를 강하게 느꼈다.

 몇 개월 후 교회에서 예배를 드리고 있을 때, 하나님은 주차장에 천사들이 가득 차 있는 것을 내게 보여주셨다. 나는 엘리사가 기도하여 하나님께서 사환의 눈을 열어 천군 천사를 보게 하신 것처럼 (왕하 6:16-17) 지금 교인들의 눈을 열어달라고 기도했다. 그러자 하나님께서 정말로 교인들의 눈을 열어 무장하고 전투를 준비하고 있는 수많은 천사들을 보여주셨다. 교인들은 다 같이 환호했다.

하나님이 하시는 일, 토요 집회

이런 놀라운 초자연적 기적과 하나님의 임재를 체험했는데도 불구하고 교회는 몇 개월이 지나도록 달라지는 것이 없었다. 하나님은 노방 전도를 하지 말라고 하시며 기도만 하라고 하셨다. 또한 교인들에게 봉사시키지 말고 봉사는 아내와 둘이서만 하라고 명령하셨다. 그래서 나는 교회 청소와 화장실 청소를 하고 아내는 음식을 만들었다. 그리고 교인들과 함께 계속 기도만 했다.

 그런데도 교회는 부흥이 되지 않았다. 나는 하나님께 여쭤봤고 하나님은 이런 감동을 주셨다.

 "이스라엘이 요단강을 건너 가나안 땅에 들어갔다고 해서 그 지역의 거주민들이 두 팔 벌려 환영한 것이 아니다. 치열한 영적 전투가 있었단다. 너는 여기 들어왔다고 끝난 줄 알았지? 지금부터 치열한 영적 전투를 해야 한다."

그 말씀을 듣고 나서 나는 이를 악물고 악한 영을 쫓기 시작했다. 더욱이 그 장소가 예전에 이단 집단이 사용했던 곳이라는 것을 알게 되자 아내와 나는 매일 밤 그 곳에서 치열한 영적 전투에 임하게 되었다.

4월에 입당예배를 드리고 11월이 되었을 때 하나님은 이제부터 하나님이 하시는 일을 보여주겠다고 하시며 매주 토요일 저녁에 찬양과 치유 예배를 드리라는 감동을 주셨다. 그래서 2002년 11월 16일부터 내가 직접 인도하는 부흥회 스타일로 예배를 드리기 시작했다. 한 시간 동안 직접 찬양을 인도하고 말씀을 전한 다음 안수기도를 하는 시간을 가졌다.

나는 그때 오시는 성도님들에게 두 가지 당부를 드렸다. 먼저 이름만 말하고 어디가 아픈지는 이야기하지 말라고 말씀드렸고, 기도를 받고 치유되면 내게 고맙다고 하지 마시고 하나님께만 영광을 돌려드리라고 했다. 찬양과 말씀이 끝나고 한 명씩 앞으로 나올 때 나는 이름을 물어봤다. 그리고 그들에게 손을 얹으면 하나님께서 그 사람이 어디가 아픈지 정확하게 알려주셨고, 그를 위해 기도하면 전부 다 치유를 받았다. 지식의 말씀의 은사와 치유의 은사가 강력하게 나타난 것이다.

그렇게 몇 주일이 지나자 교회에서 일어나는 놀라운 이적의 소식들이 빠르게 퍼져나갔다. 그런데도 우리 교회의 교인 숫자는 여전히 6명이었다. 토요 예배에 누군가 와서 기도를 받고 병이 나으면 울며 감사하다고 한다. 하지만 정작 감사헌금은 본 교회에 하는 상황이 계속되었다. 수많은 사람들을 위해서 기도하고 수많은 하나님의 역사가 일어나도 헌금은 늘 똑같고 교인 수도 늘지 않았다. 그런데 그것은 하나님께서 나를 훈련시키시는 과정이었다. 하나님은 내가 돈을 바라보는 것이 아니라 순수한 하나님의 마음으로 사람들을 바라보는 훈련을 시키신 것이다.

매주 드려지는 토요 찬양과 치유 예배에 하나님의 임재가 강하게 부어지자 혼자서 키보드로 찬양을 인도하는데도 마치 오케스트라가 반주하는 것처럼 들렸다는 분이 있는가 하면, 어떤 자매는 예수님의 이름을 찬양하고 높일 때 교회 천장에 천사들이 날아다니며 나팔을 부는 것을 보았다고 간증하기도 했다. 그렇지만 여전히 교인 숫자나 헌금은 늘지 않았다.

하나님만 의지하고 하나님만 감사하는 훈련

어느 날 나는 하나님께 돈이 없다고 말씀드렸다. 그러자 하나님은 바로 이런 감동을 주셨다.

"브라이언, 이것이 네 교회니? 이것은 내 교회다. 그러니 내가 책임지겠다."

하나님의 임재와 이적은 매주 나타났다. 하지만 교회 재정은 계속해서 바닥이었다. 토요일이면 치유기도를 받기 위해 미국 전역에서, 심지어 한국에서도 찾아왔기 때문에 토요일 저녁에는 교회에 성도들이 가득했다. 그러나 헌금은 없었고 주일에 나오는 성도 역시 변함없이 6명이었다.

또한 하나님은 매주 진행되는 토요 찬양과 치유 예배 시간에 전할 말씀을 미리 주지 않으시고, 일주일 내내 성경을 보고 말씀을 연구하는 훈련을 시키셨다. 미처 말씀을 준비하지 못한 상태에서 예배가 시작될 때는 한 시간 동안 찬양하는 내내 말씀을 주시지 않다가 찬양이 끝나고 나서 강대상에 서면 그때 말씀을 주시고 그 말씀을 전하게 하셨다.

그다음 설교가 끝나면 한 사람씩 내 앞으로 걸어 나왔다. 하지만 그때까지도 그 사람이 누군지, 왜 왔는지 몰라서 초조할 때도 있었다. 하지만 그들에게 손을 얹는 순간 하나님이 다 알려주셨다. 그리고 모든 분들에게 하나님이 어떻게 치유해주셨는지 잊지 말라는 뜻으로 치유의 내용을 상세히 적어드렸다. 하나님은 수많은 질병들을 치유해주셨고, 그 역사가 일어나는 뜨거운 현장에서 하나님의 살아 계심을 매주 목도하게 해주셨다.

매주 수많은 사람들이 회복되어 돌아가고 나면 아내와 나는 오늘 하나님께서 무슨 병을 어떻게 치료해주셨는지 아뢰며 눈물로 감사기도를 올려드렸다. 그러던 어느 날 하나님께서 너무 섭섭한 목소리로 내게 이런 감동을 주셨다.

"브라이언, 너는 치료된 것만 이야기하고, 오늘 내가 여기에 함께 있었다는 것은 왜 이야기하지 않니? 내가 오늘 여기 있었기 때문에 치료되었는데, 너는 결과만 보고 감사하지, 내가 여기 함께 있었다는 것에 감사하지 않는구나."

그 순간 나는 너무 죄송해서 펑펑 울며 회개했다. 그때부터 지금까지 나는 하나님이 치료해주신 것보다 하나님이 우리와 함께하신다는 사실 하나만으로 만족하며 "하나님이 저희와 함께해주셔서 감사합니다"라고 계속 말씀드리고 있다.

하나님, 이제 어떻게 할까요?

그런데 아무리 놀라운 이적과 기적이 나타나도 우리 교회의 교인은 단 한 명도 나에게 은혜받았다는 이야기를 하지 않았다. 그래서 나는 하나님께 내가 그렇게 설교를 못 하느냐고 여쭤봤다. 하나님은 칭찬을 조심하라고 하셨다. 그래서 지금도 나는 사람들의 칭찬에는 긴장하고 조심한다. 그 칭찬 때문에 넘어질 수 있기 때문이다. 그래서 하나님은 나에게 칭찬도 받지 말고, 감사도 받지 말고, 사람들에게 인정받기를 구하지도 말고, 오직 하나님이 하신 것만 인정하도록 하는 훈련을 혹독하게 시키셨다.

하나님이 하신 것만 보며 사역을 이어나가기는 했지만 재정은 바닥이 났고 월세가 밀리고 밀려서 급기야 3일 안에 밀린 월세를 다

내든지 나가든지 해야 한다는 퇴거 명령 서류를 받게 되었다.

"하나님, 이제 어떻게 할까요?"

하나님께 여쭤봤을 때 하나님은 교인들에게 그 서류를 보여주라고 하셨다. 때마침 함께 성경공부를 하고 있던 교인들에게 퇴거 명령 서류를 받았다고 말했다. 그러나 걱정하라는 뜻이 아니라 예수님이 3일 만에 부활하신 것처럼 3일 내에 하나님의 기적을 볼 거니까 미리 감사하자고 말했다.

하지만 하루가 지나고 이틀이 지나도 변화는 없었다. 3일째 되는 날 은행 마감 시간과 퇴거 명령 집행 시간을 한 시간 앞두었을 때 토요일마다 예배에 참석하시는 어떤 집사님이 지나가는 길에 들렀다고 하시며 들어오셨다. 그러더니 헌금하려고 모아두었던 돈을 다음 주에 드리려고 했는데 오늘 지나갈 일이 있어 가지고 왔다면서 봉투를 내미셨다. 하나님께 기도했을 때 하나님이 받으라고 하셔서 받고 축복기도를 해드린 다음 그 분이 가시고 나서 봉투를 열어보니 정확하게 밀린 월세 금액이 들어 있었다. 그래서 부랴부랴 은행으로 달려가 입금하여 퇴거 명령을 막을 수가 있었다. 그 후에도 이 같은 일이 두 번이나 더 있었다.

어느덧 교회가 조금씩 성장해 가는 것을 보게 되었다. 교인도 조금씩 늘고 헌금도 늘어 재정 상태가 조금씩 나아졌다. 나는 사역의 열매를 보는 것 같아 기뻤는데 하나님께서 갑자기 야단을 치셨다.

"너는 왜 내가 너를 부른 대로 기도하고 있지 않니?"

"하나님, 저 지금 열심히 기도하고 사역하고 있잖아요!"

이렇게 말씀드리자 하나님께서 차분히 이런 감동을 주셨다.

"나는 너를 교회 사역이 아니고 전 세계 온 인류를 구원하는 부흥강사로 불렀고, 이 세계 모든 교회의 연합과 개혁을 위해 불렀는데 너는 왜 그것을 기도하고 있지 않니? 이제 교회 문을 닫아라. 그래야 내가 너를 세상에 내보낸다."

그래서 나는 언제 교회 문을 닫아야 하는지 여쭤봤다. 그러자 정확히 이렇게 알려주셨다. "2005년 4월에 문을 닫아라."

하나님이 주신 말씀, 명령, 감동

이제야 사역의 열매가 조금씩 보이기 시작했는데 갑자기 교회 문을 닫으라고 하셔서 남은 6개월 동안 하나님께 기도하며 정확한 응답을 구하고 또 구했다. 그때 하나님께서 내게 세 가지 말씀을 주시며 명령하셨다.

첫 번째 말씀

이르시기를 너희는 가만히 있어 내가 하나님 됨을 알지어다 내가 뭇 나라 중에서 높임을 받으리라 내가 세계 중에서 높임을 받으리라 하시도다 시 46:10

두 번째 말씀

보라 네가 알지 못하는 나라를 네가 부를 것이며 너를 알지 못하는 나라가 네게로 달려올 것은 여호와 네 하나님 곧 이스라엘의 거룩하신 이로 말미암음이니라 이는 그가 너를 영화롭게 하였느니라 사 55:5

세 번째 말씀

예수께서 이르시되 내 말이 네가 믿으면 하나님의 영광을 보리라 하지 아니하였느냐 하시니 요 11:40

그러면서 조건이 있다고 말씀하셨다.
"첫째, 교회를 닫고 둘째, 교회 간판도 떼고 셋째, 교회 인터넷 홈페이지도 닫고 넷째, 전화와 팩스도 끊고 다섯째, 죽은 듯이 감사만 하며 기다려라."
그리고 이런 명령과 감동 또한 주셨다.
"절대로 어느 교회에 가서 써달라고 문을 두드리지 말라. 내가 그 종늘에게 감농을 줘서 너에게 찾아오게 할 것이다. 내가 너를 전 세계를 다니는 부흥 강사로 쓸 것이다."
그래서 나는 이 명령들을 붙들고 씨름하며 하나님이 명령하신 대로 2005년 4월에 교회 문을 닫기로 했다.

미리 감사만 하라

교회 문을 닫으면서 하나님이 나와 아내를 해외로 보내신다는 감동을 주셨을 때 나는 아픈 어머니가 가장 마음에 걸렸다. 건강하셨던 어머니가 많이 아프신 것을 알게 되었을 때는 이미 너무 늦은 상태였기 때문에 나는 하나님께 이렇게 기도드렸다.

"아버지, 저의 어머니가 요양원에 계신데 제가 해외에 나가면 어머니를 지금처럼 만나기는 어려울 것 같아요. 너무 죄송하지만 지금 어머니가 많이 아파하시니 교회를 닫고 해외로 나가기 전에 어머니를 천국으로 인도해주시면 안 될까요?"

불효자의 기도였지만 하나님은 이런 나의 기도를 들어주셨다. 자식들을 위해 기도만 하셨던 어머니는 권사 직분도 받으시고, 내가 주의 종으로 부름을 받는 것까지 다 보시고, 2005년 4월 11일 하나님의 품에 안기셨다. 어머니가 중환자실에 계실 때 나는 어머니를 위해 조용히 기도하고 있었다. 그때 갑자기 숨을 몰아쉬는 어머니 뒤로 예수님이 나타나셨고, 어머니가 마지막 숨을 내쉴 때 어머니의 영혼이 예수님의 품에 안기는 것을 보게 해주셨다. 어머니의 긴 마지막 숨은 곧 천국에서 어머니의 첫 호흡이 되었다.

어머니의 임종을 지키며 내 입에서는 감사만 흘러나왔다. 기도한 대로 교회 문을 닫기 전에 어머니는 천국에 가셨고, 우리 교회에서 교회장으로 어머니의 장례를 치를 수 있었다. 우리는 4월 17일에 마지막 예배를 드리고 교회 문을 닫았다. 곧이어 나는 4월 19일에 일본으로 첫 부흥회를 가게 되었다. 일본 사역을 다녀와서 밀린 관리비 등을 다 정산하자 우리에게는 67센트, 딱 800원만 남았다.

모든 것을 청산하고 하나님께 순종했는데 일본 사역 이후로 다시 아무 연락도 오지 않았다. 그러나 하나님은 벌써 이루었으니까 감사만 하라고 계속 명령하셨다. 교회를 개척하고 힘들었을 때 하나님께서 세 가지 감동을 주셨다.

Brian, Will you trust me even when things don't make any sense?
브라이언, 도무지 이해가 안 되어도 나만 신뢰하겠니?

I'm in control.
내가 모든 것을 주관하고 있다.

Therefore, give thanks to me in advance for everything is already done.
그러므로 모든 것이 다 이뤄졌으니 미리 감사만 해라.

이해가 안 되는 상황이 반복되어도 전능하신 하나님이 모든 것을 주관하시고 미래도 아시니, 이미 받은 은혜 때문에 범사에 무조건 감사만 심었다. 내가 일도 못 하고, 목회도 못 하고, 백수처럼 지내니까 주변에서는 나에 대한 별별 소문이 떠돌았다. 어떤 분은 내가 교만해서 목회에 실패했다고 했고, 어떤 분은 다른 교회 사역자로 들어가라며 교회를 소개시켜주겠다고도 했다. 그런 말들을 들으니 자존심이 상했지만 그래도 하나님이 감사만 하라고 하셨으니까 계속 감사만 하고 있었다.

4주 주일 부흥회

교회를 닫을 때 하나님은 강력한 명령과 감동을 주셨다.

 "첫째, 교회를 닫고 둘째, 교회 간판도 떼고 셋째, 교회 인터넷 홈페이지도 닫고 넷째, 전화와 팩스도 끊고 다섯째, 죽은 듯이 감사만 하며 기다려라. 절대로 어느 교회에 가서 써달라고 문을 두드리지 말라. 내가 그 종들에게 감동을 줘서 너에게 찾아오게 할 것이다. 내가 너를 전 세계를 다니는 부흥 강사로 쓸 것이다."

 하나님의 명령대로 감사하며 기다리고만 있었을 때 하루는 집 전화 자동 응답기에 어느 권사님의 음성 메시지가 녹음되어 있었다. 예전에 내가 6개월 정도 기독교 라디오 방송에서 '복음'이라는 주제로 새벽 시간에 설교 방송을 했는데, 그때 그 말씀을 듣고 하나님을 만났다며 다시 듣고 싶은데 구할 방법이 없다는 내용이었다. 그래서 녹음된 테이프라도 구입하고 싶다는 것이다.

 마침 그 라디오 방송국까지 없어져서 도저히 방법이 없다가 나를 찾으려고 백방으로 알아보고 우리 집 전화번호를 알게 되어 메시지를 남긴다고 하시며 할 얘기가 있다고 꼭 한번 만나고 싶다고 했다. 이 일로 하나님께 기도했을 때 하나님은 하실 일이 있다며 이분을 만나라는 감동을 주셨다. 나는 내가 전한 말씀을 통해 하나님을 만나셨다니 너무 기뻐서 방송한 녹음본을 찾아 시디(CD)를 만들었다. 권사님 친구를 위한 선물용으로 한 세트를 더 준비해서 그 권사님을 만나러 나갔다.

권사님 친구 분이 운영하시는 작은 간호학교 사무실에서 만나 시디를 전해드리고 축복기도를 해드린 다음 나오려는데, 그 권사님이 내가 자신이 출석하는 교회 담임목사님과 많이 닮았다고 했다. 알고 봤더니 권사님이 출석하시는 교회는 매우 큰 한인교회였다. 나는 늘 그 교회 담임목사님을 부러워했다. 왜냐하면 그렇게 큰 교회 담임목사님이라면 월세 걱정을 안 해도 되니까 말이다.

권사님은 담임목사님을 한번 만나보겠느냐고 하셨다. 그래서 나는 하나님께 기도했다. 그러자 하나님이 만나라고 하셔서 목사님을 만나겠다고 말씀드렸다. 그 후 일주일쯤 지났을 때 권사님의 주선으로 담임목사님과 차를 마시며 이야기를 나누고 나왔다. 그러자 그 권사님은 하나님의 감동이 있어서 만나게 해드렸는데, 너무 싱겁게 끝이 났다는 표정을 지으셨다.

그런데 며칠 후 그 목사님으로부터 연락이 와서 다시 만나 식사하며 이야기를 나누고 헤어졌고, 다시 며칠 뒤 그 교회 수요예배 시간에 말씀을 전해달라는 요청을 받았다. 담임목사님께서 사랑니 4개를 뽑아 말을 할 수 없으니 대신 말씀을 전해달라는 내용이었다.

그동안 내가 부러워하던 교회에서 말씀을 전해달라고 하니까 사실 나는 기뻤다. 하지만 먼저 기도하고 알려드린다고 하니 목사님이 조금 의아해하셨다. 기도하니까 하나님께서 가라 하셔서 목사님께 알려드리고 옷을 갈아입고 바로 교회로 향했다. 그때 정말 감사하고 감격한 마음으로 말씀을 전했던 기억이 난다.

수요예배를 마치자 목사님이 갑자기 4주 동안 말씀을 전해달라고 부탁하셨다. 한 달 동안 중국 선교를 가야 해서 4주간 외부 강사로 다른 여러 목사님에게 부탁하려 했는데, 오늘 설교를 듣고 감동을 받았다는 것이다. 그래서 이번에도 기도하자 하나님이 하라고 하셔서 나는 4주간 최선을 다해 하나님의 말씀을 전했다. 1,2부는 한국어로, 3부는 영어로 말씀을 전했다.

하나님은 4주간 부흥회를 하라는 감동을 주셨다. 그 부흥회는 전에도 했고 지금도 하고 있는 그대로 찬양하고 말씀을 전하고 마지막에는 몸이 아프신 성도들을 위해 선포기도로 마무리하는 그런 예배였다. 그런데 여기저기서 성도들이 치료를 받았다는 간증이 쏟아지기 시작했다. 사람들이 소문을 듣고 많이 모여들었다. 그렇게 4주의 부흥회를 마쳤을 때 성도들이 설교 녹음테이프를 구입하기 시작했다. 하나님의 임재로 가득했던 부흥회의 은혜가 끝나지 않고 계속 이어지는 것을 보는 내 마음에는 감사밖에 없었다.

전 세계 순회 집회가 시작되다

4주간의 주일 부흥회를 마치고 며칠이 흘러 그 교회에서 카메라로 봉사하는 어느 여자 성도가 전화를 주셨는데, 알고보니 그 성도는 유명한 선교단체를 창립한 선교사님이었다. 선교사님은 갑자기 내가 혜성같이 LA에 나타났다고 하시며, 지금 호주에서 집회가 있는데 내게 갈 수 있는지 물어보셨다. 기도하니까 하나님이 가라고 하셔서 호주에서 14일 동안 머물며 7개의 교회에서 무려 16번의 집회를 하고 돌아왔다. 거기서 청각장애가 있는 남매를 만났는데, 하나님께서 이 남매에게 귀가 열리고 입이 열리는 기적을 선물로 주셨다.

호주에서 16번의 집회를 하는 동안 가는 교회마다 성도들이 몰리자 그 소문이 다시 LA에 퍼지게 되었다. 특히 영적으로 많이 어려웠던 LA의 어느 교회에서 곧바로 나를 초청했고, 그 교회에서 3일 동안 집회하는 내내 사람들이 몰려 그 일대 교통이 마비되고 예배당에 앉을 자리가 없을 정도로 성도들이 모여들었다. 뿐만 아니라 그 집회의 설교 테이프가 엄청나게 많이 팔렸다고 한다. 그 후 여러 설교 테이프가 전 세계로 퍼졌고 그중에 하나가 한동대학교 총장님에게까지 전달되어 총장님이 직접 전화를 주셔서 집회를 요청하셨다. 그 후로도 여러 곳에서 연락이 오기 시작했다.

하지만 나는 집회 요청이 오면 먼저 하나님의 허락을 받은 다음 매번 자비량으로 집회를 섬겼다. 그러다보니 집회 경비를 신용카드로 충당하게 되어 계속 빚만 더 늘어갔다. 하지만 하나님은 나를 계속해서 내보내셨다. 재정적인 어려움이 계속되었지만 나는 복음을 전하는 일에 최선을 다했고, 교회가 크든 작든 하나님이 가라는 곳이라면 어디든 달려가 복음을 전했다.

그렇게 하나님의 약속대로 시작된 순회 집회가 세계를 다니며 여기까지 오게 되었다. 지금은 'Just Jesus'에서 매달 첫 월요일 '다와요@7:14' 집회를 정기적으로 하고 있으며, 또한 하나님의 명령대로 전 세계를 다니며 '다가요' 집회를 하도록 하나님이 길을 열어주신다. 하나님은 약속을 지키셨다. 하나님은 하나님이 주신 감동대로 순종하기만 했는데도 좋으신 하나님을 경험하고 누리게 해주셨다.

미라클 아워의 기적

하나님의 말씀에 순종하여 교회 문을 닫고 순회 부흥사로 이곳저곳을 다니며 집회하고 있을 때, 하루는 우리 교인이던 전도사님에게서 전화가 왔다. 그는 은사가 많은 분으로 목사님들 사이에서도 유명했다. 전도사님이 나를 만나자고 한 용건은 CTS LA지사 대표님이 나를 만나기 원하신다고 전하기 위해서였다. 그 분은 나에게 방송 사역을 제안하셨다. 나는 2004년에 라디오 방송 사역을 시작했는데, 2009년 1월부터는 CTS LA지사에서 TV 방송 사역을 시작하게 된 것이다.

그 당시 나는 매주 한 번씩 CTS LA지사에 가서 설교 방송을 녹화했다. 열심히 방송 사역을 하고, 나를 부르는 곳이 있으면 달려가 복음을 전하는 생활이 익숙해질 때쯤 하루는 CTS LA지사의 피디님이 이런 제안을 하셨다. 설교 방송만이 아닌 생방송으로 기도해주는 프로그램을 기획하고 있는데 나에게 진행을 맡아달라는 것이다. 그것이 바로 '미라클 아워'라는 프로그램이다.

2012년 1월부터 아무 홍보도 없이 시작된 프로그램이었지만, 하나님께서 이 '미라클 아워'를 소문나게 해주셨다. 미국 서부 시간으로 금요일 밤 10시 20분부터 자정까지 100분 동안, 나는 혼자서 생방송으로 진행하며 실시간으로 성도님들의 전화를 받고 기도해 주기 시작했다.

그런데 방송에서 하는 그 기도에 놀라운 이적이 나타나면서 야심한 밤에도 사람들의 전화가 빗발치기 시작했다. 생방송 시간이 LA에서는 늦은 밤이지만 미국 동부는 새벽 시간이다. 그런데도 뉴욕에서, 시카고에서 전화가 오기 시작했다. 기도 제목부터 간증까지 다양한 전화들로 '미라클 아워'는 하루아침에 하나님께만 영광을 올려드리는 방송으로 자리 잡게 되었다.

CTS LA지사는 집에서 약 2시간이나 떨어져 있어서 오고 가는 길이 쉽지 않았다. 처음에는 방송 사역과 기도 사역을 병행할 생각이 없었다. 왜냐하면 나는 하나님의 말씀을 전하는 사역자이고, 기도 사역은 부수적이라고 생각했기 때문이다. 그런데 시간이 지날수록 '미라클 아워'의 반응이 더 뜨거워졌다.

'미라클 아워' 방송 사역이 1년 반쯤 지나 2013년 중반이 되었을 때 CTS LA지사 대표님이 갑자기 나에게 한국을 살려달라는 말씀을 하셨다. 한국이 지금 영적으로 많이 힘든데 한국에 가서 6개월만 기도 방송을 하고 오면 어떻겠느냐는 것이다. 그래서 이번에도 기도해보겠다고 하고 집으로 오는데, 하나님께서 나와 아내에게 한국에 가라는 감동을 강력하게 주셨다.

"네가 한국에 가면 너에게 줄 선물이 기다리고 있단다. 그 선물은 바로 대한민국이다. 내가 너의 나라와 민족을 네 손에 붙여주겠다."

한국의 콜링갓 기도 방송 사역

나는 감격스러운 마음으로 하나님께 순종하며 한국에 나가는 시점만 기다리고 있었다. 그런데 그 후 CTS 본사에서 더 이상 아무 이야기가 없었다. 본사에서 아무 인지도도 없는 내가 오는 것을 반대하는 사람들이 많아 결정이 지체되고 있었던 것이다. 그래서 나 역시 한국에서의 방송 사역은 없는 것으로 하자고 전했다. CTS 회장님이 분명히 2014년에 오라고 하셨는데, 방송국에서 원하지 않는 방송 사역을 하기는 어려울 것 같았기 때문이다.

불편해진 마음으로 아내와 함께 LA 고속도로를 운전하는데 길이 막혔다. 그런데 눈앞에서 커다란 전광판이 갑자기 검정색으로 바뀌더니 크고 하얀 글자가 하나씩 나왔다. 첫 번째 C, 두 번째 T,

세 번째 S, 네 번째 2, 다섯 번째 0, 여섯 번째 1, 일곱 번째 4, 마지막으로 모든 글자가 한 번에 전광판에 나왔다.

CTS 2014

와우! 하나님이 전광판을 통해서 우리에게 너무나도 뚜렷한 사인을 보여주신 것이다. 물론 그 전광판 광고는 미국의 자동차 브랜드인 캐딜락에서 2014년 신형 자동차가 나온다는 광고였다. 하지만 우리에게는 의심할 수 없는 뚜렷한 하나님의 인도하심이었다.

그래서 나는 다시 한국에 가기로 마음을 정했다. 드디어 2014년 1월 CTS 본사에서 계약서가 왔다. 나는 2014년 2월 14일 '미라클 아워' 100회를 끝으로 LA에서 방송 사역을 마무리하고 며칠 뒤 한국에 도착했다. 그리고 2014년 4월 4일부터 한국에서 '콜링갓'이라는 기도 방송 사역 프로그램을 시작하게 되었다.

한국에서 방송 사역을 시작하자마자 2주 후에 세월호 사건이 터졌고, 그때부터 3주 내내 세월호 특별방송을 하게 되었다. 특별방송 첫날에 나는 회개기도를 함께하자고 하며 스튜디오 바닥에 무릎을 꿇었다. 그런데 그 모습이 생소했는지 사람들의 반응이 뜨거웠다. 하나님이 그 시간에 역사하셨다. 나는 시청자들과 함께 울면서 하나님께 회개기도를 올려드렸다. 어느새 사람들의 입에 '콜링갓'이 오르내리기 시작했고, 이번에도 방송을 통해서 시청자들에게 놀라운 이적과 기적이 고스란히 전달되자 '콜링갓'으로 무수히 많은 전화가 걸려오기 시작했다.

솔직히 나는 한국에 연고가 없고 한국에서 사역을 하리라고는 꿈에도 생각하지 못했다. 그러나 하나님께서 나를 한국에 보내신 데는 분명한 이유가 있었다. 한국에 와서 한참이 지나 깨달았는데, 내가 미국에서 '미라클 아워'를 진행할 때도 나는 하나님께 이렇게 말했다.

"아버지, 나는 말씀을 전하는 사역이지 기도하는 사역은 아니잖아요?"

그런데 하나님이 내게 이런 감동을 주셨다.

"너 천국에서 뭐했니? 그때 너 예수님 발목 잡고 기도했잖아. 내가 너를 부른 것은 바로 기도 사역이다."

내가 미처 몰랐던 것을 하나님은 이렇게 가르쳐주셨다. 그렇게 시작된 CTS 본사와의 사역은 2014년 4월부터 시작해서 2021년 12월 31일로 끝마쳤다. 2022년 1월 1일부터는 유튜브를 통해 'Just Jesus' 사역을 시작하여 지금도 매주 목요일 저녁 생방송으로 기도 프로그램 '좋아요'를 진행하고 있다.

영접기도 및 재결단 기도

예수님을 주님으로 영접하고 예수님께 재결단하기 원하시면
오직 믿음으로 기도하세요.

하나님, 저의 마음을 활짝 열었습니다.
오랜 세월 제 뜻대로, 제가 원하는 대로만 살아왔습니다.
죄송합니다. 잘못했습니다. 용서해주세요. 다시는 안 그럴게요.
저를 만나주시고 저의 죄를 찔러주시고,
항복하고 회개할 때 용서해주시고 하나님의 자녀로 받아주세요.

이 순간부터 영원토록
오직 예수님만을 저의 주님과 구세주로 올려드리며,
이 순간부터 영원토록
오직 예수님께 저의 생명과 모든 것을 다 바치고,
예수님만을 절대적으로 신뢰하고, 따르고, 당신 안에 거하면서
예수님만으로 만족하고, 행복하고, 승리하며,
예수님만을 위해서 살겠습니다.

하나님, 저를 꼭 만나주시고,
예수님을 닮아가며 하나님의 자녀답게,
진짜 크리스천답게 살면서

하나님의 기쁨이 되게 도와주세요.

저의 죄를 용서해주시고
자녀로 받아주셔서 감사합니다.
이제부터 오직 예수님으로 행복한 삶을 누리며
하나님의 기쁨이 되게 도와주세요.

저를 자녀로 받아주셔서 감사드리며
예수님의 이름으로 기도합니다.
아멘.

PART 2

나의 치료자 하나님

Just Jesus

CHAPTER 5

너는 나를 바라보라

내가 만난 하나님은 어떤 분이신가? 태양에는 수많은 광선들이 나온다. 말하자면 그 광선 하나하나가 우리와 함께하시는 하나님이라고 볼 수 있다. 예를 들면 태양 광선의 한 줄기는 치료의 하나님, 또 다른 줄기는 회복의 하나님, 또 다른 줄기는 소망의 하나님, 또 다른 줄기는 기쁨의 하나님, 또 다른 줄기는 사랑의 하나님 등등. 영광의 빛이신 한 분에게서 나타나는 수많은 광선을 다 합해야 우리는 비로소 하나님의 크심과 좋으심을 알게 된다. 우리는 그렇게 크고 좋으신 하나님을 반드시 만나야 한다.

인류의 모든 문제는 하나님과 갈라지면서 시작되었다. 완전하신 하나님은 우리에게 천지만물을 선물로 주셨다.

그런즉 누구든지 사람을 자랑하지 말라 만물이 다 너희 것임이라 바울이나 아볼로나 게바나 세계나 생명이나 사망이나 지금 것이나 장래 것이나 다 너희의 것이요 너희는 그리스도의 것이요 그리스도는 하나님의 것이니라 고전 3:21-23

그 하나님 아버지의 뜻은 하나님 아버지와 하나가 되어 하나님의 손을 붙잡고, 하나님의 권능으로 하나님이 창조하신 천지만물을 정복하고, 다스리고, 우리가 승리할 수 있도록 하신 것이다.

하나님이 이르시되 우리의 형상을 따라 우리의 모양대로 우리가 사람을 만들고 그들로 바다의 물고기와 하늘의 새와 가축과 온 땅과 땅에 기는 모든 것을 다스리게 하자 하시고 하나님이 자기 형상 곧 하나님의 형상대로 사람을 창조하시되 남자와 여자를 창조하시고 하나님이 그들에게 복을 주시며 하나님이 그들에게 이르시되 생육하고 번성하여 땅에 충만하라, 땅을 정복하라, 바다의 물고기와 하늘의 새와 땅에 움직이는 모든 생물을 다스리라 하시니라 창 1:26-28

오직 예수의 복음

그런데 우리는 그것도 모자라 우리가 하나님처럼 되고 싶어서, 더 나아가 우리가 하나님 위로 올라가려고 하나님께 등을 돌렸다. 그 모습이 참으로 안타깝다.

> 너희가 그것을 먹는 날에는 너희 눈이 밝아져 하나님과 같이 되어 선악을 알 줄 하나님이 아심이니라 창 3:5

우리가 하나님과 하나가 되었을 때는 모든 것이 완벽했는데, 하나님과의 관계가 깨짐으로 말미암아 모든 악한 것들이 우리를 붙잡기 시작했다. 그렇게 우리는 하나님 곁에서 떨어진 채 어둠 가운데 살다가 죽은 다음 하나님이 계시지 않는 곳, 지옥으로 영원히 들어갈 수밖에 없었다. 그러나 우리 하나님 아버지는 너무 좋으신 분이셔서 우리를 그대로 두지 않으시고, 하나님 아버지가 우리에게 먼저 화해의 손을 내미셨는데 그분이 바로 예수 그리스도이시다.

하나님은 하나님과 깨져버린 우리의 관계를 '오직 예수님으로 말미암아' 하나님과 다시 하나가 되게 하셨다. 그래서 오직 예수님으로 인해 하나님과 하나가 되면 그 하나님 아버지 안에 있는 모든 풍성함으로 인하여 우리가 다시 회복되는데, 이것이 바로 '하나님과의 만남'이다. 즉 하나님 안에 회복이 있고, 하나님 안에 축복이 있고, 하나님 안에서 천국을 갈 수 있는 것이다. 우리의 모든 삶에서 정답을 주시고, 행복을 주시고, 가정을 지켜주시고, 모든 것을 다 이루시는 분이 바로 하나님이시다.

그런데 여기서 말하는 '모든 것'과 '나' 사이에는 연결고리가 끊어져 있었다. 즉 하나님과 나 사이에 연결고리가 없는데, 하나님과 나 사이에 연결고리로 오신 분이 바로 '오직 예수님'인 것이다. 예수님을 통해 하나님과 하나가 되니까 회복이 있고, 축복이 있는 것이다. 예수님이 아니고서는 하나님과 내가 이어질 수 없다는 것을 명확히 알아야 한다.

우리에게 그리스도의 형상이 이루어지기까지

많은 사람들이 나에게 하나님은 삼위일체 하나님이신데, 내가 '오직 예수님'만 이야기하니까 너무 한쪽으로 치우쳤다고 하는 분들이 종종 있다. 그때마다 나는 오직 예수님을 통해 하나님과 하나가 되는 것이고, 오직 예수님이 없이는 내가 하나님께로 갈 수 없다는 것을 우리가 분명히 알아야 한다고 말씀드린다.

내가 오직 예수님을 통해서 하나님과 하나가 되니까 그때 성령님이 임하시는 것이다. 삼위일체는 이렇게 풀어야 한다. 즉, 오직 예수님이 아니면 하나님과 성령님을 만날 수 없는 것이다. 그래서 나는 항상 '오직 예수'를 부르짖는다. 그런데 그렇다고 예수님이 종착 지점은 아니다. 오직 예수님으로 말미암아 아버지 하나님을 만나 하나가 되고, 그분으로 인해 성령님이 찔러주시는 대로 살게 되니까 오직 예수님을 통해 삼위일체가 이루어지는 것이다.

이 세상에는 네 가지 유형의 사람이 있다. 첫 번째, 예수님을 만나지 못한 사람이다. 여기에는 불신자와 교회는 다니지만 예수님을 만나지 못한 종교인들이 포함된다. 두 번째, 예수님을 한 번 만났지만 계속해서 만나고 있지 않은 사람이다. 역시 교회만 다니는 종교인들이 포함된다. 세 번째, 예수님을 만났고, 지금도 만나서 교제하고 있지만, 나의 유익을 위해서 내 뜻대로 하나님을 부려먹는 사람이다. 이런 사람은 교회만 다니는 기복 신앙인들이다. 네 번째, 예수님을 만났고, 지금도 만나서 매일 교제하며 내 뜻을 버리고 하나님의 뜻대로 살려고 몸부림치며 순종하는 사람이다. 이 사람이야말로 진짜 크리스천이다. 하나님은 우리 모두가 이 네 번째 사람이 되기를 원하신다.

나 역시 네 번째 사람이 되기 위해 내가 만난 하나님 이야기를 하고 있다. 그래서 네 번째 사람이 되려고 하는 이 과정이 감사하고 신선한 도전으로 다가온다. 갈라디아서 4장 19절에는 분명히 우리 안에 그리스도의 형상이 이루어져야 된다고 하셨다. 나는 내 안에 그리스도의 형상이 확실히 이루어지지 않았다는 것을 너무 잘 알고 있다. 그렇기 때문에 나 또한 네 번째 사람으로 빚어지는 과정에 있다.

나는 하나님의 기쁨이 되는 주의 종이 되어 가는 사람이다. 신분은 바뀌었지만 하나님의 아들답게 살아가려고 노력하며 몸부림치는 사람이다. 아버지의 얼굴과 명예에 누가 되지 않으려고 노력하는 사람이다. 그래서 나도 그렇게 살며 성화가 되어 가는 과정을 나누는 것이다. 따라서 브라이언박이라는 사람이 아닌 우리 자신을 비추고 계신 예수님을 바라보기 원하는 마음으로 내가 만난 하나님의 이야기에 시선을 모아주시기를 당부드린다.

나를 치료하신 하나님

나는 하나님을 만나 인생이 달라졌다. 특히 하나님은 나의 질병을 고쳐주셨다. 나를 고쳐주신 하나님은 다른 모든 분들 또한 똑같이 고쳐주기를 원하신다.

나는 예수님을 만나기 전에 16년 동안 허리 디스크와 협착증을 심하게 앓고 있었다. 병원에서 치료할 수 없다는 이야기를 듣고 매일 고통 중에 있었는데, 하나님은 내 허리를 딱 2초 만에 고쳐주셨다. 허리뿐만 아니라 왼쪽 발뒤꿈치에 종양이 있어서 신발도 제대로 신지 못하고 절뚝거렸다. 그런데 어느 날 하나님의 말씀을 듣고 있는데 내 눈앞에서 종양이 녹아 흔적도 없이 사라져버렸다. 동일한 하나님께서는 모든 분들의 질병 또한 녹아 없어지기를 원하신다.

또한 나는 과거에 술을 너무 많이 마시는 바람에 위와 간 기능이 나빠져 있었고, 위산 역류도 심해서 10년 동안 김치를 먹지 못했다. 그때도 하나님의 말씀을 듣고 있는데 위산 역류와 역류성 식도염이 언제 있었느냐고 할 정도로 하나님이 깨끗이 고쳐주셨다.

여기서 끝나지 않는다. 나는 어릴 때부터 심한 피부병이 있었는데 예수님을 만나고 나서 피부병도 깨끗이 고쳐주셨고, 스트레스로 인한 원형 탈모도 치유해주셔서 지금은 누구와 비교해도 좋은 풍성한 모발을 가지고 있다. 또 담배와 마약을 너무 많이 해서 폐활량이 떨어져 천식 환자처럼 호흡을 제대로 하지 못할 정도였는데, 하나님께서 나의 폐 기능도 정상으로 만들어주셨다.

몸이 아프면 먼저 항복하고 회개하라

몸 이곳저곳 성한 곳이 없을 정도로 통증이 심해 하루에 진통제를 20알이나 먹을 정도로 내 몸은 걸어 다니는 종합병원이었다. 그런데 예수님이 나의 이런 모든 질병을 하나씩 깨끗이 고쳐주셨다. 의학의 도움 없이 하나님이 고쳐주신 이 모든 질병들이 재발하지 않았는지 궁금해하는 분들이 많은데, 당연히 아플 때도 있었다. 그러나 시편 38편에 보면 내 죄가 나의 몸을 상하게 한다고 나온다. 그래서 나는 몸이 아프면 제일 먼저 항복하고 회개한다.

어떤 때는 하나님께서 내 죄 때문에 몸을 아프게도 하시고, 어떤 때는 하나님이 고쳐주신 부위가 다시 똑같이 아플 때도 있다. 그러면 나는 먼저 바로 항복하고 회개한다. 하나님이 고쳐주셨는데 또다시 아프다면 그것은 하나님과 나의 관계가 깨졌기 때문이다. 치료하시는 하나님께서 나와 하나가 된다면, 그분이 나에게 한량없는 치료와 회복을 베풀고 계시는데, 이런 온전한 회복을 뭔가 막고 있다는 것이다.

> 너희 허물이 이러한 일들을 물리쳤고 너희 죄가 너희로부터 좋은 것을
> 막았느니라 렘 5:25

이 말씀대로 나의 죄가 하나님으로부터 오는 좋은 것, 하나님이 나에게 주기 원하시는 온전한 치료와 회복을 막고 있는 것이다. 그래서 아플 때마다 내가 어떤 죄를 지었는지 하나님께 여쭙고, 주시는 감동대로 정직하게 항복하고 회개하면 하나님이 먼저 용서해주시고, 하나님과의 관계가 회복됨으로써 하나님께서 모든 질병을 바로 치료하셨다.

그런데 또 많은 분이 이런 질문을 한다.

"목사님, 모든 질병이 꼭 죄로부터 오는 겁니까?"

이 질문을 받으면 나는 모든 질병이 나의 죄로부터 오는 것은 아니지만 나의 죄가 하나님의 치료를 막고 있다고 말씀드린다. 이 죄를 항복하고 회개하면 하나님과의 막힌 담이 허물어지고 용서를 받고, 나와 하나님과의 관계가 회복되면서 하나님의 치료와 회복도 누리게 되는 것이다. 그래서 항복하고 회개하는 것이 이토록 중요하다.

그런데 회개는 알겠는데 왜 굳이 항복해야 하는가? 무엇을 항복해야 하는가? 예수님을 주님이라 부르면서 정작 내가 나의 삶의 주인 행세를 하며 말로만 주님이라 부르고 예수님을 통해서 내 뜻만 이루려고 한 것을 항복해야 한다. 이런 자들에 대해서 예수님이 무

서운 경고를 하셨다.

> 나더러 주여 주여 하는 자마다 다 천국에 들어갈 것이 아니요 나반 하늘에 계신 내 아버지의 뜻대로 행하는 자라야 들어가리라 그 날에 많은 사람이 나더러 이르되 주여 주여 우리가 주의 이름으로 선지자 노릇 하며 주의 이름으로 귀신을 쫓아 내며 주의 이름으로 많은 권능을 행하지 아니하였나이까 하리니 그 때에 내가 그들에게 밝히 말하되 내가 너희를 도무지 알지 못하니 불법을 행하는 자들아 내게서 떠나가라 하리라
> 마 7:21-23

그러므로 우리가 습관적으로 주인 행세를 하며 하나님께 내 뜻을 이루어달라고 하는 것을 항복하고 회개해야 한다. 그러면 어떻게 해야 하는가? 나는 나의 죄를 알기 힘들다. 그러나 완벽하신 하나님께서는 그것을 알려주기 원하신다. 그러므로 하나님께 나의 죄를 알려달라고 기도해야 한다. 그리고 알려주시고 찔러주시면 변명하지 말고 바로 항복하고 회개해서 용서를 구하고 하나님의 뜻대로 살아야 한다. 이것을 쉽게 설명한 공식이 바로 다음의 회복 공식이다.

오직 예수 : 항복 + 회개 = 회복

나는 지금도 아플 때 고쳐달라고 기도하지 않고 바로 항복하고 회개한다.

내 몸에 무조건 약부터 넣지 마라

그러면 내가 예수님을 만나고 나서 질병이 없었을까? 전혀 아니다. 10여 년 전에 한 달 동안 여섯 나라를 다니며 복음을 전한 적이 있었다. 그때 마지막 집회가 한동대학교에서 있었는데 말씀을 전하려고 강대상에 오르는 순간 갑자기 바닥이 뜨는 것처럼 보였다. 그러면서 왼쪽 눈의 초점이 맞춰지지 않고 서서히 희미해지는 것이 느껴졌다. 그때는 피곤해서 그런 줄만 알았다.

그리고 피로가 누적되어 밤새 기침을 했는데 신기하게 말씀을 전하려고 강대상에 올라가면 기침이 멈추고, 설교를 마치고 내려오면 또 기침을 하는 일이 반복되었다. 그때 주변에서 기침약을 주어 먹었지만, 예수님을 만난 뒤로는 아무리 약을 먹어도 효과가 없다는 것을 알고 난 후로 나는 약을 먹지 않는다. 이 귀한 깨달음을 주셨던 계기가 있었다.

2010년 1월 2일 새해 성회를 인천 송도에서 하게 되었다. 그런데 전날부터 아내와 나는 감기몸살로 몸이 많이 아팠다. 이틀 전 부산에서 집회를 했는데 무리를 했는지 몸이 심하게 아프니까 내일 집회를 위해서라도 약국을 찾은 것이다. 그런데 그 날이 1월 1일이라 문을 연 약국이 없었고 하는 수 없이 짐을 뒤져 비상으로 챙겼던 아스피린을 먹었는데 아무 효과가 없었다. 그래서 아스피린 용량을 높여서 먹었는데도 아내와 나 둘 다 아무런 차도가 없고 증세가 더 심해졌다. 그래서 하나님께 매달렸다.

"아버지, 내일부터 집회를 해야 하는데 이 몸으로 어쩌죠?"

하나님이 주시는 감동은 그냥 기도만 하라는 것이었다. 그때 아내와 내게 똑같이 주신 감동이 있다.

'아, 우리는 이 세상에 속한 사람이 아니구나.'

> 너희가 세상에 속하였으면 세상이 자기의 것을 사랑할 것이나 너희는 세상에 속한 자가 아니요 도리어 내가 너희를 세상에서 택하였기 때문에 세상이 너희를 미워하느니라 요 15:19

이 말씀처럼 우리가 더 이상 이 세상에 속한 사람이 아니니 이 세상 약으로는 안 된다는 것을 깨닫자 우리는 바로 회개했다. 너무 아프다고 하나님께 여쭙지도 않고 무조건 약을 먹어서 하나님이 만드신 성전에 멋대로 약을 집어넣은 것에 대해 둘이서 항복하고 회개하는 시간을 가졌다. 여전히 몸이 아팠지만 우리는 그 상태로 잠이 들었다. 그런데 아침에 일어나자 언제 아팠냐는 듯이 개운하게 일어날 수 있었다. 아내와 나는 그때 세상 약이 우리에게 맞지 않고, 하나님께서는 성전이 우리의 몸에 세상 약을 넣고 싶어 하지 않으신다는 것을 알게 되어 그 후로 약을 마음대로 먹지 않는다.

왼쪽 눈 실명의 위기

그리고 얼마 지나지 않아 내 눈에 황반변성이 왔고, 왼쪽 눈이 1년 반 동안 보이지 않던 적도 있었다. 앞서 말한 한동대학교에서 집회를 할 때 기침을 너무 많이 해서 그랬는지 왼쪽 눈에 실핏줄이 터졌는데 잘 낫지 않았던 적이 있었다. 증세가 심하지 않아 대수롭지 않게 여겼는데 서서히 왼쪽 눈이 잘 안 보이기 시작하더니 오른쪽 눈까지 불편하고 힘들었다. 그래도 아내에게 말하지 않고 지내다가 예배를 인도하러 간 곳에서 내가 성경을 버벅거리며 읽는 것을 본 아내가 돌아오는 차 안에서 어떻게 된 일인지 물었다. 그래서 아내에게 자초지종을 설명했다.

그랬더니 아내가 하나님께 병원에 가도 되는지 여쭤보자고 했다. 그때 마침 2주일 정도 집회가 없었다. 그러니 병원에 가도 되는지 여쭤보고 하나님이 허락하시면 병원에 가서 수술을 하든지 치료를 받자는 것이다. 그 말을 듣고 새벽에 무릎을 꿇고 하나님께 여쭤봤다.

"아버지, 제가 병원에 가서 의사를 만나는 것을 기뻐하십니까?"

그러자 하나님께서는 "네가 원하면…"(If you want…)이라고 하셨다. 내가 하나님께 여쭤봤는데 하나님은 그 대답을 나에게 넘기신 것이다. 하나님의 마음은, 내가 원하면 내 자유의지로 내가 선택하라는 뜻이었다. 그래서 나는 바로 하나님께 이렇게 대답했다.

"아니요. 아버지가 절 고쳐주세요"(No. Father, I want you to heal me).

하나님의 대답은 너무나 간결했다.

"오케이."

하나님과의 모든 대화는 3초 만에 끝이 났다. 나는 아내에게 하나님과의 대화를 그대로 전달했다. 나는 하나님이 그때 곧바로 내 눈을 고쳐주시는 줄 알았다. 그런데 시간이 지날수록 왼쪽이 점점 더 보이지 않는 것을 느꼈다. 다음날에는 오히려 더 심해져서 양쪽 눈 다 80퍼센트 이상 보이지 않았다. 그다음 날은 왼쪽 눈이 완전히 보이지 않았고 오른쪽 눈은 사물의 형태 정도만 보이는 실명 위기에 이르렀다.

그때는 곧 실명이 될 것 같은 느낌에 아내의 얼굴을 만지며 이런 말을 했다. "여보, 어쩌면 내가 당신 얼굴을 더 이상 볼 수 없을지도 몰라. 지금이라도 당신의 얼굴을 만져보고 당신의 얼굴을 기억하고 내 가슴에 당신 얼굴을 새기고 싶어", "내가 만일 실명되고 나서 이후에 눈을 뜨게 된다면 가장 보고 싶은 얼굴은 예수님이야" 아내와 이런 대화를 나누며 하나님께 감사만 하고 잠이 들었던 기억이 난다.

그런데 그다음 날 아침에 깨어나 눈을 떴을 때 갑자기 벽시계가 선명하게 눈에 들어왔고, 창문이 보이고, 옆에 있는 아내의 얼굴이 보였다. 모든 사물이 다 보였다. 하나님께서 나를 고쳐주시겠다고 하신 지 3일 만에, 하나님이 나에게 3일의 기적을 보여주신 것이다. 예수님이 3일 만에 부활하신 것처럼 나의 눈은 3일 만에 실명의 위기에서 정상으로 돌아왔다. 지금도 나는 이 간증을 '3일의 기적'이라고 말한다. 이 '3일의 기적'을 통해 하나님은 내 눈을 정상으로 회복시켜주셨을 뿐 아니라 이전보다 더 선명하게 양쪽 눈의 시력을 2.0으로 만들어주셨다.

하나님의 은혜는 거기에 그치지 않았다. 하나님은 더 크고 놀라운 일들을 통해 하나님의 사랑을 보여주셨다. 약 20여 년 전부터 미국에서는 노안이 오는 경우 망막에 돋보기를 넣는 노안교정시술이 유행했는데 그것은 엄청나게 비싼 시술이었다. 그런데 하나님께서 보이지 않던 나의 왼쪽 눈에 돋보기를 넣어주셨다. 그러니까 왼쪽 눈은 가까운 것을 다 보이게 해주셨고, 오른쪽 눈은 먼 곳까지 다 보이게 해주셨다. 물론 피곤하면 안경을 쓸 때도 있다. 그래도 적지 않은 나이임에도 불구하고 하나님은 나에게 더 좋은 시력을 주셨을 뿐만 아니라 노안 없이 살아갈 수 있는 은혜도 베풀어주셨다.

아버지, 제 눈이 또 안 보여요

그런데 그로부터 3년쯤 지났을 때였다. 그때 역시 해외로 복음을 전하러 다녔고, 미국에서 방송 사역을 하며 바쁘게 보내고 있었다. 그런데 어느 날 갑자기 왼쪽 눈이 흐려지면서 또다시 앞이 안 보이기 시작했다. 이번에는 왼쪽 눈에서 고름이 많이 나와 눈꺼풀이 붙을 정도로 심각한 상황이 되었다. 눈을 뜨려고 해도 뜰 수 없었고 물로 씻어내고 안약을 넣어도 망막은 그대로 뿌옇기만 했다. '분명 하나님이 고쳐주신다고 했는데 왜 이럴까' 하면서 기도하는데도 증상은 그대로였다.

그때 아내가 내 눈의 증상을 인터넷으로 찾아보더니 심각한 망막염인데 그대로 두면 자칫 안구를 적출해야 하는 상황까지 간다고 했다. 시간이 지나자 왼쪽 눈만 아니라 오른쪽 눈까지 고름이 나왔다. 나는 또다시 하나님 앞에 무릎을 꿇고 기도했다.

"아버지, 제 눈이 또 안 보이네요. 제가 눈 때문에 병원에 가는 것을 기뻐하십니까?"

기도하며 하나님께 여쭤봤지만 아무 응답도 없이 잠잠하셨다. 그래서 다시 한번 여쭤봤다.

"아버지, 제 눈 때문에 병원에 가는 것을 기뻐하십니까?"

하지만 여전히 아무 말씀도 없이 잠잠하셨다. 그런데 그때 내 마음에 이런 감동이 있었다.

'그때 내 눈을 치료하신 하나님께서 지금 왜 그 치료를 걷어가셨

을까? 우리 하나님은 그런 분이 아닌데….'

'어쩌면 이것이 또 다른 간증의 기회가 될 수 있지 않을까? 그렇다고 병원에 가지 않는 것을 선택한다면 너무 무모한 도전이 아닐까?'

그래서 나름대로 결론을 내렸다.

"아버지, 응답을 안 해주시니까 제가 결정할게요. 저, 병원에 안 갈래요. 아버지가 고쳐주세요."

"저는 죽어 마땅한 사람인데 여기까지가 하나님의 뜻이었나요?"

"저는 양쪽 눈을 적출해도 괜찮아요."

이렇게 기도하는 순간 두 눈에서는 눈물이 고름과 섞여 계속 흘러내렸다. 그리고 아내에게도 이렇게 말했다.

"여보, 내 눈이 이렇게 된 게 두 번째인데, 이번에도 병원에는 가지 않을래."

아내는 나의 이런 모습을 보고 무모하게 고집을 피운다고 생각했을 것이다.

"여보, 하나님이 고쳐주셨는데 갑자기 이해가 안 된다고 병원에 가는 것이 용납이 되지 않아."

아내에게 이렇게 말하고 기도한 다음날, 나의 눈 상태는 여전히 그대로였다. 나는 '3일의 기적'을 떠올리며 첫날을 기도로 버텼다. 그다음 날에도 눈의 상태는 그대로였다. '아직 하루가 더 남았지' 하는 마음으로 둘째 날 역시 계속 기도만 하면서 보냈다. 그때 아내가 자신도 금식을 하겠다고 했다. 금식은 하나님이 허락하시는 금식이 있고 허락하지 않으시는 금식이 있는데, 아내가 하나님께 여쭙지도 않고 무조건 본인이 금식하겠다는 것을 보며 얼마나 지칠까 싶은 생각이 들었다.

그런데 조금씩 눈이 보이는 것 같았고 두 눈에서 나오던 고름의 양도 줄어드는 것 같았다. 계속 기도할 때 오후가 되니 눈에 염증이 줄어드는 것을 확연히 느낄 수 있었다. 그래서 아내에게 조금씩 보인다고 하자 아내가 바로 금식을 끝내고 밥을 먹기 시작했다. 하나님이 허락하지 않으시는 금식은 배가 고플 수밖에 없다는 것을 아내도 그때 알았을 것이다. 그리고 그날 밤에 하나님께서 양쪽 눈을 깨끗하게 치유해주셨다.

너는 나만 바라보라

그때부터 하나님은 내가 몸이 아플 때마다 이런 기도를 하게 해주셨다.

"내 몸이 성전인데 나의 어떤 면이 하나님께 죄를 지었습니까?"

"내 눈으로 하나님께 무슨 죄를 지었습니까?"

하나님이 뚜렷하게 알려주시지는 않았지만 내 마음으로 오는 감동은 내가 하나님만 바라보는 대신 다른 것을 바라봤기 때문에 두 번이나 실명 위기를 겪었던 것 같다는 것이다. 하나님은 히브리서 말씀을 생각나게 해주셨다.

> 믿음의 주요 또 온전하게 하시는 이인 예수를 바라보자… 히 12:2

즉 예수님께만 초점을 맞추라고 하신 것이다. 하나님께서는 내가 예수님만 바라보지 않고 세상의 다른 어떤 것을 바라봤는지는 알려주지 않으셨다. 하지만 조용히 이렇게 말씀하시는 것 같았다.
"너는 나만 바라봐라."
하나님은 내 눈이 예수님만 바라볼 수 있도록 고쳐주셨다. 그 후에도 피곤할 때면 눈에서 고름이 나올 때가 있다. 하지만 그것은 내가 너무 과로할 때 하나님이 사인으로 주신다는 것을 알았기 때문에 그럴 때는 모든 것을 내려놓고 곧장 기도한다.
"아버지, 내 눈에서 또 고름이 나오고 시력이 흐려지네요. 오늘은 하나님 안에서 쉴게요."
그리고 쉬면서 하나님께 감사드리며 기도하면 회복이 되는 일들이 여러 차례 있었다. 그러면 '하나님은 한 번 고쳐주시면 됐지, 치사하게 왜 반복해서 아프게 하실까?' 하는 분들이 계실 것이다. 그러나 이런 과정이 없으면 인간은 쉽게 잊어버리거나 치유를 당연하게 여긴다는 것을 하나님은 아신다. 그렇기 때문에 나에게 경각심을 심어줄 뿐만 아니라 그 은혜를 기억하라고 하시는 하나님의 뜻을 깨닫게 되었다. 지금까지 나에게 황반변성도 있었고, 왼쪽 눈의 실명 위기도 있었고, 염증과 고름 때문에 눈이 보이지 않는 위기도 있었지만, 그럴 때마다 하나님이 깨끗이 고쳐주셔서 전보다 더 좋은 시력으로 회복해주셨다.

거룩한 성전 관리자의 의무

한번은 아침에 일어났는데 너무 과로하여 집에서 넘어지는 사고를 당해 그 자리에서 기절한 적이 있었다. 게다가 넘어지면서 눈 주변이 찢어져 피를 많이 흘렸는데, 아내가 너무 놀라 빨리 병원에 가자고 했지만 나는 앉은 자리에서 피를 흘리며 기도를 했다. 그러자 이번에는 하나님이 병원에 가라고 하셔서 병원에서 봉합 시술을 받았다. 그런데 병원에서 머리를 부딪치면서 뇌진탕을 일으켰다는 것을 알게 되었다. 그 충격으로 목 뒷부분이 너무 심하게 부어올라 제대로 앉지도, 눕지도 못했다.

그런 상황이 2주 동안이나 계속되어 하나님께 계속 여쭤봤다. 그때 어렴풋이 주시는 감동은 블레셋 사람들이 하나님의 궤를 다곤 신전으로 가져갔을 때 다곤 신상이 여호와의 궤 앞에 엎어지고, 목이 부러졌던 것을 자꾸만 생각나게 해주셨다.

아스돗 사람들이 이튿날 일찍이 일어나 본즉 다곤이 여호와의 궤 앞에서 엎드러져 그 얼굴이 땅에 닿았는지라 그들이 다곤을 일으켜 다시 그 자리에 세웠더니 그 이튿날 아침에 그들이 일찍이 일어나 본즉 다곤이 여호와의 궤 앞에서 또다시 엎드러져 얼굴이 땅에 닿았고 그 머리와 두 손목은 끊어져 문지방에 있고 다곤의 몸뚱이만 남았더라 삼상 5:3-4

나는 내가 교만하여 하나님 앞에서 목이 꼿꼿했다는 것을 깨닫고 바로 항복하고 회개기도를 드렸다. 다른 사람들은 그렇게 느끼지 못하더라도, 하나님이 보시기에 내가 다른 것을 바라보았고 목이 꼿꼿했던 것이다. 나와 하나님과의 관계에서 하나님이 기뻐하시지 않는 것이 있다면 하나님은 내 몸을 통해 그것을 깨닫게 해주신다는 것을 알게 되었다. 나는 무릎을 꿇고 바로 회개했다.
"아버지, 저도 모르게 감히 아버지 앞에서 머리가 꼿꼿했던 것을 회개합니다. 다시는 안 그럴게요."
이렇게 회개기도를 드리고 나자 목의 붓기와 통증이 사라지고 후유증도 없이 서서히 회복되었다. 이번에도 하나님께서 완벽하게 고쳐주셨다.

너희 몸은 너희가 하나님께로부터 받은 바 너희 가운데 계신 성령의 전인 줄을 알지 못하느냐 너희는 너희 자신의 것이 아니라 값으로 산 것이 되었으니 그런즉 너희 몸으로 하나님께 영광을 돌리라 고전 6:19-20

우리의 몸은 성령님이 거하시는 거룩한 성전이다. 우리는 성전의 관리자로서 성전의 어느 부분이 고장나면 가장 먼저 내가 무엇을 잘못해서 성전이 고장이 났는지 하나님께 여쭤봐야 한다. 따라서 우리가 아플 때 우리 몸의 어떤 부분과 연관된 죄인지 알려달라고 기도하고, 알려주시면 바로 항복하고 회개해서 용서받아 성전 관리자의 임무를 잘 감당해야 한다.

CHAPTER 6
그리 아니하실지라도

2014년 1월에는 느닷없이 구안와사(口眼喎斜, 얼굴 신경 마비 증상으로 입과 눈이 한쪽으로 틀어지는 병이다) 증상이 내 얼굴에 나타났다. 시카고에서 집회를 할 때였는데 날씨가 매우 춥고 과로한 탓인지 한쪽 얼굴이 굳어 입도 다물어지지 않아서 물을 먹어도 한쪽으로 물이 흘러나왔다.

나는 또다시 기도하며 하나님께 여쭤봤다.

"아버지, 내 얼굴이 갑자기 왜 이렇게 되었나요? 나의 어떤 면이 하나님께 죄를 지었습니까?"

그런데 이번에는 내가 지은 죄가 아니라 예수님의 십자가를 생각나게 해주셨다. 머리에 가시면류관을 쓰시고, 수염이 뜯기고, 살점이 떨어지고, 온갖 수모를 당하며 십자가에서 피를 흘리시는 예수님의 얼굴을 떠오르게 해주셨다. 예수님은 그토록 처참하게 되셨을 때에도 나에게서 얼굴을 돌리지 않으셨는데, 내 얼굴이 이렇게 되었다고 해서 내가 하나님을 피해 얼굴을 돌린다는 것은 말이 안 된다고 생각했다.

"아버지, 평생 이런 얼굴 상태로 살아가야 한다 해도 똑바로 예수님만 바라보겠습니다."

그래서 나는 이 모습 이대로 집회도 많이 다녔다. 나의 이런 얼굴 때문에 밥도 물도 제대로 먹을 수 없고, 먹더라도 질질 흘리면서 지저분하게 먹게 되는 상황이 너무 싫었지만, 그때마다 하나님은 십자가에 달리신 예수님을 생각나게 해주셨다.

'예수님은 십자가에서도 나를 향한 얼굴을 돌리지 않으셨는데, 내가 뭐라고 하나님을 바라보지 않을 수 있겠어?'

내가 너를 고쳤다

나는 비뚤어진 얼굴 그 모습 그대로 계속 집회를 다녔다. 그리고 성도님들에게 "여러분, 제가 입은 비뚤어졌어도 말은 똑바로 하겠습니다"라고 하며 구안와사가 온 얼굴로 하나님의 마음을 최선을 다해 전했다.

그런데 문제는 얼굴이 틀어지고 입이 비뚤어지다보니 발음이 이상하게 나온다는 것이다. 그럼에도 불구하고 많은 분들이 내 말을 다 알아들었다고 말씀해주셔서 얼마나 감사했는지 모른다. 매 집회에서 감사드리고 감사를 심으며 어느덧 그 지역의 마지막 집회가 되었는데, 한 청년이 갑자기 나를 껴안고 울기 시작했다. 그래서 토닥이며 괜찮냐고 물어보니 그 청년이 내 얼굴을 만지면서 말했다.

"오늘 집회에서 목사님의 얼굴을 보는데 목사님 얼굴에서 예수님의 얼굴을 봤어요. 목사님의 얼굴이 너무 아름다워요."

나 역시 비틀어진 내 얼굴을 통해 예수님의 얼굴을 봤기 때문에 그 청년의 말에 감사해서 같이 울었다.

반면에 구안와사가 가장 심할 때 누가 봐도 이상할 정도의 상태가 되니까 안타까운 마음으로 침을 맞으라고 권유하신 분들도 많았다. 아침마다 거울에 비친 내 얼굴을 보며 기도할 때마다 하나님은 "내가 너를 고쳤다"라고 하셨지만 내 얼굴은 회복되지 않았다. 많은 분들이 나에게 빨리 침을 맞으러 가라고 해도 내가 기도만 하고 가지 않자 심지어 나에게 교만하다고 하는 분들도 있었다. 그런 이야기를 들으면 "아버지, 제가 교만합니까?"라고 여쭤본다. 그러면 "아니. 내가 너를 고쳤다"라고 하셨다. 기도할 때마다 고쳤다는 감동을 주시는데도 내 얼굴은 하나도 달라지지 않았다.

어느 날 밤 혼자 화장실에서 거울을 보고 있었다. 그때 나는 라디오 방송 사역이 아니라 TV 방송 사역을 하고 있었고, 집회에서도 많은 사람들과 만난다. 그런데 거울에 비친 내 모습은 너무 한심해 보였다. 그런데 다행스럽게도 집회 일정이 많아 그 사이에 TV 방송 사역이 없었다는 것이 감사했다. 하지만 곧 있으면 한국에 방송 사역을 하러 가야 하는데 얼굴이 회복되지 않아 나는 계속 기도만 했다.

"아버지, 제가 얼굴이 비뚤어져도 하나님의 영광을 위해서 방송 사역을 하겠습니다."

아내는 구안와사라는 병이 아무리 병원에 다니고 침을 맞아도 원래 얼굴로 완전히 돌아오지 않고, 회복도 1년 이상 걸린다고 걱정했다. 그러나 하나님은 한결같이 "내가 너를 고쳤다"라는 감동만 주셔서 나는 그 감동만 붙잡고 기도했다. 정말 감사하게 하나님은 3주 만에 내 얼굴을 정상으로 회복시켜주셨다. 그 후로 구안와사의 후유증도 없었고 재발된 적도 없었다. 내 경우에 매우 심한 구안와사였기 때문에 회복되기 어렵다는 말도 많이 들었다. 그러나 하나님은 나를 깨끗이 치료해주셨다. 하나님께서 내게 뭐든지 가장 심하게 허락하시는 이유는, 그 과정을 겪어야 가장 확실하게 회복되는 것을 보여주실 수 있기 때문이었다. 나는 그것이 하나님의 마음이라는 것을 알게 되었다.

대상 포진과 하나님의 왕좌

2019년 CTS에서 '콜링갓' 사역을 할 때는 엉덩이 부근에 대상 포진이 생겨 진물 때문에 앉아 있기도 힘들고 통증도 매우 심했다. 이번에도 나는 하나님께 기도했다. 그런데 "아버지, 이번에는 왜 엉덩이입니까?"라고 하는 순간 하나님은 나도 모르게 내가 하나님의 자리인 왕좌에 앉으려고 했던 적이 없었는지 돌아보게 하셨다. 하나님은 "너의 죄가 이것이다"라고 지적하시는 대신 신사적으로 알려주시며 내가 그 문제를 안고 씨름하게 하셨다.

그때 나는 이런 생각이 들었다. 하나님께서는 2019년에 책을 쓰라는 감동을 주셨다. 그런데 책을 준비하면서 내가 책을 통해 조금이라도 유명세를 얻고 싶어 했던 마음을 보셨던 것이다. 하나님께서는 마치 이렇게 알려주시는 것 같았다.

"나만 드러나야지 네가 왜 내 자리를 넘보는 거지?"

나는 그 일로 3일 정도 계속 묵상했다.

'내가 왕좌에 앉으려고 했나? 정말 그랬나? 나는 사람들에게 박수받지 않고 하나님께만 올려드리려고 했는데, 내가 정말 그랬나?'

나는 절대로 그럴 생각이 없었는데 아주 조금이라도 그런 생각이 스쳐 지나갔더라도 하나님은 그것이 잘못된 동기임을 알려주시고 내게 깨닫게 해주신 것이다. 하나님은 나에게 아주 작은 불순물도 허락하지 않으시고 순도 100퍼센트의 순결과 절대적 충성을 원하신다는 것을 그때 알게 되었다. 사람이 자신의 밭에 좋은 씨를 뿌렸지만 밤새 원수가 와서 가라지를 덧뿌리고 갔다는 말씀처럼 악한 것이 와서 씨앗을 뿌린 것이다. 그런데 내가 미처 민감하게 대처하지 않았기 때문에 하나님께서 대상포진을 허락하신 것이다. 나는 스쳐 지나간 생각까지 철저히 항복하고 회개했다.

그렇게 시작된 대상 포진 증상과 통증이 3주나 지속되었지만 나는 매일 아무 일도 없다는 듯이 생방송을 진행했다. 너무 아프고 힘들어서 제작진에게 말해 며칠이라도 쉬고 싶었시만, 하나님은 그것을 허락하지 않으셨다. 나는 아무에게도 대상 포진 때문에 힘들다는 말도 못하고 매일 방송 사역에 최선을 다했다. 대상포진이라는 병을 주시고 동시에 커다란 깨달음을 주신 하나님께 감사드린다.

지금도 나는 내가 아플 때마다 나의 어떤 죄 때문에 아픈지 항상 하나님께 여쭤본다. 좋으신 하나님은 나의 눈을 통해 하나님만 바라볼 것을 가르쳐주셨고, 넘어져서 목이 부었을 때는 내 목이 곧은 것을 알려주셨고, 구안와사가 왔을 때는 비뚤어진 내 얼굴을 통해 예수님을 보게 해주셨다. 또한 엉덩이에 대상 포진이 생겼을 때는 끔찍한 고통 중에서도 사랑으로 나를 지켜보시는 하나님을 알게 해주셔서 하나님께만 시선을 고정하는 훈련을 시켜주셨다. 내 몸에 나타나는 여러 질병들로 인해 하나님은 그때마다 나를 만나주시고, 살려주시고, 회복시켜주셨다. 그래서 나는 매번 성도님께도 이렇게 말씀드린다.

"여러분, 끝까지 예수님만 붙잡아보세요."

약함을 아시고 체질도 바꿔주시는 하나님

하나님은 내 육신을 고쳐주셨을 뿐만 아니라 내 체질도 바꿔주셨다. 예전에 나는 몸이 예민하게 반응해서 못 먹는 음식들이 많았다. 음식을 잘못 먹으면 바로 피부병이 생기는 일이 많아 음식을 가려 먹을 정도였다. 그런데 이제는 상한 음식을 먹어도 아무렇지 않을 정도로 내 체질을 바꿔주셨다.

또한 나는 심각한 멀미로 어려움을 겪을 때가 많았는데 이것 역시 방송 사역을 하면서 치료해주셨다. 한국에 와서 심방 프로그램을 할때는 전국을 다니며 촬영을 했는데, 매번 대본을 당일 아침에 받았기 때문에 읽어볼 시간이 없어 차 안에서 대본을 봐야 하는 상황이 반복되었다. 리얼한 촬영을 위해 대본을 잘 숙지해야 하는데, 달리는 차 안에서 대본을 보자니 조금만 봐도 멀미가 올라왔다. 계속해서 촬영을 해야 하니까 멀미가 있으면 안 된다. 나는 속으로 '예수님, 도와주세요'라고 계속 기도했고, 신기할 정도로 멀미 증상 없이 대본도 보고 촬영을 잘 마칠 수 있었다. 그 뒤로는 아무리 먼 곳을 가도, 달리는 차에서 대본을 오래 봐도 멀미를 하지 않았다.

하나님이 내 멀미 증상을 깨끗이 치료해주셨다는 것을 확실히 알게 된 것은 2015년에 배를 타고 촬영을 갔을 때였다. 원래는 독도 촬영이었는데 날씨가 흐려서 울릉도까지만 가기로 하고, 울릉도에서 촬영을 마치고 돌아오는 일정이었다. 그때 풍랑이 3미터나 될 정도로 궂은 날씨에 4시간이나 배를 타고 가는데 그 배에 있던 사람들이 다 멀미로 바닥에 누워 있다시피 했다. 그렇지만 아내와 나는 이왕 이렇게 되었으니 하나님을 찬양하자 싶어서 이어폰을 끼고 손

들고 찬양하며 기도만 했다. 아내와 나는 전혀 울렁거리지 않았고 하나님께서 계속 찬양과 기도만 하게 해주셨다.

    토를 달지 않고 부조건 하나님만 신뢰하며 나아가니까 하나님이 나를 다듬어주시고 나의 체질을 바꿔주신 것이다. 그래서 나는 지금도 당당히 사람들에게 이렇게 하나님의 마음을 전한다.

"오직 예수님만 붙잡으면 그분이 원래 우리를 만드신 목적대로 건강한 체질로 바꿔주십니다."

"염려하지 마세요. 우리 하나님은 창조주 하나님이시기 때문에 우리를 새로운 피조물로 만들어주십니다."

"저의 모든 것을 치료하신 하나님께서 지금도 여러분을 치료하기 원하십니다."

"여러분도 오직 예수님만 붙잡으면 그분 안에 있는 놀라운 치료의 능력이 오직 예수님을 통해 한량없이 부어질 것입니다."

"때로는 시간이 걸릴 수 있어요. 시간이 걸리더라도 그것을 통해 우리의 믿음이 성장합니다. 다시 예수님을 붙잡으세요."

"이해가 되든 안 되든, 어려우면 어려울수록 예수님만 붙잡으면 하나님이 나의 영과 혼과 육을 온전케 하시고, 모든 질병을 치료하시고, 불가능을 가능케 하십니다. 그분이 바로 하나님이십니다."

이렇게 당당히 전하는 것이다. 우리가 원래 약하게 태어났다고 해도 우리의 체질을 바꿔주실 수 있는 분이 바로 하나님이시다. 내가 특별해서가 아니다. 우리 모두 하나님의 자녀이기 때문에 하나님도 우리의 모든 질병을 고쳐주시고 책임져주신다. 나는 그것을 알게 되었다.

잠깐의 질병과 고통의 유익

많은 사람들이 내가 병원에 가지 않는 것에 대해 오해하고 계신다는 것을 잘 알고 있다. 내가 예수님을 만나고 나서 병원에 가지 않는 이유는 다른 것이 아니다. 우리 하나님이 병원보다 더 강하신데 하나님보다 약한 병원에 가는 것이 이해가 되지 않기 때문이다. 나에게는 병원에 가는 것이 하나님이 아닌 다른 곳에 가서 도움을 요청하는 행위 같다. 그래서 나는 필요 이상으로 병원에 가지 않는다. 그러니까 나의 영적 자존심으로는 하나님 한 분 외에 다른 어떤 누구에게 도움을 청한다는 것이 용납되지 않았다. 나는 하나님께만 도움을 청한다.

예수님을 만나고 얼마 되지 않았을 때 감기로 기침을 심하게 했던 적이 있었다. 기침이 심한 나머지 숨을 쉬는데 소리가 나고 마치 물 안에서 숨을 쉬는 것 같은 느낌을 받았다. 사람들이 계속해서 병원에 가라고 하는데 그때도 나는 병원에 가지 않고 기도하면서 버텼다. 그런데 주변에서 하도 강권하여 하는 수 없이 병원에 가서 엑스레이 촬영을 했는데 의사가 보더니 깜짝 놀라는 것이다. 왼쪽 폐는 괜찮은데 오른쪽 폐에 물이 60퍼센트나 찼다고 하며 아프지 않았느냐고 묻는데 나는 전혀 아프지 않았다. 의사의 말이 이 정도면 죽을 수도 있다고 할 정도의 심각한 폐렴이라는 것이다. 그런데 나는 전혀 아프지 않았고, 하나님은 이런 심각한 폐렴도 깨끗이 고쳐주셨다.

그리고 많은 분들이 하나님을 믿는데 왜 아프냐고 물어보신다. 하나님이 질병을 허락하시는 것은 이 질병을 통해 다시 한번 우리의 믿음이 군건해지도록 하시기 위해 잠깐의 질병을 허락하시는 것이다.

이것을 너희에게 이르는 것은 너희로 내 안에서 평안을 누리게 하려 함이라 세상에서는 너희가 환난을 당하나 담대하라 내가 세상을 이기었노라 요 16:33

니는 모든 질병과 고통을 통해 나의 믿음이 매일매일 견고하게 다져지고 또 다져지는 것을 느끼며 매일매일 오직 예수를 외친다. 그런데 나는 늘 '오직 예수'를 붙잡고 살아가는데 왜 하나님은 나에게 이렇게 많은 질병을 허락하셨을까 생각해보았다. 그때 주신 감동은 내가 확실히 경험해야 성도님들에게 해보라고 권할 수 있기 때문에 하나님께서 지금까지 모든 질병을 허락하셨다고 생각한다. 내가 오직 예수님을 붙잡지 않고 흔들리는 믿음으로 이야기한다면 그것은 성도님들을 기만하는 것이다.

"내가 체험해봤는데 진짜 됩니다. 지금도 되고 있습니다. 그리고 앞으로도 될 것입니다. 여러분도 해보세요. 하나님과 제가 보장합니다."

그 이유는 내가 겪어봤기 때문이다. 그래서 당당히 선포할 수 있는 것이다. 그러고 나면 하나님이 성도님들을 찔러주신다. 그래서 그 분들이 예수님을 붙잡고 나가면 나를 치료해주신 동일하신 하나님이 그 분들도 치료해주시는 역사가 일어나는 것이다.

그렇지만 많은 사람들은 확신이 없이 낫지 않을 거라는 불안감에 휩싸여 있다. 그럴 때마다 나는 낫지 않으면 어떠냐고 되묻는다. 그리 아니하실지라도 오직 예수님만 붙들어야 한다고 강조하는 것이다.

그리 아니하실지라도

하나님은 지금 내 얼굴에 혹을 허락하셨다. 2017년 4월 26일로 생생히 기억한다. 그때도 극심한 과로로 감기몸살을 앓고 있었는데도 집회와 함께 매일 콜링갓을 생방송으로 진행하고 있었다. 그런데 기침을 많이 해서 그런지 온몸은 물론 얼굴이 부어 있는데도, 쉬지 않고 사역을 계속했다. 그리고 갑자기 내 오른쪽 목 부근이 부풀어 오르더니 점점 딱딱해져서 혹이 되었다.

얼굴에 혹이 생겼는데도 병원에 가지 않으니까 내 모습을 본 많은 사람들이 "보기 싫다", "김일성을 닮았다" 심지어는 나에게 이단이라고 하는 사람들도 있었다. 하지만 아무리 내 얼굴이 꼴 보기 싫어도 나보다 더 싫겠는가? 나라고 아침마다 혹이 난 내 얼굴을 매일 보는 것이 마냥 좋기만 하겠는가? 그렇지만 하나님이 이 혹을 허락하신 데는 분명한 이유가 있다는 것을 알고 있다.

물론 하나님께 매일 기도하며 여쭤본다.

"하나님, 이 혹이 보기 싫은데 병원에 가서 진단을 받을까요?"

"아니, 감사만 해라. 내가 벌써 다 고쳤다."

지난 8년 동안 거의 매일 아침 이 혹을 놓고 기도하면 하나님은 매번 똑같은 감동을 주신다. 때로는 나도 매우 답답하다. 실수가 없으신 하나님은 항상 신실하신 분이다. 그리고 감사만 하라는 감동을 주시는 분 역시 하나님이시라는 것도 나는 분명히 안다. 그렇기 때문에 나는 오늘도 이 혹을 허락하신 하나님께 감사만 하고 있는 것이다.

언제가 하나님이 이 혹을 없애주셔도 감사하지만, 그리 아니하실지라도 만일 이 모습 이대로 천국에 오라 하시면 나는 이대로 감사와 감격한 마음으로 천국에 들어갈 것이다.

하나님은 여기서 귀한 깨달음을 주셨다. 어떤 분들은 아무리 믿음으로 기도해도 낫지 않는다고 하시며, 잠시 기도하다가 내가 원하는 결과가 없으면 바로 다른 데 가서 도움을 청하는데, 이런 것이 진짜 믿음일까? 진짜 믿음이란 끝까지 하나님을 의심하지 말고 하나님만을 절대적으로 신뢰하고 기다리며 감사하는 것이 아닌가.

물론 말이나 이론적으로는 쉬워 보인다. 하지만 나 역시 이 같은 질문 앞에 끝까지 정직하게 반응하고 싶어서 하나님만을 절대적으로 신뢰하며 기다리며 감사하면서, 그리 아니하실지라도 벌써 받은 은혜 때문에 범사에 무조건 감사를 심고 있다.

나는 우리의 약한 믿음 때문에 우리 하나님이 천사들 앞에서 망신당하는 것이 용납되지 않아 우리의 믿음을 당당히 모든 피조물 앞에서 보여줘야 한다고 생각한다. 천사들이 하나님께 이렇게 말하면 너무 창피할 것 같다.

"하나님, 왜 저 사람이에요? 형편없잖아요?"

얼마나 우리 아버지를 망신시키는 것인가? 그런데 만일 천사들이 하나님께 나에 대해서 뭐라 하면, 어쩌면 하나님은 천사들에게 이렇게 말씀하지 않으실까?

"내 아들의 얼굴을 봐라. 저렇게 얼굴이 찌그러지고 눈이 보이지 않고 혹이 있어도 내 아들은 끝까지 내게 의리를 지키고 있다. 그래서 내가 쟤를 아들로 삼았단다."

나는 우리 하나님 아버지의 체면을 세워드리고 싶은 그 마음뿐이다. 나는 천국에 가면 바라는 상급이 딱 하나 있다. 그것은 바로 "오직 예수!" 나는 예수님의 얼굴만 보면 더 바랄 것이 없다. 천국에 가서 예수님과 함께 있는 것 외에 더 바라는 것은 없다. 지금도 나는 오직 예수님만 붙잡는다. 그러니까 예수님이 나와 함께 계셔서 내 삶에 천국이 이루어지는 것을 매번 느끼며 살아간다.

"주 예수와 동행하니 그 어디나 하늘나라"(찬송가 438장 후렴)

오직 예수님 앞에서만 무릎을 꿇라

나 자신을 표현하자면 나는 쓸 만한 것이 정말 없는데, 그나마 쓸 만하다면 남들보다 책임감이 강하고 남들보다 의리가 강하다고 말할 수 있다. 나는 이 세상에 살면서 정말 많은 사람들을 만났다. 권력자도 만났고, 재력가도 만났고, 싸움 잘하는 사람도 만나봤다. 그런데 그 많은 사람들 중에 하나님보다 큰 자가 없었다. 그래서 절대로 피조물 앞에서 무릎을 꿇지 않고 오직 예수님 앞에서만 무릎 꿇게 될 것이다.

나는 피조물을 통치하겠다거나 그런 일에는 관심이 없다. 단지 예수님이 너무 좋고 그분에게 의리를 지키고 싶고, 그리고 우리 아버지가 천사들 앞에서 망신당하는 것이 너무 싫어서 그분만 바라보고 그분 앞에서만 무릎을 꿇은 것이다. 그런데 그분 앞에서만 무릎을 꿇었는데 어느 순간 모든 피조물이 내 아래 무릎을 꿇었고 지금도 꿇고 있다. 나는 이것이 바로 창세기 1장 28절이라는 것을 알게 되었다.

> 하나님이 그들에게 복을 주시며 하나님이 그들에게 이르시되 생육하고 번성하여 땅에 충만하라, 땅을 정복하라, 바다의 물고기와 하늘의 새와 땅에 움직이는 모든 생물을 다스리라 하시니라 창 1:28

내가 이 세상에서 가장 높으신 분 앞에서만 무릎을 꿇으니까 모든 피조물이 내 앞에서 무릎을 꿇는다는 것을 알려주시고 보게 하시며 누리게 하신다.

> 주 앞에서 낮추라 그리하면 주께서 너희를 높이시리라 약 4:10

> 그러므로 하나님의 능하신 손 아래에서 겸손하라 때가 되면 너희를 높이시리라 벧전 5:6

'이거구나. 이 쉬운 이치를 사람들은 왜 모를까? 오직 예수님만 붙잡고 오직 예수님 앞에서만 무릎을 꿇으면 하나님이 다 해주시는데, 왜 여기저기 다니면서 사람들 앞에 무릎을 꿇고 사람들 앞에 굽신거리면서 왜 그토록 찌질하게 살까? 사람보다 크고 좋으신 분이 계신데 왜 그럴까?'

그럴 때마다 내 머리에 성경 속 장면이 떠오른다. 바로 야고보와 요한의 어머니가 예수님에게 두 아들들을 데리고 와서 한 명은 주의 우편에, 한 명은 주의 좌편에 앉게 해달라고 말하는 장면이다. 그때 예수님은 제자들에게 세상 사람들에게는 이런 일들이 많지만, 너희는 그러지 말라고 당부하신다.

> 너희 중에는 그렇지 않아야 하나니 너희 중에 누구든지 크고자 하는 자는 너희를 섬기는 자가 되고 마 20:26

나는 매번 그 장면이 큰 감동으로 다가온다. 이 세상에 80억이 넘는 인구가 있고 25억의 크리스천이 있는데, 모두 권력 다툼을 한다 해도 너만은 그러지 말라고 말씀하시는 것 같아서다. 나 하나라도 하나님 뜻대로 살아서 나 하나라도 하나님의 기쁨이 되는 것, 이것이 내 목회 철학이자 인생 철학이다. 나는 하나님의 근심이 아닌 하나님의 기쁨이 되고 싶다.

CHAPTER 7
중독을 치료하시는 하나님

불가능이 없으신 하나님은 우리의 마음까지도 고쳐주신다. 나 역시 예전에 마약을 많이 할 때 우울증을 심하게 앓았던 적이 있었다. 아침에 깨어나기 싫고 눈뜨기 싫을 때도 있었다. 그냥 멍하니 앉아 있으면 하루 종일 우울한 기분에 사로잡혔다. 아무 의욕도 없고 기력도 없다. 사람들을 만나고 싶지도 않고, 말하기도 싫고 그냥 혼자 어딘가에 숨고만 싶어질 때가 있다. 죽으면 다 편할 것 같다는 생각에 죽고 싶다는 마음으로 아무 소망 없이 사는 것이 우울증의 특징이다. 그때 누군가가 나에게 와서 소망이 있다고, 그 소망은 예수님이라고 말해줬으면 좋았을 텐데, 아무도 그런 말을 해주는 사람이 없었다.

지금도 성도님들이 나에게 자살 증세를 말하면 나 역시 자살 충동을 체험해봤기 때문에 그 분의 마음을 이해할 수 있었다. 그런 분들에게 나도 자살 증세가 있었고 우울증도 있었다고 공감해드리고 함께 기도를 하는 것이다. 그리고 그런 나를 고쳐주신 하나님의 은혜 덕분에 그 후로 지난 31년 동안 한 번도 자살 충동이 나타나지 않았다. 이런 하나님을 여러분도 만나게 되면 오늘이 어제보다 더 밝아지고, 지금도 우울증이 너무 쉽게 치료되는 것을 경험한다. 그렇기 때문에 우리의 마음과 생각을 치료하시는 하나님을 지금도 증거하는 것이다.

건강한 자존감의 회복

예수님을 만나기 전에 나는 항상 부정적인 생각에 사로잡혀 살던 사람이었다. 누구를 만나도 나의 모습에서 교만, 자존심, 잘난 체, 우월감이 항상 나타났다. 나는 세상에서 내가 제일 잘난 줄 알고 높은 자존감으로 살아갔다. 그러다가 어느 순간 내 마음도 삶도 바닥으로 곤두박질치니까 정신적으로 피폐해지고 마음 역시 견딜 수 없을 정도로 힘들어졌다. 이런 내가 하나님을 만나고 나자 하나님이 건강한 자존감으로 회복시켜주신 것이다.

사람들은 낮은 자존감의 반대말이 높은 자존감인 줄 아는데, 높은 자존감은 교만이고 갑질이기 때문에 그것은 틀린 말이다. 하나님은 낮은 자존감의 반대말은 '건강한 자존감'이고 높은 자존감의 반대말 역시 '건강한 자존감'이라는 진리를 깨닫게 해주셨다.

그래서 나는 나의 마음과 생각과 관점을 고쳐주신 하나님을 지금도 열심히 증거하고 있다. 이런 하나님을 만나게 되면 여러분도 건강한 자존감으로 회복된다. 건강한 자존감이 있으면 자신만 행복한 것이 아니라 내 가정, 자녀, 주변 사람들까지 모든 환경이 행복해진다. 나는 성도님들께 이 말씀을 드리고 난 뒤 이 말을 빼놓지 않는다.

"이 행복을 주시는 분이 바로 예수님입니다."

하나님이 마약보다 더 크다

뿐만 아니라 하나님은 나의 중독도 깨끗이 고쳐주셨다. 내가 예수님을 만나기 전에 가장 심하게 빠졌던 것이 마약과 술이었다. 내가 했던 마약의 종류 중에 환각제가 있다. 환각제 한 알만 먹으면 마치 롤러코스터를 한번 타면 끝날 때까지 내리지 못하는 것처럼 약 12시간 동안 환각 상태에 머물게 된다. 음악이 나오면 저절로 몸이 움직인다. 나는 마약을 먹고 혼자 클럽에 가서 6시간 동안 춤을 춘 적도 있었다. 마약을 하면 그 환각 상태가 너무 좋아서 점점 더 강한 마약을 찾아 밤거리를 누비다가 결국 마약에 깊게 빠져들게 되는 것이다.

그런 나를 예수님이 뜨겁게 만나주셨고 마약중독에서 건져주셨다. 많은 사람들이 나에게 이런 질문을 자주 한다.

"목사님, 예수님을 만난 이후로 한 번도 마약을 하지 않으셨어요? 마약이 전혀 생각나지 않으셨나요?"

당연히 단 한 번도 마약을 하지 않았다. 하지만 한동안 자주 마약이 생각났던 것은 사실이다. 그럴 때마다 예수님께 달려가 도움을 요청하고 예수님의 도움으로 이겨낼 수 있었다.

세상 사람들은 마약은 끊을 수가 없을뿐더러 끊는 것이 아니고 쉰다고 이야기하는데, 나는 예수님을 믿는 자로서 그것을 용납할 수 없다. 왜냐하면 마약이 하나님보다 더 크다고 하는 것 같기 때문이다. 하나님은 단 한순간에 내가 마약만 보면 구토가 나올 정도로 역겹게 만들어주셨고, 다시는 마약을 생각나지 않게 하셨다.

그래서 나는 마약은 쉬는 것이 아니라 끊는 것이라고 말한다. 마약을 끊고 나자 낮에는 멀쩡한데 밤에 꿈속에서 내가 마약을 하는 꿈을 꾸다가 깨어날 때가 있었다. 현실에서는 마약을 끊었는데 꿈에서 내가 마약을 즐기고 있는 것이다.

심지어 아내를 데리고 다니며 마약을 하는 꿈을 꾸다가 깨면 그 꿈이 너무 현실처럼 느껴져서 매우 불쾌했다. 꿈에서도 "예수님, 도와주세요"라고 해야 하는데 그 말이 나오지 않았다. 그리고 깨어나서 꿈인 것을 알고 "아버지, 감사합니다"를 수도 없이 외쳤다.

악한 영이 꿈으로 찾아와 나를 유혹하고 괴롭혔던 것이다. 예수님을 만나고 나서도 몇 년은 악몽 가운데 마약의 유혹이 있었다.

생명으로 살아날 수 있는 예수 중독

때로는 이런 생각도 했었다.

'그냥 해볼까? 나는 예수님을 믿으니까 마약을 하더라도 회개하면 하나님이 용서해주시겠지.'

그럴 때 악한 영이 내 귀에 이렇게 속삭였다.

'그래. 괜찮아. 지금 마약을 해. 네가 마약을 하고 나서 하나님께 죄송하다고 하면 하나님이 용서해주셔.'

이런 마음이 올 때 하나님은 나에게 '긍휼'과 '은혜'의 차이점을 알려주셨다. 긍휼은 내가 받을 벌을 받지 않는 것이고, 은혜는 내가 받지 못할 축복을 받는 것이다. 그래서 그런 유혹이 올 때 하나님께서는 이런 감동을 주셨다.

"맞아. 네가 마약을 하고 내게 와서 회개하면 내가 용서해줄 거야. 하지만 너에게 있는 모든 은사는 끝이다."

즉 긍휼의 하나님을 체험하지만 은혜의 하나님이 주시는 하나님의 선물은 그때부터 내게서 떠나게 된다. 그러나 내가 어떻게 하나님을 만났는데 그렇게 버릴 수는 없다는 생각에 유혹이 올 때마다 하나님이 주신 깨달음을 방패 삼아 유혹에 맞서 싸웠다. 내가 아무리 말썽을 부려도 회개하면 용서해주신다는 것을 알고 있지만, 그렇게 해서 하나님을 실망시킨다는 것이 용납되지 않았다.

나는 유혹이 올 때마다 예수님께 유혹을 드리면 어느새 유혹이 사라지는 경험을 반복해서 하게 되었다. 그렇게 하나님은 내가 유혹을 이길 수 있도록 도와주셨고 지금도 도와주고 계신다. 처음에는 악몽을 꾸는 가운데 유혹이 많았는데, 지금은 그런 유혹조차 떠나가고 이제는 찾아오지 않는다.

나는 중독 성향이 강한 사람이라 돈에 중독되었고, 세상 향락에 중독되었고, 술과 마약에 중독되었고, 나의 교만과 자만심에 중독되었다. 그런 중독 성향이 예수님을 만나면 예수님께 푹 빠지는 것이다. 많은 분들이 중독 때문에 힘들어하면 나는 꼭 이 말씀을 드린다.

"여러분, 중독이 선한 곳에 빠지면 생명이 되고, 악한 곳에 빠지면 사망이 됩니다."

나는 모든 사람이 선하신 하나님께 중독되기만 하면 생명으로 살아날 수 있다고 확신한다.

중독을 이길 수 있는 힘

마약뿐만 아니라 나는 알코올 중독 역시 매우 심각했었다. 미국 캘리포니아에서는 새벽 2시면 술을 팔 수 없고, 새벽 6시부터 다시 술을 팔 수 있는 규정이 있었다. 4시간 동안 절대로 술을 살 수 없다.

하루는 돈이 다 떨어져서 마약도 못하고 술도 마실 수 없어 터덜터덜 집으로 돌아왔다. 그때부터 나는 집안 여기저기를 뒤졌다. 맥주 6캔이 나왔다. 나는 빨리 취하고 싶어서 맥주 6캔을 단 몇 분 만에 마셔버렸다. 그래도 술이 부족했다. 나는 구석에서 정종 한 병을 발견하고 그것도 다 마셨다. 그래도 취하지 않자 어머니가 음식할 때 사용하는 맛술을 보고 그것까지 마셔버렸다.

그런데도 취하지 않아 시계를 보니 새벽 2시였다. 이번에는 약 상자 안에서 뜯지 않은 감기약 한 병을 발견했다. 나이퀼(NyQuil)이라는 감기약은 성분이 아주 독해서 먹으면 바로 잠들 정도라 소량씩 나눠서 먹는데 나는 한 병을 단번에 마셔버렸다. 그런데도 취하지 않고 잠도 들지 않았다. 그 당시는 마약과 술에 취하는 것 말고는 괴로움을 이길 방법이 없었다. 그동안 몸에 축적된 마약과 술에 대한 내성으로 더 이상 어떤 것으로도 취하지 않게 되니 이제는 죽고 싶다는 생각만 머리에 가득했다.

나는 사역을 하면서 술과 마약에 중독된 분들을 보면 그들이 너무나 이해가 되고 공감이 된다. 내가 그런 과정을 오랜 시간 직접 피부로 겪어보았기 때문에 아무리 발버둥쳐도 술과 마약을 끊지 못하고 괴로워하는 사람들의 마음을 이해할 수 있는 것이다.

그래서 한번은 내가 하나님께 여쭤봤다.

"아버지, 저는 왜 이런 힘든 과정을 지나야만 했을까요?"

그때 하나님은 내게 이런 감동을 주셨다.

"그래야지 내 자녀들이 너를 찾아올 때 그들을 정죄하지 않고 공감하는 마음으로 그들을 품어주고 이해해줄 수 있지 않겠니?"

우리에게 있는 대제사장은 우리의 연약함을 동정하지 못하실 이가 아니요 모든 일에 우리와 똑같이 시험을 받으신 이로되 죄는 없으시니라

히 4:15

나라는 한 사람이 그들의 마음을 헤아리도록 하기 위해 이런 과정을 겪었어야만 했다면 내가 더 이상 무엇을 바라겠는가?

그래서 나는 그 분들에게 이렇게 말씀드린다.

"여러분, 그럼에도 불구하고 우리 하나님은 여러분을 고칠 수 있습니다. 저처럼 쓸모없는 쓰레기도 고치신 하나님께서 여러분을 얼마나 고치기 원하시겠습니까?"

"다른 쓸모없는 중독은 버리고 하나님께 중독되면 하나님이 생명으로 바꿔주십니다."

하나님의 자녀는 이런 독특한 축복을 받고 누릴 수 있다. 하나님에게서 멀어졌기 때문에 이런 나쁜 중독에 묶일 수밖에 없었다면, 예수님 안에서 다시 하나님과 하나가 되고, 예수님 안으로 쏙 들어가기만 하면 하나님이 싸워주시고, 막아주시고, 이겨주시고, 보호하시고, 치료하시고, 위로하신다. 모든 면에서 하나님이 지켜주신다. 그러나 그분에게서 떨어지면 이 모든 중독을 이길 수 있는 힘이 없어져버린다. 우리가 이토록 간단하게 예수님의 믿음으로 예수님 안에서 구원을 얻고 구원을 누리게 되는 것이다.

'구원'이라는 단어를 헬라어로 보면 10가지 하나님의 은혜와 약

속이 있다.

구원, 구출, 자유, 치료, 온전, 승리, 건강, 평강, 안전과 보호

그래서 우리는 반드시 예수님 안으로 들어가야 한다. 그 방법은 딱 한 가지 "오직 예수"뿐이다. 사람들은 내게 수많은 질병들을 겪게 하신 하나님이 원망스럽지 않냐고 물어본다. 그럴 때마다 나는 하나님께 감사와 영광을 올려드린다고 말한다. 앞으로 내게 어떤 질병과 환난이 올지 모른다. 그 어떠한 것이 와도 나는 하나님께 이렇게 말씀드릴 것이다.

"아버지, 이게 웬 영광입니까? 이게 웬 특권입니까?"

난폭한 성격과 심각한 분노조절장애

나는 예수님을 만나기 전에 성격이 매우 난폭했다. 70년대 초 미국에서는 아시아인들을 얕보고 무시했다. 그때 어머니가 마켓을 하셨는데 백인들이나 멕시칸들이 우리 가게에 와서 물건을 마구 훔쳐가는 일이 많았다. 가게 주인이 단지 아시아인이라는 이유 때문이었다.

그럴 때 형과 나는 묻지도 따지지도 않고 그들을 때렸다. 형과 나에게 맞은 사람들이 우리를 사이코라고 할 정도로 심하게 때려줬다. 그 지역에 우리 형제의 소문이 파다할 정도로 흠씬 패줘야 우리

가게를 건드리지 않기 때문이다. 우리 가게가 있는 거리에 마켓이 6개 있었는데 거의 모든 마켓이 6개월에 한 번씩은 강도의 습격을 당해 돈과 물건을 빼앗겼지만, 우리 가게는 한 번도 당하지 않았다. 혹시 누가 가게 물건을 훔쳐가기라도 하는 날에는 끝까지 쫓아가서 차 문을 열고 창문으로 그들을 끄집어내어 두들겨 패준다.

처음에는 우리 가게를 보호하기 위해 시작되었는데 난폭한 성품이 나중에는 그냥 내 성격이 되어버렸다. 나는 차 안에 항상 다 사용한 D사이즈 배터리를 가지고 다녔다. 운전하다가 누가 나를 쳐다보면서 아시아인이라고 비하하는 말을 하면 안 들린다고 하고 창문을 내리라고 한 다음 창문을 내리는 순간 그 배터리를 던져버린다. 그 배터리에 맞으면 바로 겁을 먹고 도망가버린다. 나의 이런 난폭한 성격이 결국 분노조절장애로 변한 것이다.

그때 우리는 주변 사람들로부터 이런 말을 들었다. 두 형제는 화가 나면 눈이 뒤집힌다는 것이다. 그래서 나는 살기에 찬 눈을 감추기 위해서 도수 없는 안경을 쓰고 다니기도 했다. 화가 나면 조절이 되지 않는 정도가 아니라 잠시 필름이 끊기기도 한다는 것을 스스로 알 정도로 상태가 심각했다.

한번은 거리에서 마약 거래를 하다가 마약상에게 돈을 주고 받은 마약이 가짜라는 것을 알았다. 나는 그 마약상을 잡기 위해 죽기 살기로 쫓아갔다. 그런데 그날 따라 운동화 끈이 풀려 도저히 따라가지 못했다. 가짜 마약을 판 마약상을 잡지도 못하고 돈까지 털려 화가 머리끝까지 치민 상태로 내 차로 돌아왔을 때 다른 마약상들이 내 차를 마구 뒤지고 있었다. 나는 온갖 분풀이로 혼자서 여러 명을 정신없이 두들겨 팼다. 그들이 놀라서 모두 도망을 가고 난 뒤에도 나는 너무 분해서 견딜 수가 없었다.

마약상을 쫓아갈 때 나는 물불을 가리지 않았다. 어떻게 해서든 그 마약상을 잡아서 흠씬 패주고 싶은 마음뿐이었다. 나의 안전이나 생명도 안중에 없다. 다른 것에 전혀 신경을 쓰지 않는 것이다. 이런 상태가 심각한 분노조절장애이다. 그런데 지금은 아무리 화가 나도 그때 그 감정이 전혀 없다. 우리 하나님은 나의 극심한 분노조절장애도 치유하시는 분이다.

비판하지 말라

세상을 살다보면 화가 날 때가 있다. 그런데 나는 예수님을 만난 뒤로 화가 나지 않는다. 그래도 화가 나는 두 가지 경우가 있다면 첫째, 사람들이 약한 자를 건드릴 때, 즉 남자가 약한 여자나 아이들을 때릴 때 화가 난다. 화가 나도 예전처럼 사람을 때리거나 하지는 않는다. 나와 조용히 이야기하자고 하며 속으로 화를 삭인다. 그리고 둘째, 목사가 교인들을 영적으로 억압하는 경우에 화가 난다. 나는 그것을 '영 폭행'이라고 말한다. 영 폭행을 하는 목사들을 보면 화가 치밀어 올라 견딜 수 없을 때가 있다.

그래서 하나님께 이렇게 여쭤본 적도 있다.

"하나님, 저들은 도대체 왜 그러는 거예요?"

그랬더니 하나님께서 나에게 이런 감동을 주셨다.

"그들을 보지 말고 너 자신을 봐라. 내가 너에게 그들을 보여주는 이유는 그것을 보고 화내라고 하는 것이 아니다. 그들을 보고 그들을 위해 기도해주라고 하는 것이다. 너는 그들을 정죄할 자격이 없다."

> 비판을 받지 아니하려거든 비판하지 말라 너희가 비판하는 그 비판으로 너희가 비판을 받을 것이요 너희가 헤아리는 그 헤아림으로 너희가 헤아림을 받을 것이니라 어찌하여 형제의 눈 속에 있는 티는 보고 네 눈 속에 있는 들보는 깨닫지 못하느냐 보라 네 눈 속에 들보가 있는데 어찌하여 형제에게 말하기를 나로 네 눈 속에 있는 티를 빼게 하라 하겠느냐 외식하는 자여 먼저 네 눈 속에서 들보를 빼어라 그 후에야 밝히 보고 형제의 눈 속에서 티를 빼리라 마 7:1-5

예전 같으면 그런 사람들을 보면 분노조절장애로 생각할 겨를도 없이 행동이 먼저였을 것이다. 그런데 지금은 티를 내지는 않더라도 내 안에 정죄와 미움이 남아 있었다. 하나님께서 나에게 정죄할 자격이 없다는 것을 알려주신 뒤로는 야자를 위협하는 자들이나 영폭행을 하는 목사들을 보면 화를 내는 대신 그들이 예수님을 만나도록 기도한다. 하나님은 그렇게 나의 분노조절장애를 고치신 분이다.

하나님의 마음으로는 정죄할 수도 미워할 수도 없다

나는 불의를 보면 의로운 분노가 올라온다. 그렇지만 의로운 분노조차 조심히 하나님께 여쭤보았다.

"아버지, 이것이 진짜 하나님의 의로운 분노입니까? 아니면 그냥 나의 분노입니까?"

그렇게 여쭤보면 거의 다 나의 분노였다. 왜냐하면 하나님은 오래 참으시는 분이기 때문이다. 하나님의 오래 참으심은 말로 형용할 수 없다. 하나님의 오래 참으심은 나를 보면 알 수 있다. 나는 예수님을 만나고 나서도 겉으로는 거룩한 척하면서 진짜 쓰레기같이 행동할 때도 많았다. 내가 나를 아는 것 이상으로 나를 아시는 하나님께서 이것을 보시고 나를 당장 죽일 수도 있다. 하지만 우리 하나님은 내가 이것을 깨닫고 돌아오기를 정말 오랫동안 꾹 참으시며 내게 손 내밀어주신 분이다. 내가 항복하고 회개하고 돌아오기 원하시는 하나님이 우리 모두에게 동일한 은혜로 지금도 우리를 인내하며 기다리고 계신다.

어느 누구라도 하나님을 인격적으로 만나게 되면 하나님의 마음이 곧 내 마음이 되기 때문에 내 마음으로 누구를 정죄할 수 없고 내 마음으로 누구를 미워할 수도 없다.

> 그러므로 무엇이든지 남에게 대접을 받고자 하는 대로 너희도 남을 대접하라 이것이 율법이요 선지자니라 마 7:12

하나님은 대접받기 원하는 대로 너희도 그대로 해주라고 말씀하셨다. 그렇다면 내가 그들에게 하는 것과 똑같은 방법으로 하나님이 내게 하신다면 그야말로 나는 끝장인 셈이다. 하나님이 나를 관대하게 용서하시고 기다리시는데 내가 뭐라고 다른 사람들을 정죄하고 미워하며 마음으로 살인하는가? 그 대신 이제는 이들을 향한 하나님의 긍휼한 마음을 알게 해주셔서 이들이 하나님을 인격적으로 만나도록 축복한다. 이토록 하나님은 우리의 성품 장애도 치료하시는 전능자이시다.

CHAPTER 8
자유를 얻게 하시는 하나님

그뿐만 아니라 우리 하나님은 자유를 주시는 분이다. 내가 예전에 감옥에 있을 때 새벽 3시면 호송버스가 왔다. 그때 형과 나는 포승줄로 굴비처럼 묶인 채 버스에 올라 LA 다운타운까지 꽤나 먼 거리에 있는 법원으로 출두했다. 버스가 LA 시내에 들어서서 신호등에 걸려 서 있는데, 창밖으로 거리에 누워 있던 홈리스(homeless)가 덮고 있던 신문을 치우며 일어나는 모습이 보였다. 머리는 떡져 있고 온몸이 더럽고 누더기 같은 옷을 입고 앉아 있는데 갑자기 그 홈리스가 너무 부러웠다.

'저 사람은 자유인인데 나는 이게 뭐지? 왜 나는 저 홈리스와 자리를 바꾸고 싶지? 내가 어쩌다가 이렇게 됐지? 내가 왜 여기 묶여 있는 거지?'

그 홈리스에게는 아무것도 없지만 그는 포로가 아니고 감옥에 있지 않다는 자체가 너무 부러웠던 적이 있었다.

포로된 자에게 자유를

지금 나는 자유인이다. 하지만 너무나 많은 사람들이 죄와 저주와 세상에 묶여 있다. 예수님을 믿지 않는 사람들은 물론이고, 예수님을 믿는 사람들까지 하나님 안에서 모든 묶인 데서 자유를 얻게 된다면 얼마나 행복할까? 이들은 자신들이 묶인 채 포로생활을 하고 있다는 것을 알고 있을까? 예수님은 그것을 풀어주기 원하시는데, 모든 부귀와 영광을 주기 원하시는 하나님이 계신데, 이들은 왜 불안과 근심과 걱정과 세상 욕심에 묶여 있을까? 이들이 진리를 알면 진리가 이들을 자유롭게 해줄 텐데, 진리이신 예수님을 알면 될 텐데…. 내 안에 이 긍휼한 마음이 가득했다.

> 진리를 알지니 진리가 너희를 자유롭게 하리라… 그러므로 아들이 너희를 자유롭게 하면 너희가 참으로 자유로우리라 요 8:32,36

내가 자유를 체험했고 나 역시 묶여 있을 때 자유로운 사람을 부러워했기 때문에 지금도 묶인 자들을 위해 '오직 예수'를 부르짖는 것이다. 내가 그런 과정을 보내지 않았다면 나는 참 자유가 뭐지도 모르고 말했을지도 모른다.

운전을 하다보면 지금도 가끔 호송차가 지나가는 것을 볼 때가 있다. 그럴 때 나는 그 호송차 옆을 지나갈 수가 없다. 왜냐하면 그들이 창밖으로 보이는 나를 보고 얼마나 부러워할지 그 마음을 너무나 잘 알기 때문이다. 이와 똑같은 마음으로 아무리 잘나가는 회사 CEO라고 해도 나는 그가 죄와 저주에 묶인 포로로 보일 때가 있다. 그러면 나는 그들을 구출해주고 싶은 안타까운 마음이 끓어 오른다. 그들을 구출해주기 원하시는 구세주의 마음을 알게 된다면 그들이 참으로 자유롭게 될 것을 알기 때문에 '오직 예수'를 강조하는 것이다.

거룩한 욕심

과거에 나는 내가 가진 욕심의 분량으로 따지면 어느 누구와 비교해도 이길 자신이 있을 만큼 욕심으로 똘똘 뭉쳐 있었다. 나는 정말 돈을 많이 벌고 싶었다. 그래서 어릴 때부터 돈을 많이 벌기 위해 공부했다. 월가에서 열심히 일해서 돈도 많이 벌어봤다.

미국의 경제지 포춘(Fortune)에는 일 년에 한 번씩 세계 500대 부자 리스트가 나온다. 나는 그 잡지를 정기 구독했는데, 그 세계 갑부 명단에 내 이름이 없다는 것 때문에 잠이 오지 않았던 적도 있었다. 사실 500등 안에 들어가는 정도가 아니라 나는 무조건 1등을 하고 싶었다.

돈에 대한 욕심뿐만 아니라 성공욕, 출세욕, 재물욕, 명예욕, 그리고 칭찬받고 인정받기 원하는 욕심까지 내 마음에는 온갖 욕심과 탐심이 가득했다. 왜냐하면 그 때 나는 내 위에 아무도 없고, 내가 가장 높이 있어야 한다는 생각으로 가득 차 있었기 때문이다.

그러나 하나님을 만나고 나니 하나님은 내 위에 계셨고, 욕심 많던 나라는 존재는 아무것도 아니었다. 하나님은 내 욕심을 고쳐주셨다. 그 후로 나는 나의 모든 욕심이 너무 부끄럽고 비참했다. 하나님은 내가 아무리 욕심을 부려봤자 그것이 다 부질없다는 것을 깨닫게 해주셨다.

하나님은 나에게 있는 강한 중독 성향을 악에서 선으로 바꿔 생명이 되게 하셨고, 이처럼 내게 있던 피조물에 대한 욕심을 이제는 창조주에 대한 욕심으로 변화시켜주셨다. 나는 하나님을 향한 거룩한 욕심으로 예수님만을 원한다. 그래서 예수님과의 관계에서도 1등이 되고 싶다.

과거에 나는 쓸모없는 인간이었고, 그래서 욕심은 나쁜 줄로만 알았다. 그러나 세상 욕심이 거룩한 욕심이 되는 순간 또 다른 세계를 경험하게 될 것이다. 지금도 욕심 때문에 힘들어하시는 분들이 있다면 나의 이야기가 소망이 되기를 바란다.

나는 부모님들에게 이것을 꼭 알려드리고 싶다.

"자녀들에게 중독이 있습니까? 괜찮아요. 기도해주세요. 그들이 예수님을 만나면 변화됩니다."

2부 나의 치료자 하나님 171

"욕심이 있습니까? 그 욕심이 예수님으로 바뀌면 됩니다."

우리 주 예수 그리스도의 아버지 하나님을 찬송하리로다 그의 많으신 긍휼대로 예수 그리스도를 죽은 자 가운데서 부활하게 하심으로 말미암아 우리를 거듭나게 하사 산 소망이 있게 하시며 벧전 1:3

성공욕, 재물욕, 음란욕과 같은 더러운 욕심은 결국 사망이 된다. 그러나 우리의 욕심을 예수님께로 가지고 가면 예수님은 우리를 놀랍게 변화시켜주신다. 영원한 생명과 풍성함이 주어진다. 그것이 우리에게는 산 소망이다. 우리는 피조물 욕심과 창조주 욕심이라는 두 갈래 길에서 선택해야 한다. 거기서 내 욕심의 방향이 바뀌기만 한다면 그것이 바로 소망이 되는 것이다.

욕심에 삼켜지지 않는 방법

비단 욕심만이 아니다. 우리가 창조주에게로 방향을 돌리기만 하면 하나님은 우리가 잘못 생각했던 것, 나의 관점, 나의 가치관과 세계관까지 치료해주신다. 예전에는 내 위에 사람이 없었고, 그래서 나만을 위해 살았고, 내가 가장 높은 사람이 되고 싶어서 몸부림쳤다. 그러나 결국 남은 것은 마약 중독과 자살 충동밖에 없었다. 예전에는 세상 욕심으로 나만을 위해서 살았다. 그러나 이제 그 욕심이 창조주 하나님께 향하게 되니 하나님만을 위해서 살고 싶어진다. 이제는 나의 관점, 나의 가치관과 세계관으로 나를 위해서 사는 것이 아니라 나를 만드신 창조주 하나님을 위해서 살다보니까 상상할 수 없는 놀라운 축복과 회복, 사랑과 행복이 다 그 안에 있는 것이다.

그동안 이런 진리를 모르고 살다가 예수님을 만나니까 나의 관점이 바뀌고, 가치관이 바뀌고, 세계관이 바뀌고, 나의 생각이 바뀌고, 마음이 바뀌고, 보는 것이 바뀌고, 듣는 것이 바뀌고, 말하는 것이 바뀌고, 바라는 것이 바뀌고, 나의 만족도가 바뀌었다. 그러니까 예수님 한 분이면 모든 것이 다 가능하게 되는 것이다.

우리가 목표를 위해 욕심을 품고 나아갈 때가 있다. 그런데 그때도 하나님께 여쭤봐야 한다.

"하나님, 내가 누구를 위해 이런 욕심을 품어야 하나요? 내가 누구의 영광을 위해서 이것을 해야 합니까? 나를 위한 것입니까? 하나님을 위한 것입니까?"

우리는 욕심에 관한 어떤 것도 반드시 창조주 하나님께 여쭤보고, 세상 욕심을 거룩한 욕심으로 바꿔야 한다. 그렇게 해서 거룩한 욕심이 커지면 하나님께서 우리에게 세상 욕심을 지배하고 극복할 수 있는 능력이 나타나도록 해주신다.

결국 세상 욕심은 나를 집어삼키고 만다. 그러나 거룩한 욕심으로 하나님을 바라보면 욕심에 삼켜지지 않을 뿐만 아니라 그 욕심을 컨트롤할 수 있도록 만들어주신다.

받은 은혜 때문에 예수님을 붙잡는 자

그동안 나는 하나님으로부터 물질 단련을 꽤 많이 받으며 여기까지 왔다. 지금 생각해보니 하나님께서 그때 왜 내게서 물질을 거둬가셨는지 알 것 같다. 그 당시 나는 영적으로 너무 어려서 앞으로 받을 은혜만 생각했다. 지금은 예전보다 좀 더 성숙해졌다. 하나님은 내게 받을 은혜를 바라보기보다 받은 은혜 때문에 감사하는 마음을 가르쳐주셨다.

"너에게서 물질이 다 없어진다 해도 너는 받은 은혜 때문에 감사하라."

예전에 나는 구원에 대한 감사를 잊어버리고 속으로 늘 하나님께 불평불만을 늘어놓았다.

"왜 나에게서 돈이 없어집니까?"

"왜 지금 내가 고생을 합니까?"

"왜 나에게 주실 은혜가 오지 않고 있습니까?"

어느덧 시간이 흘러 하나님은 내게 진짜 크리스천과 종교인의 차이를 가르쳐주셨다. 진짜 크리스천은 받은 은혜 때문에 감사하는 반면에 종교인은 받을 은혜 때문에 하나님께 달려간다고 하셨다. 즉 이미 받은 은혜 때문에 예수님을 붙잡는 자가 진짜 크리스천이고, 앞으로 받을 은혜를 바라고 예수님께 달려가는 자는 종교인이라는 것이다.

하나님은 내가 아무리 뜨겁게 예수님을 만났더라도 내가 그동안 종교인으로 살았다는 것을 깨닫게 해주셨다. 이런 귀한 깨달음을 주시려고 내게서 물질을 거둬가시면서까지 받은 은혜에 감사하라고 하신 것 같다. 지금도 나는 물질이 별로 없다. 하지만 하나님께서 지금 있는 물질을 다 거둬가신다 해도 매 순간 하나님께 받은 은혜에 대한 감사기도를 빼놓지 않을 것이다.

> 범사에 감사하라 이것이 그리스도 예수 안에서 너희를 향하신 하나님의 뜻이니라 **살전 5:18**

> 우리가 무슨 일이든지 우리에게서 난 것 같이 스스로 만족할 것이 아니니 우리의 만족은 오직 하나님으로부터 나느니라 **고후 3:5**

> 그렇다. 나에게는 부족한 것이 없다.

> 은을 사랑하는 자는 은으로 만족하지 못하고 풍요를 사랑하는 자는 소득으로 만족하지 아니하나니 이것도 헛되도다 **전 5:10**

돈이 아무리 많아도, 돈을 아무리 많이 벌어도 돈으로 만족할 수 없으니 이것도 헛되다고 말씀하셨다. 나는 이 말씀을 읽으며 이것이 바로 나라는 것을 깨달았다. 역설적인 표현이지만, 그동안 나는 부족함이 없었는데 만족함도 없었다. 그것이 바로 나였다. 왜냐하면 피조물에서 만족함을 찾으려고 했기 때문이다.

그런데 창조주 안에서 만족함을 찾으니까 부족함이 없는 것은 당연하고, 만족함을 더욱 풍성히 누릴 수 있다는 비밀을 깨닫게 된 것이다. 물질은 있어도 그만 없어도 그만이지만, 나에게는 물질보다 하나님 한 분이면 더 바랄 것이 없다는 마음을 품게 된 것이 말할 수 없는 은혜다. 그래서 나는 이 세상을 살아가면서 하나님의 물질 훈련이 꼭 필요하다고 생각한다.

물질 훈련이 가장 쉬운 이유

하나님은 나에게 가장 쉬운 훈련이 물질 훈련이라고 알려주셨다. 하지만 그때 나는 물질 훈련이 가장 힘들다고 생각했다. 이 책을 읽는 독자들 가운데에도 가장 가혹한 훈련이 물질 훈련이라고 하며, 지금도 물질로 고통을 받는 분들이 계실 줄 안다. 또한 물질이 하나님보다 더 큰 능력이 있다고 믿는 분들도 계실 것이다.

나는 그런 분들에게 항상 물어본다. 물질이 하나님보다 더 중요하냐고…. 사실 물질이 한순간에 풀어지면 내가 언제 가난했는지조차 금세 잊어버리고 만다. 따라서 물질을 하나님보다 더 소중하게 여겨서는 안 된다. 그래서 예수님도 하나님과 맘몬을 함께 섬길 수 없다고 말씀하셨다.

한 사람이 두 주인을 섬기지 못할 것이니 혹 이를 미워하고 저를 사랑하거나 혹 이를 중히 여기고 저를 경히 여김이라 너희가 하나님과 재물을 겸하여 섬기지 못하느니라 마 6:24

이 물질의 훈련을 극복하면 물질이 하찮게 보일 것이다. 그러면 물질의 훈련이 쉽고, 반면에 믿음의 훈련이 어렵다는 것을 깨닫게 된다.

하나님은 그가 기뻐하시는 자에게는 지혜와 지식과 희락을 주시나 죄인에게는 노고를 주시고 그가 모아 쌓게 하사 하나님을 기뻐하는 자에게 그가 주게 하시지만 이것도 헛되어 바람을 잡는 것이로다 전 2:26

이 구절을 보는 순간 나는 바로 이거라고 생각했다.
"아, 하나님만 기쁘시게 해드리면 되는구나!"

사람의 행위가 여호와를 기쁘시게 하면 그 사람의 원수라도 그와 더불어 화목하게 하시느니라 잠 16:7

하나님을 기쁘시게 해드리면 하나님은 나를 공격하려고 하는 모든 사람, 원수, 물길, 현실에서 나를 지켜주시고, 하나님을 기쁘시게 해드리면 하나님이 다 채워주시기 때문에 하나님은 물질 훈련이 가장 쉽다고 하신 것이다.

하나님, 저 미워하세요?

미국에서 교회를 처음 개척했을 때, 정말 아무것도 없었을 때 나는 울면서 하나님께 이렇게 말한 적이 있었다.

"하나님, 저 미워하세요? 저에게 왜 이렇게 아무것도 안 주세요?"

그때 하나님께서 아내와 내게 동시에 주신 감동이 있었다.

"내가 한순간에 물질을 풀어주면 너의 고통은 금세 끝이 난다. 그러나 네가 여기서 나만 바라보고 나만 신뢰하는 것을 배우지 못한다면 아무리 물질이 많아도 너는 아무 쓸모가 없어진다."

하나님께서 이렇게 알려주셨지만, 끊이지 않는 빚 독촉에 괴로워하던 아내가 울며 기도하자 하나님은 아내를 이렇게 위로해주셨다.

"네가 내 앞에서 물질 때문에 눈물을 흘리는 일은 오늘로 끝이다. 앞으로 너는 나의 백성과 교회를 바라보며 눈물을 흘리게 될 것이다."

아내가 이런 감동을 받았다고 해서 나는 당장에 뭐가 될 줄 알았다. 그러나 물질의 고통은 하루아침에 없어진 것이 아니다. 몇 년 후 하나님은 교회 문을 닫으라고 하셨다. 하나님은 나를 모든 민족의 구원을 위해 세상에 내보내신다고 했고 그래서 나는 부흥회를 다녔다. 하지만 그때 나는 돈이 없어 부흥회를 다닐 수밖에 없는 생계형 목회를 하고 있었다. 부흥회에서 받은 사례비로 계속 빚을 갚아도 빚 독촉은 끝나지 않았다.

그러나 한편으로는 감사했다. 왜냐하면 그런 가운데서도 부흥회를 인도할 수 있게 할 일을 주셨기 때문이다. 나는 가진 것도 없고 보여줄 것도 없는 목사인데, 나 같은 사람에게 부흥회 요청이 온다는 사실이 얼마나 놀라운가. 목회를 작게 시작했다가 사역이 크게 성공했다는 간증이 있어야 부흥 강사로 할 말이 있는데, 참 역설적이게도 나는 6명으로 교회를 시작해서 10명 정도로 교회 문을 닫았으니 부흥 강사가 될 자격도 없었다.

물론 부흥 강사의 사례비가 많은 것은 아니었다. 어떤 교회는 돈이 없어 성경책을 주기도 하고, 받은 사례비를 놓고 기도했을 때 하나님이 다시 돌려주라고 하셔서 다시 돌려드리고 오는 교회도 종종 있었다. 나와 아내에게는 그런 일들이 다 훈련의 과정이었다. 그때까지도 나의 신용 등급은 바닥이었다. 신용이 없으면 살아갈 수 없는 미국에서 하루는 하나님께 물질의 고통을 하소연했다.

"아버지, 이게 뭡니까? 하나님이 하라고 하셔서 교회를 열었는데 빚더미에 앉았습니다. 이 빚을 제가 책임져야 하는데 하나님, 어떻게 해야 할까요?"

하나님은 너무 간결하게 "내가 책임질게"라는 감동을 주셨다.

"그런데 안 되잖아요. 제가 아무리 부흥회를 다녀도 빚 때문에

2부 나의 치료자 하나님

막막해요."

하나님은 그래도 여전히 "걱정 마. 내가 책임질게"라고 하셨다. 하지만 그 후로도 빚은 여전히 남아 있었고 나는 계속해서 부흥회에 다녔다.

단벌 양복과 여성 정장

그때 나는 검정색 양복 하나뿐인 단벌 신사였다. 그래도 넥타이만 바꾸면 똑같은 양복처럼 보이지 않기 때문에 한국에 나갔을 때 동대문시장에서 네 개에 만 원 주고 산 넥타이를 번갈아 매고 다녔다. 게다가 아내가 양복 손질을 얼마나 잘했는지 매번 새 양복처럼 입고 강대상에 섰다. 그렇게 3년 동안 전 세계를 다녔다.

그런데 정작 아내에게 정장 한 벌이 없어서 나는 마음이 아팠다. 미국에는 이월 상품이나 할인 상품을 파는 아울렛이 많다. 나는 아내를 그곳에 데려갔다. 여성 정장이 작은 사이즈만 남아 70퍼센트 세일을 한다고 했다. 다행히 체구가 작은 아내가 입으면 딱 맞을 것 같은 옷이 있었는데 세일 가격으로 9만 원이었다.

가진 돈이 없으니까 혹시 카드 사용 한도가 남아 있으면 구입하려고 했다. 하지만 그때 남은 카드 한도가 10만 원도 안 되었다. 카드로 결제했다가 한도 초과가 나오면 아내에게 도저히 옷을 사 줄 수 없는 상황이었다. 그래도 혹시 몰라 옷을 들고 계산대로 갔다. 그런데 계산대에 있던 여직원이 오늘 여기서 새로운 신용카드를 만들면 할인된 금액에서 15퍼센트를 더 깎아주겠다고 하며 신용카드를 만들겠느냐고 내게 물었다. 그 당시 내 신용으로 카드를 새로 만들면 당연히 카드 발급이 안 될 거라고 생각하면서도 어느새 나는 카드 신청서를 쓰고 있었다. 직원이 내가 작성한 신청서를 보며 내 신용을 조회하는 것을 보니 역시 카드 발급이 안 나올 것 같아 아내에게 미안해졌다.

그리고 그 직원이 내게 종이 한 장을 내밀며 사인을 하라고 해서 나는 바로 사인을 했다. 그러자 내게 영수증을 주고 내가 골라온 옷들의 바코드를 찍더니 쇼핑백에 옷을 담아 내게 다시 건네주었다. 그래서 오늘 만든 카드로 승인이 되었는지 물어보니 승인이 되었다고 하는 것이다. 나는 더 이상 물어볼 수 없었다. 그랬다가 뭔가 잘못됐다고 취소할까봐 쇼핑백을 들고 아내와 함께 부랴부랴 그 곳을 빠져나왔다.

지금도 이 사건은 미스터리로 남아 있다. 하지만 나는 하나님이 도와주셨다고 생각한다. 이미 하나님은 사소한 일들을 통해서도 내가 하나님만 바라볼 수 있도록 내 삶 깊숙이 들어와 계셨다. 그래서 나 역시 내 삶에 역사하신 하나님을 많은 분들에게 나누는 것이다.

순종함을 배우는 믿음 훈련

우리는 예수님을 만났고, 지금도 만나고 있고, 계속해서 교제한다. 그리고 하나님의 뜻대로 순종하는 것을 배워 반드시 그런 사람이 되어야 한다. 나 역시 지금도 그런 사람이 되기 위해 끊임없이 배우고 있다. 어려운 것은 순종이다. 하나님은 우리에게 "이해가 되지 않아도 순종하겠니?"라고 요구하신다. 나에게도 역시 "브라이언, 너는 이해가 되지 않아도 나만 신뢰하겠니?"라고 하셨다.

내게 있는 믿음을 삶으로 순종으로 보이는 것이 바로 믿음 훈련이다. 그래서 나는 믿음의 훈련은 믿음이 있을 때 순종으로 보여주는 것이라고 말한다. 사람들은 믿는다고 한다. 하지만 삶을 통해 순종으로 보여줄 수 있는지 물어보면 대답하지 못한다. 정말 믿는다면 진짜 이해가 되지 않아도 다 버리면서까지 순종할 수 있어야 한다. 하나님은 지금도 우리에게 이 믿음을 알려주신다.

우리에게는 완벽한 선생님, 롤 모델이 계신다.

> 그가 아들이시면서도 받으신 고난으로 순종함을 배워서 온전하게 되셨은즉 자기에게 순종하는 모든 자에게 영원한 구원의 근원이 되시고
>
> 히 5:8-9

따라서 우리도 예수님을 믿고, 예수님 안에서 예수님의 순종을 배우고 실천하기를 축복한다. 나는 이 책이 세상에서 두 번째로 위험

한 책이라고 말했다. 왜냐하면 이제 우리는 하나님이 찔러주시는 순종과 불순종 중에 딱 하나만 선택해야 하고, 또 그대로 살아야 하기 때문이다. 그래서 위험한 책이다. 믿음의 훈련 중에서도 가장 중요하고 어려운 이 순종의 훈련을 나의 이야기를 통해 깨달아 예수님의 도움으로 실천하기 바란다.

치료기도

하나님 안에서 온갖 질병으로부터 자유함을 받기 원하시면 오직 믿음으로 기도하세요.

사랑하는 나의 하나님 아버지.
하나님께 치료기도를 할 수 있는 특권을 허락하셔서 감사합니다.

내가 예수님의 이름으로 명하노니 나의 모든 세포 하나하나마다,
나의 영, 혼, 육, 마음, 감정, 의지, 생각, 관점, 가치관, 세계관은
예수님의 보혈로 깨끗이 씻김을 받고,
내 안에 있는 모든 악한 영의 법적 권리는 묶임을 받고,
잘림을 받고 무저갱에 던져질지어다.
내가 예수님의 이름으로 명하노니 나의 영혼은 깨어날지어다.

내가 예수님의 이름으로 명하노니
내가 가지고 있는 (   ) 질병과 통증은
예수님의 보혈로 깨끗이 씻김을 받고,
악한 것의 법적 권리는 묶임을 받고 잘림을 받고 무저갱에 던져지고,
나는 (   ) 질병과 통증에서 자유를 받을지어다.

내가 예수님의 이름으로 명하노니 나의 영, 혼, 육에 질병과 통증을

가져다주려는 악한 영의 공격과 방해를 미리 금지하고,
모든 악한 것은 묶임을 받고 무저갱에 던져질지어다.

내가 예수님의 이름으로 명하노니 나의 영, 혼, 육은
건강하게 회복되고 예수님만으로 승리하며 만족할지어다.

그동안 질병과 통증을 두려워하고,
하나님께 가지고 나가지 않았던 것을 항복하고 회개합니다.
하나님, 저의 불신앙과 불안함을 항복하고 회개합니다.
죄송합니다. 잘못했습니다. 용서해주세요. 다시는 안 그럴게요.

"하나님에게 희귀병은 있어도 불치병은 없다.
예수님을 믿는 나에게도 희귀병은 있어도 물지병은 없다.
예수님을 믿는 나는 죽어도 천국이다."

이런 믿음으로 매 순간 승리하게 도와주세요.
예수님, 도와주세요. 예수님, 도와주세요.

이런 특권을 허락하신 하나님께 무한한 감사를 드리며
예수님의 이름으로 기도합니다.
아멘.

PART 3

나의 단련자 하나님

Just Jesus

CHAPTER 9
믿음의 시험과 훈련

미국에는 이런 말이 있다.

"Practice what you preach."

이것은 "말한 대로 행동하라" 그러니까 나에게는 "너는 설교하는 대로 살아라"라는 뜻이 된다. 그런데 하나님은 내게 이 말의 순서를 바꿔주셨다.

"Preach what you've been practicing."

하나님은 나에게 "너는 실천하는 대로 설교하라"라고 하신다. 이 말은 내가 실천한 대로, 살아본 대로, 경험한 대로, 시행착오를 통해 내가 단련되고, 삶에서 누리는 대로 설교하라는 뜻이다. 그래서 나는 아직도 설교하지 못하고 있는 주제가 상당히 많다. 왜냐하면 성경에는 놀라운 기적들이 많이 나오는데, 나는 아직 그것을 다 체험해보지 못했기 때문이다.

> 내가 진실로 진실로 너희에게 이르노니 나를 믿는 자는 내가 하는 일을 그도 할 것이요 또한 그보다 큰 일도 하리니 이는 내가 아버지께로 감이라 요 14:12

예를 들면 나는 아직까지 물 위를 걸어본 적이 없다. 그런데 하나님이 허락하시면 언젠가 나도 물 위를 걸을 수 있을 것이다. 하나님은 성경에 나오는 이적과 표적을 많이 체험하게 해주셨다. 만약 내가 체험하지 못한 것을 설교로 증거한다면 설득력이 떨어질 것이다. 예를 들면, 내가 직접 가서 먹어보지 않았으면서 그 식당 음식이 맛있으니 먹어보라고 말만 하면 설득력이 있겠는가? 내가 직접 가서 먹어보고 맛있다고 해야 설득력이 있다.

그리고 한 번만 체험해서도 안 된다고 생각한다. 한 번은 우연히 될 수 있고 실수도 할 수 있다. 그래서 나는 내가 매번 체험하고, 실천하고, 시행착오도 겪어보면서 "오, 이렇게 해보니까 되더라" 하는 것들을 나의 삶으로 담대히 전하고 싶은 것이다.

이 비행기를 추락시켜주세요!

지금까지 나는 목숨을 걸고 예수님만을 증거하고 있다. 하나님은 나의 믿음을 그렇게 단련해주셨다. 많은 분들이 나는 예수님에 대해서 절대로 의심이 없을 것 같다고 생각한다. 그러나 나에게도 예수님이 전혀 믿어지지 않는 두 번의 믿음의 위기가 있었다.

내가 부흥사로 전 세계를 다니고 있을 때였다. 2007년에 나는 영국 런던에 2년 연거푸 집회를 인도했다. 그 집회는 영국 전역에서 사역하시는 목사님과 선교사님들을 대상으로 하는 목회자 수련회였고, 2박 3일의 수련회 이후 초청한 교회에서 3일 동안 다시 부흥집회를 열기로 되어 있었다.

그런데 런던으로 떠나기 일주일 전 갑자기 예수님이 믿어지지 않았다. 그때 미국의 모 방송에서 예수님의 동생 야고보의 유골함을 찾았다는 다큐멘터리를 보게 되었다. 야고보의 유골함을 찾았으니 예수님의 무덤도 있을 것이고, 예수님이 부활한 것이 아니라는 내용으로 물의를 일으킨 방송이었다.

나는 그 다큐멘터리의 내용이 말도 안 된다고 생각했다. 그런데 갑자기 이런 생각이 올라왔다.

'그런데 그게 진짜면 어쩌지? 진짜 예수님이 부활하지 않으신 거 아냐?'

'그렇다면 내가 믿고 있는 건 뭐지? 지금껏 목숨 걸고 열심히 달려왔는데 그분이 진짜 살아 계신 거 맞나?'

'왜 안 믿어지지?'

그런 생각들이 반복되자 온갖 소문이 진짜 같았다. 아무리 부르짖으며 항복하고 회개해도, 아무리 이를 악물고 이건 사탄이 장난이라고 몸부림치며 악한 영을 쫓아내려고 해도 예수님이 믿어지지 않았다. 나는 더 이상 웃지 않았다. 웃어도 억지로 웃고 있었다. 기쁨이 하나도 없었다. 왜냐하면 예수님이 믿어지지 않으니까. 아내는 그때 내가 화가 난 모습이라고 했다.

계속해서 예수님이 믿어지지 않고 의심만 가득한 마음으로 지내다가 어느덧 런던으로 떠나기 위해 공항으로 가는 날이 되었다. 출국 당일이 되자 런던에서도 부흥회 일정과 현지 상황을 알려주는 메시지가 속속 전해졌다. 출국 준비를 하고 있을 때 장인어른이 승리하고 오라고 내게 인사를 건넸다. 나는 속으로 '예수님이 안 믿어지는데, 무엇을 어떻게 전하라고요?' 이렇게 말하고 있었다.

나는 비행기를 탔고 그때 속으로 이런 기도를 했다.

"하나님, 이 비행기가 추락하게 해주세요. 이 비행기가 추락하면 이런 가짜 마음으로 부흥회를 안 해도 되니 제발 추락하게 해주세요."

나는 간절히 기도했다.

'만약 비행기가 추락하면 부흥회를 인도하러 가다가 죽었으니까 아무도 내 고통을 모르겠지….'

물론 비행기는 추락하지 않았다. 13시간 후면 런던 공항에 많은 목사님들이 마중을 나올 텐데, 내가 그 분들을 과연 어떤 얼굴로, 어떤 마음으로 대해야 할지 고민이 되었다. 그리고 나의 이런 모습을 보고 실망할까봐 아내에게조차 아무 이야기도 하지 못했다.

아무리 해도 안 믿어지는 그 마음을 너는 모르지?

공항에는 부흥회 관계자분들이 나와 우리를 반갑게 맞아주셨다. 그런데 차를 타고 가는 동안 운전하시던 장로님이 이번 수련회에 기대하는 마음을 말씀하셨다. 이 수련회에 참석하시는 많은 목사님과 선교사님들의 지친 마음을 위로해주셔서 그들의 영혼육이 회복되면 좋겠다는 것이다. 나는 속으로 '지금 내 영혼이 죽어가고 있는데, 대체 누구를 회복시킨다는 말인가?' 하는 생각에 참으로 답답했다.

그때 갑자기 하나님께서 너무나 강력하게 나를 찔러주시며 이런 감동을 주셨다.

"이런 이유 때문에 내가 너를 힘들게 했단다. 너는 지금까지 그 목사님과 선교사님들의 마음을 몰랐지? 그들이 지금 얼마나 지쳐있는지 아니? 그들은 지금 내가 안 믿어져서 믿으려고 노력하며 사역하고 있단다. 그런데 너는 그것이 얼마나 힘든지 아니?"

"너는 그런 그들의 마음을 모르면서 그들이 약한 믿음, 작은 믿음을 보일 때마다 그들을 정죄했을 것이다. 내가 그들과 같은 마음을 너에게 부어주지 않았다면 말이다."

"매일매일 이를 악물고 죽을힘을 다해 믿으려고 하지만, 그래도 내가 안 믿어지는 그 마음을 너는 꿈에도 몰랐지? 왜냐하면 너는 지금까지 내가 도와줘서 너무 쉽게 믿어왔잖아."

이 귀한 깨달음을 받고 곰곰이 생각해보니 100퍼센트 맞았다.

나는 그동안 예수님을 믿고 승승장구했다. 하나님은 내가 가는 길에 매번 나타나시고, 나를 만나주시고, 일하시고, 단 한 번도 나를 떠나신 적이 없는 그런 하나님이셨다. 하나님은 내 안에 믿음이 작고 연약한 사람들을 정죄하는 마음이 있었다는 것을 아셨던 것이다. 예수님이 안 믿어진다는 사람에게 왜 안 믿어지냐고 하던 내가 그런 분들을 모아놓고 말씀을 전해야 하는 자리에서 그들의 마음을 모른다면 나는 분명히 그들을 정죄하고 비판했을 것이다. 하나님은 이런 나를 아시고 내 마음을 미리 찔러주신 것이다.

런던에 오기 전부터 예수님이 믿어지지 않아 힘들었던 마음이 단 2분 만에 해결되었다.

'바로 이거였구나!'

나는 항복하고 회개하는 시간을 가졌다. 하나님은 나의 상황을 영화처럼 보여주셨다. 예전에 나는 누가 예수님이 믿어지지 않는다고 하면 겉으로는 공감해주는 척해도 속으로는 그의 믿음 없음을 질타했다. 나는 차에 같이 탄 분들과 이야기를 나누면서 속으로는 끊임없이 회개하고 있었다.

'그래, 하나님은 살아 계시지! 내가 이것을 느끼지 못했다면 나는 그들을 공감하지 못했을 것이다.'

나는 하나님께 깊이 감사했다. 그런데 장로님께서 숙소로 가기 전에 먼저 나를 기다리고 있는 분들부터 만나야 한다고 하셨다. 비행기에서 꼬박 밤을 샜는데, 그렇게 열 명이 넘는 성도들을 일일이 상담하고 기도해드리다보니 어느새 새벽이 되었다. 나는 두 시간 정도 잠을 청하고 나서 수련회를 인도하기 시작했다. 시작된 수련회에는 하나님의 임재로 가득했고 은혜가 넘쳤다. 그곳에 오신 목사님과 선교사님들을 일일이 안아드리고 같이 울 때 그들의 힘든 마음이 내 가슴에 고스란히 전해졌다.

"하나님, 제가 진짜 부름 받은 거 맞나요?"

"제가 진짜 크리스천이 맞아요?"

"나 진짜 주의 종이 맞나요?"

"이만큼 노력했는데 왜 아무 열매도 없나요?"

그들은 하나같이 하나님께 이렇게 하소연하고 있었다. 부르심 따라 주신 사명으로 사역했지만 열매가 보이지 않았기 때문이다. 하나님은 내가 교만덩어리인 것을 아셨다. 과거 세상에서 잘 나가다가 예수님을 믿고 나서도 계속 아무 문제 없이 잘 나가기만 하면, 그런 나는 다른 이들을 품어주지도 못하고, 같이 울어주지도 못하고, 같이 아파하지 못하면서 교만의 극치를 달렸을 것이다. 나를 가장 잘 아시는 하나님께서 도무지 믿어지지 않는 이 과정을 통해 나를 다루어주셨던 것 같다.

너는 누구에게 순종할 거니?

첫날 예배에서 말씀을 끝내고 나서 찬양하며 기도하는 시간이 되었을 때 하나님은 내게 피아노를 치며 직접 찬양을 인도하라고 하셨다. 그런데 많은 분들이 간절히 치유를 경험하고 싶어 하는 것이 느껴졌다. 이 집회에서 하나님을 꼭 만나야겠다고 작정한 준비된 분들이 보였기 때문이다.

나는 피아노를 치면서 하나님께 계속 여쭤봤다.

"아버지, 오늘 치유를 선포하실 겁니까? 이분들이 이미 마음의 문을 열었고, 잘 듣고 있고, 분위기도 무르익었잖아요?"

그러나 하나님의 대답은 "NO"였다.

"왜요? 이분들은 오늘을 위해 준비하고 왔는데, 아버지, 오늘 치유 선포를 해야 됩니다."

하지만 하나님은 여전히 아니라고 하셨다. 그리고 나에게 이런 감동을 주셨다.

"너는 누구에게 순종할 거니? 사람들 눈치를 보고 그들을 기쁘게 해줄 거니? 아니면 나에게 순종할 거니?"

이토록 하나님은 순종에 대한 훈련이 정확하셨다. 그래서 나는 피아노와 찬양을 마치고 일어나 기도로 예배를 마무리했다. 그러자 사람들의 얼굴에 '이게 뭐야? 내가 여기까지 왜 왔는데?', '저 목사는 이적과 능력이 나타난다고 하더니 아무것도 없네'라고 실망하는 마음이 고스란히 느껴졌다. 하지만 나는 이미 '사람을 기쁘게 할 것인가, 하나님을 기쁘시게 할 것인가?' 하는 선택의 기로에서 하나님을 기쁘시게 해드리기로 선택했기 때문에 조용히 예배를 마쳤다.

그러나 그다음 날 하나님의 임재로 이적과 능력이 강하게 나타나 뇌종양이 깨끗이 치유되는 역사가 일어났다. 그렇게 나는 런던에서 믿음의 시험을 통과했다. 하나님이 믿어지지 않다가 감사로 마무리되었던 런던 집회를 나는 지금도 잊지 못한다.

너 지금 쇼하는 거잖아? 안 믿어지잖아?

2009년부터 미국 CTS LA지사에서 TV 방송을 시작했는데, 그때 나는 '처치 리바이벌'이라는 30분짜리 설교 프로그램을 매주 녹화했다. 해외 일정이 있으면 몇 주 분량을 한꺼번에 녹화한 뒤 집회에 다녀오는 방식으로 방송 사역을 진행했다. 그런데 2010년의 일이었다. 해외에 나가 열심히 하나님의 마음을 전하면 이적이 나타나고 열매를 많이 보게 된다. 그러다가 다시 돌아와 방송을 준비하는데 또다시 하나님이 믿어지지 않았다. 그렇지만 몇 년 전에도 비슷한 경험을 했기 때문에 나는 곧바로 하나님께 여쭤봤다.

"아버지, 이번에는 제가 누구를 공감하지 못하나요? 저에게 있는 교만이 무엇입니까?"

그런데 하나님께서 아무런 감동도 주지 않으셨다. 2007년 런던 집회 때보다 훨씬 더 오래 이런 마음이 계속되자 내 마음도 조급해졌다. 방송 사역은 다른 데로 피하거나 숨을 수도 없다. 하나님이 믿어지지 않는 화난 표정, 일그러진 내 얼굴 그대로 방송을 해야만

한다. 방송 설교를 통해 하나님의 마음을 전해야 하는 내가 속으로는 '놀고 있네', '꼴좋다', '너 안 믿어지잖아?' 이런 마음으로 자책하게 되는 것이다.

더욱이 지난번 하나님이 믿어지지 않았을 때보다 더 크게 내 안에서 나를 참소하는 목소리가 들렸다.

"너 지금 쇼하는 거잖아? 너 안 믿어지잖아?"

당연히 마귀의 음성이라는 것을 알고 악한 영을 쫓아내는 기도를 했지만 아무리 해도 나가지 않았다. 그런 상황에서 내 삶은 너무 바빴다. 방송도 하고, 집회도 하고, 심방도 가야 하는 바쁜 스케줄을 그런 마음으로 소화해야만 했다. 직접 심방을 가야 할 때 대체 오늘은 무슨 말을 해야 할지 고민스러웠다. 그래서 내가 그 분들에게 나눌 말이 없으니 가서 듣기만 해야겠다고 하면서 심방을 다녔다. 그런 마음이니 아무리 회개기도를 해도 하나님이 계속 믿어지지 않았다.

한번은 내가 좋아하는 전도사님이 어떤 가족을 데려오셨다. 나는 그 가족들을 만나 그들에게 예수님에 대해 이야기해야 한다. 그런데도 나는 진짜 믿어지지 않아 너무 답답하고 괴로웠다. 예수님 이야기만 하면 시간 가는 줄 모르고 밤을 지새웠는데, 이제는 빨리 그 자리를 벗어나고 싶어서 시계만 보고 안절부절못하는 나. 그런 내 모습을 들키지 않으려고 나는 마치 연기를 하는 듯했다. 거짓말도 하루 이틀이지, 이제 내가 사람들을 만나 예수님 이야기를 하는 것이 마치 사기처럼 느껴졌다.

죽기 살기로 총동원령

나는 드디어 아내에게 나의 상황을 털어놓고 말했다.

"나는 항상 사람들에게 내가 사는 그대로 진솔하게 나누었는데, 지금 내가 믿어지지 않으면서 사람들에게 믿어지는 것처럼 이야기한다면 이것은 사기지."

그러나 이런 마음이 언제 어떻게 하면 극복이 될지 기약이 없었다. 방송국에 가서, 또 심방을 가서 아무리 최선을 다해보아도 하나님이 믿어지지 않는 마음이 사라지지 않고, 이제는 기도도 되지 않고, 아무리 발버둥을 쳐도 마음이 돌아서지 않았다. 이런 마음으로 여전히 설교를 준비한다는 것이 위선적으로 느껴졌다. 더 이상 아무 생각도 없고 느낌도 없고 아무것도 하기 싫었다. 심지어 예전에 내가 진짜 예수님을 믿었는지, 그때는 어떻게 했는지 의심스러워하며 한 달 이상 시간이 지나갔다.

한번은 형수님의 친구가 우연히 기독교TV를 보다가 브라이언박 목사가 친구의 시동생이라는 것을 알고 깜짝 놀라 연락해왔다. 그 분에게는 온갖 문제로 힘들게 하는 아들이 있었고, 이 문제를 누구와도 나누지 못하다가 내게 연락한 것이다. 그 후 나는 그 분의 아들과 만나기로 약속했다. 하지만 그 청년을 만나서 무슨 이야기를 해야 할지 몰라 만남 자체가 너무 부담스러웠다. 그 청년을 만나면 "너, 예수님 안 믿어지지? 나도 안 믿어져" 이렇게 솔직하게 말하고 싶은 심정이었다.

그런데 그 청년을 만나 이야기를 나누다보니 어느새 내 안에서 오기 같은 것이 올라왔다. '그래. 오늘이 나의 마지막 날이라면 나도 뭐라고 소리라도 지르고 죽고 싶다' 하는 마음으로 그 청년이 이해하든 못하든 나 혼자서 죽기 살기로 내 안에 있는 것들을 끄집어냈다.

나는 한 시간 동안 예수님이 왜 진짜인지, 그래서 우리가 예수님을 믿어야 하고, 예수님을 믿으면 삶이 놀랍게 변화된다고 전했다. 그때 나 역시 예수님이 믿어지지 않았지만, 오늘이 마지막이라는 마음으로, 최선을 다해 이를 악물고 일방적으로 말씀을 전했다. 그러자 내 눈앞에 열정적으로 예수님을 전했던 예전 내 모습이 보이기 시작했다. 나는 청년에게 말할 기회도 주지 않고 다시 계속해서 열심히 예수님의 이야기를 이어갔다. 그리고 집으로 돌아오는데 불편했던 마음이 갑자기 회복되는 것이 느껴졌다.

'드디어 끝났다. 이제 다시 예수님이 믿어진다. 그동안 왜 믿지 않았지?'

나는 마치 긴 잠에서 깨어난 것 같았다.

이미 알고 벌써 체험한 것을 빼앗기지 마라

나는 하나님께 왜 이런 시험을 또다시 허락하셨는지 여쭤봤다. 그러자 하나님은 이런 감동을 주셨다. 이번에도 역시 '공감'이었다. 첫 번째는 사역자들을 공감할 수 있도록 해주셨다면, 두 번째는 평신도들이었다.

평신도들 중에서 교회를 다니며 열심히 신앙생활 하고, 직분도 있고, 기도도 잘하고, 봉사도 하는데 아무리 믿으려고 해도 예수님이 믿어지지 않는다는 분들이 있다. 그런 분들은 계속해서 종교인으로 살아가게 된다. 사실 나는 그들의 마음을 헤아릴 기회가 없었다.

그런데 이번에는 지난번과 달리 예수님이 믿어지지 않던 그 시간이 더 길고 더 괴롭고 힘들었다. 하나님은 온데간데없고 아무리 부르짖어도 하나님은 아무 말씀이 없으셨다. 그만큼 하나님은 내가 평신도의 마음으로 돌아갈 때까지 오래 기다리신 것이다.

그때 하나님은 나에게 너무나 뚜렷하게 알려주셨다.

"Don't exchange what you don't know for what you already know."

"네가 모르는 것을 알려고 파헤치다가는 이미 아는 것도 빼앗긴다."

물론 조금 빈약한 번역인 줄 안다. 이것은 바로 이런 맥락이었다. 나는 계속해서 왜 안 믿어지는지를 하나님께 여쭤봤다. 그럴 때 하나님은 "너는 네가 이미 알고 체험한 것만 알면 된다. 왜 안 되는지 그것만 파헤치다가는 정작 중요한 것을 까먹고 빼앗긴단다"라고 감동을 주셨다.

그러니까 내가 예수님이 믿어지지 않는 이유를 찾고 분석하고 쫓다가 내가 이미 체험하고 아는 것까지 빼앗기고 놓칠 수 있다고 알려주신 것이다. 결국 하나님은 내가 그 청년을 만나 마지막으로 내가 알고 체험한 예수님을 목숨을 걸고 전하는 나 자신의 모습을 보고, 그것을 깨닫게 하시고 회복시켜주신 것이다.

하나님을 떠난 목사 vs 하나님 안에서 최고의 목사

세계적으로 유명한 어느 미국 목사님이 하루는 잡지 표지 사진을 보게 되었다. 그 사진에는 심각한 가뭄으로 죽은 아이를 안고 있는 한 에티오피아 여인의 모습이 실려 있었다. 목사님은 그 사진을 보고 생각했다. '만일 하나님이 살아 계신다면 어떻게 이렇게 죄 없는 여인과 불쌍한 아이를 죽게 내버려두실 수 있을까? 우리 하나님이 이토록 가혹하고 냉정한 분일까?' 그 목사님의 마음에 의심이 들어가게 되었고, 그 사건을 계기로 목사님은 하나님을 완전히 떠났다. 뿐만 아니라 거꾸로 하나님은 없다고 전하는 마귀의 종이 되었다. 그 분도 나처럼 씨름했을 텐데 회복되지 못했다고 생각하니 너무 안타까웠다.

그 당시 그는 빌리 그래함 목사에게도 예수님이 믿어지지 않는다는 고민을 털어놓았다고 한다. 그리고 빌리 그래함 목사에게도 정말 예수님이 믿어지는지 한번 씨름해보라고 했다는 것이다. 그 말을 들은 빌리 그래함 목사는 너무 답답해서 LA 북쪽에 있는 산에 올라가 늦은 밤 무릎을 꿇고 하나님께 이렇게 말씀드렸다고 한다.

"아버지, 저도 진짜인지 의심될 때가 있어요. 하나님이 왜 이렇게 가혹하신지 잘 모르겠습니다. 그런데 내일 집회를 어떻게 하면 될까요?"

그때 하나님은 빌리 그래함 목사님에게 "너의 믿음대로 가르치라"고 짧게 말씀하셨다고 한다. 그리고 다음 날 집회에서 하나님은 큰 은혜를 허락하셨다. 빌리 그래함 목사님은 하나님 안에서 최고로 인정받는 목사가 되었지만 다른 목사님은 하나님을 떠나고 말았다.

하나님을 떠난 목사님은 자신이 모르는 것과 자신이 이미 알고 벌써 체험한 것을 맞바꾸었고, 결국 돌이키지 못했다. 나 역시 뼈아픈 체험을 했기 때문에 지금도 우리 마음과 생각이 먼저 치료를 받아야 한다고 거듭 강조하고 있다.

모든 일에 똑같이 시험을 받는 유익

그래서 나는 누가 나에게 와서 "목사님, 예수님이 안 믿어져요"라고 하든가, 믿음의 씨름을 하느라 이것 때문에 힘들다, 저것 때문에 힘들다 해도 나는 감히 그들을 정죄할 수 없다. 나는 그들에게 공감한다. 나 역시 그런 경험을 했고 똑같이 아파봤기 때문에 그들의 아픔을 알 수 있는 것이다.

> 그러므로 그가 범사에 형제들과 같이 되심이 마땅하도다 이는 하나님의 일에 자비하고 신실한 대제사장이 되어 백성의 죄를 속량하려 하심이라 히 2:17

> 우리에게 있는 대제사장은 우리의 연약함을 동정하지 못하실 이가 아니요 모든 일에 우리와 똑같이 시험을 받으신 이로되 죄는 없으시니라 히 4:15

하나님은 나에게 이것을 너무나 뚜렷하게 명령하셨다.
"Preach what you've been practicing."
"네가 살고 체험한 대로 설교해라."
그래서 나에게 먼저 이것을 체험하게 하신 것이다. 어찌 보면 너무 가혹하다. 왜 나같이 약하고 약한 한 사람에게 이 많은 것을 허락하셨을까 생각해보면 가혹할 수 있다. 그래서 나는 아프고 깨지고 힘들고 고생스럽다. 하지만 이것을 통해 아버지의 마음을 알게 되고, 하나님의 자녀들의 마음을 알게 되고, 그들의 고통을 알게 되어 아버지의 마음을 제대로 함께 나눌 수만 있다면 이보다 더 큰 은혜가 어디 있겠는가? 우리가 이런 아버지의 큰마음을 헤아릴 수 있도록 예수님은 우리를 적극적으로 도와주신다.

나는 하나님과 우리 사이에 늘 예수님이 계신 것을 느낀다. 내가 하는 일은 간단하다. 나는 예수님과 사람들 사이에서 이들의 손을 이끌어 예수님께 드린다. 그러면 예수님은 이들의 손을 잡고 아버지 하나님께 가신다. 나는 예수님의 하수인이다. 그래서 나의 목적은 "오직 예수", 사람들을 우리 신랑이신 예수님께 드리려고 인도하는 중매쟁이다.

> 내가 하나님의 열심으로 너희를 위하여 열심을 내노니 내가 너희를 정결한 처녀로 한 남편인 그리스도께 드리려고 중매함이로다 고후 11:2

하나님은 나를 승리하게 해주셨다. 승리한 나는 믿지 않는 자들을 공감하고, 응원하며, 격려해주고, 같이 울고, 같이 웃고, 같이 기뻐한다.

CHAPTER 10
순종과 감사 훈련

하나님은 우리를 어떻게 단련하실까? 나는 단련을 삼박자로 이야기한다. 기본적으로 우리는 말씀과 기도를 통해서 거룩해진다.

> 하나님의 말씀과 기도로 거룩하여짐이라 딤전 4:5

참고로 이 때 '기도'는 그냥 기도가 아니라 '도고'이다. 영어로 'intercession', 헬라어로 엔툭시스, 즉 다른 사람을 위해서 하나님께 간청하는 기도를 말한다. 그런데 말씀과 기도만 가지고 우리가 거룩해질까? 말씀과 기도만 가지고 우리가 완전하게 훈련될까?

불의 연단

나는 말씀과 기도와 더불어 '단련'이 필요하다고 주장한다. 말씀과 기도로 거룩해지려면 단련이 필요한데, 이 단련에는 때로 아픔과 고통이 동반된다.

두 가지 예를 들어보겠다. 흙에 물을 부으면 진흙이 만들어진다. 여기서 말씀은 흙이고 기도가 물이다. 진흙을 빚어서 그릇을 만들고 말린다. 그런데 그릇을 만들어서 말린다 해도 바로 쓸 수는 없다. 이 그릇을 가마에 넣어서 구워야 한다. 이것이 바로 불의 연단, 즉 단련이다. 말씀과 기도에 불의 연단이 있어야 드디어 쓸 만한 그릇이 나오는 것이다. 그런데 많은 사람들이 말씀과 기도에만 집중하려 하고 불의 연단은 피하려고 한다. 왜냐하면 아프기 때문이다. 그러나 이 불의 연단이 없으면 쓸 만한 그릇이 되지 못한다. 그냥 그릇 모양만 있는 것이다.

또 다른 예는 쌀밥이다. 쌀에 물을 붓는다고 바로 밥이 되지는 않는다. 밥을 지으려면 쌀에 물을 붓고 불에 끓여야 한다. 불에 올려 끓이는 것, 이 불의 연단이 단련과 훈련이다. 하나님께서 우리를 정금같이 단련하시는 데는 이 불의 연단이 절실히 필요하다. 물론 말씀과 기도가 반드시 있어야 한다. 그런데 말씀과 기도와 더불어 믿음으로 불의 연단을 받아서 통과할 때 비로소 정금같이 되어 나오는 것이다.

이 불의 연단을 피하려고 하면 우리는 성장하지 못한다. 모든 믿음의 선배들이 다 이 불의 연단을 지나갔다. 예를 들면 노아에게도 불의 연단이 있었다. 그때는 하나님이 땅 위에 비를 내리지 않으셨고 땅에서 안개가 올라와 온 지면을 적셨다(창 2:5-6). 그러니까 그 당시 사람들은 하늘에서 비가 내리는 것을 본 적이 없다. 비라는 것을 본 적도 들은 적도 없었다.

그런데 노아가 사람들에게 가서 비가 오고 홍수가 날 거라고 말하면 누가 믿겠는가? 노아는 그때 얼마나 많이 조롱당했을까? 성경에는 노아가 얼마 동안 방주를 만들었다는 말이 없다. 많은 신학자들은 노아가 방주를 지은 기간이 120년이었다고 한다. 노아는 120년 동안 사람들의 조롱과 눈총을 견딘 것이다. 노아에게 불의 연단은 바로 사람들의 조롱과 비웃음이었다. 또한 노아 자신이 진짜로 하나님의 명령을 제대로 분별했느냐 하는 의구심 역시 그의 순종의 훈련 과정이었다.

아브라함, 다윗, 모든 믿음의 선배들이 혹독한 불의 연단의 과정을 지나갔다. 이 순종의 훈련은 우리 모두에게 꼭 필요한 것이다. 그런데 우리 주변의 사람들을 보면 이런 훈련이 싫어서 불의 연단을 피하고 싶어 한다. 그러면 성장하지 못하고 종교인에 평생 머물러 있게 된다.

하나님이 귀하게 쓰시는 그릇의 연단

성경에는 귀하게 쓰는 그릇도 있고 천하게 쓰는 그릇도 있다고 말씀하신다.

> 큰 집에는 금 그릇과 은 그릇뿐 아니라 나무 그릇과 질그릇도 있어 귀하게 쓰는 것도 있고 천하게 쓰는 것도 있나니 그러므로 누구든지 이런 것에서 자기를 깨끗하게 하면 귀히 쓰는 그릇이 되어 거룩하고 주인의 쓰심에 합당하며 모든 선한 일에 준비함이 되리라 딤후 2:20-21

그러니까 하나님은 귀하게 쓰기 원하는 자들에게 강한 훈련을 허락하신다. 하나님이 모든 자들을 혹독하게 훈련하시는 것은 아니다. 하지만 하나님께 쓰임 받기 원한다면 힘들어도 이 과정을 반드시 지나가야 한다. 그런데 우리는 적당히 지나가면서 하나님께 크게 쓰임 받고 칭찬받기를 원한다. 그러나 그러면 안 된다는 것을 반드시 깨닫기 바란다.

나에게는 이 불의 연단 과정이 너무 귀한 시간이었다. 믿음과 순종의 훈련을 통해 하나님과 더 가까워지는 계기가 되었다. 나는 이 모든 과정을 담대하게 이야기할 수 있다.

"하나님만 좋으십니다!"

"이해가 안 되어도 하나님만 붙잡고 하나님만 절대적으로 신뢰해보세요."

"하나님의 방법으로 하나님의 시간에 하나님이 아름답게 하시는데, 그리 아니하실지라도 받을 축복 때문에 하나님을 붙잡지 말고, 이미 받은 은혜 때문에 하나님만을 절대적으로 붙잡고, 토를 달지 말고 범사에 무조건 감사를 심어보세요."

이것이 나의 신학 철학이다. 하나님께서는 나에게 이런 순종의 훈련을 허락하셨다.

왜 나만? 왜? 왜? 왜?

예전에 나와 아내는 진짜 힘들었을 때가 많았다. 나는 예수님을 만나고 나서 술을 끊었다. 그런데 교회를 개척하고 너무 괴로워서 하루는 아내에게 술을 한 잔 하자고 했다. 치사하지만 내가 목사라서 술을 사지 못하니 아내에게 마트에 들어가 술을 사오라고 해서 그것을 같이 마셨다. 그런데 예전에는 양주를 쏟아부어도 취하지 않던 나였는데 한 잔을 마시고 울다가 잠들었다.

아내와 나는 밤마다 이런 기도를 하고 잤다.

"아버지, 저희를 오늘 밤에 데려가주세요."

왜냐하면 도무지 이런 힘든 상황이 이해가 되지 않았기 때문이다. 심지어 하나님께 이렇게 말한 적도 있다.

"내가 언제 주의 종이 되겠다고 자원했습니까? 그리고 내가 이 교회를 하고 싶어서 했습니까?"

"하나님이 나를 부르셨고, 사업을 그만두라고 하셔서 그만두었는데, 내가 왜 이런 고생을 해야 합니까?"

"나에게 은사가 많이 나타나게 하셨는데, 왜 열매는 없습니까?"

"그리고 왜 나만 자비량 목회를 해야 합니까? 성경에도 분명히 누가 자기 비용으로 군생활을 하겠느냐고 했는데, 왜 나는 자비로 군사가 되어 싸워야 합니까?"

"왜 나만 이럽니까? 왜? 왜? 왜?"

그러면서 매일 밤 하나님께 나를 죽여달라고 했다.

"아버지, 저희가 오늘 밤 기도하고 아침에 눈을 뜨면 천국에 가 있게 해주세요."

아침에 눈을 뜨면 기쁘기보다 야속했다.

"왜 또 살리셨어요? 또 무슨 고생을 시키시려고 우리 눈을 뜨게 하셨나요?"

내가 그렇게 말씀드리며 불평하면 하나님께서는 나에게 강한 어조로 이런 감동을 주셨다.

"일어나! 일어나서 준비해!"

그러면 나는 또다시 교회에 가서 늘 그랬듯이 상담을 하고 분주하게 하나님의 사명과 사역을 이어갔다.

순수한 상담과 축사 사역

하나님은 내가 상담을 할 때 특별한 은사가 나타나게 하셨다. 그것은 축사 사역이다. 하나님은 나에게 신대원에서 축사(Deliverance, 묶인 데서 구출하여 자유를 얻게 하는 사역)를 이론적으로 배우게 하셨고, 또 사역에서 실습하게 하셨다. 어떤 사람을 만나면 그들의 과거 현재를 보여주시며 그들 안에 있는 악한 영들을 꾸짖어 그들이 두세 시간 만에 자유를 얻게 하셨다.

그런데 한 명을 상담하면서 이 사역을 하면 나는 체력이 완전히 소진된다. 또한 이것은 지극히 개인적인 일이기 때문에 보안이 필요하다. 상담하는 사람의 사생활을 존중하고 지켜주기 위해서는 사무실에서 나 혼자 상담자를 만나야 한다. 그래서 교회 사무실의 창문을 의도적으로 크게 만들기도 했다. 많은 경우 여자 성도들이 와서 상담을 하는데, 나와 단 둘이 있다가 혹시 불미스러운 소문이 나면 안 되기 때문이다.

큰 창문뿐 아니라 때로는 교인을 증인으로 부른 적도 있다. 그리고 상담하시는 분이 허락하시면 아내도 함께하게 된다. 그러나 상담하는 분이 나하고만 이야기를 나누고 싶다고 하면 내가 상담하는 동안 아내는 사무실 밖에서 무릎을 꿇고 기도했다.

그런 분들이 보통 하루에 두세 명 정도 오시는데 그 분들이 오기 전에 나는 한 시간 전부터 이 사역을 위해 기도로 준비한다. 상담을 마친 다음 나는 다시 한 시간 정도 기도한다. 그러니까 한 사람당

약 4-5시간 정도 소요되는 셈이다. 상담 시간에 맞추다보면 제때 식사하지 못할 때도 허다했다. 그래서 부랴부랴 컵라면으로 때울 때가 많았는데, 그 때는 돈이 없어서 비싼 한국 라면은 꿈도 꾸지 못했다. 가장 싼 일본 컵라면을 먹어가며 계속 상담을 하는데, 2개월 동안 하루도 쉬지 못한 적도 있었다.

그런데 나와 상담하신 분들이 다 회복되고 나면 주일에 한 번쯤은 우리 교회에 올 법도 한데 오지 않고, 게다가 헌금도 하지 않았다. 그래도 나는 하나님께서 하라고 명령하셨기 때문에 순종했다. 그리고 하나님께서 이런 과정을 통해 나를 훈련시키신다는 것을 알게 되었다.

'네가 그들과 상담하면서 그들이 돈으로 보인다면 네 사역은 그 때부터 끝나는 거야. 네가 그들에게 어떤 것을 바라고 한다면 너는 이 사역을 할 수 없어.'

하나님은 내가 순수하게 그들이 하나님을 만나서 온전히 회복되기를 바라는 마음으로 사역을 계속하게 하셨다.

한번은 남편과의 사이가 너무 안 좋아서 변호사를 만나 당장 이혼 서류에 도장을 찍으러 가는 길에, 어차피 이혼할 거니까 마지막으로 나를 만나겠다고 오신 분이 있었다. 그런데 두 시간의 상담을 하고 나서 하나님께서 그 분에게 완전한 회복을 주셨다.

평일에도 사람들이 매일 찾아와 하루에 열 시간이나 넘게 식사하지 못하고, 아내는 계속 사무실 밖에서 기도만 하는 나날이 이어지기도 했다.

기름부음이 넘치는 통로가 되라

나는 상담을 요청하신 분들에게 항상 물어본다.

"이 문제로 담임목사님과 상담해보셨나요?"

내가 먼저 불쑥 상담해드리겠다고 할 수 없기 때문이었다.

"아니요, 우리 목사님은 바빠서 안돼요."

그런데 이 대답이 나에게 상처가 될 때가 많았다. '당신 교회의 목사님은 바빠서 성도 만날 시간이 없는데, 나는 한가한 사람이라서 나의 시간을 뺏는 건가?' 물론 비뚤어진 마음인 것을 알지만 그 당시 너무 많은 분들로부터 시달리고 지쳐 이런 마음이 불쑥 올라올 때, 나는 바로 항복하고 회개하고 또다시 열심히 하나님의 양들을 돌보았다.

이런 나의 불평과 불만에도 불구하고 사람들이 와서 상담을 받으면 하나님은 그들을 치료하시고 회복을 주셨다. 누구를 만나기 전에 나도 귀찮고 피곤할 때가 있어서 가끔씩 투덜거린다. 하지만 상담하러 오신 분을 만나면 그 순간 마음이 갑자기 바뀐다. 그 사람을 만날 때까지는 너무 힘들지만, 만나고 나면 어느새 그 마음이 사라지고 하나님의 긍휼한 마음과 사랑이 내게 밀려와 내가 가진 모든 것을 주어서라도 그들의 회복을 바라게 되는 것이다. 심지어 나의 생명을 내어주더라도 이분들을 회복시켜 드리고 싶은 간절한 마음이 되는 것이 너무도 신기했다. 최선을 다해 상담하고 이들이 회복되고 나면 그 전에 내가 가졌던 괴로운 마음이 하나도 기억나지 않았다.

나는 내가 예수님과 성도들 사이에서 둘을 잇는 통로라고 생각한다. 하나님의 기름부음이 내게 먼저 넘쳐서 그 기름부음이 나를 통해 성도들에게 흘러가니까 통로인 나에게 기름부음의 은혜가 항상 넘치게 되는 것이다. 내가 물을 공급하는 파이프라면 그 파이프를 통해서 물이 흘러갈 때마다 파이프는 마르지 않고 항상 물로 촉촉하게 되는 이치와 같은 것이다. 그러니까 얼마나 하나님께 감사한가? 나 같은 무익한 사람이 감히 예수님과 성도들 사이에서 통로가 될 수 있고, 그럴 때마다 하나님의 기름부음의 은혜가 넘치게 되니 이 얼마나 놀라운 축복인가?

이 원리를 익히 알지만 나 역시 여전히 훈련 중인 사람이라 때로는 섭섭할 때도 있었다. 상담을 위해 기도하며 날짜와 시간을 약속하고, 만나기 한 시간 전부터 아무것도 먹지 않고 미리 기도하며 만남을 준비하고 있었는데, 약속 시간이 지나도 나타나지 않아 전화로 연락을 하면 깜박 잊었다고 하거나 지금은 바쁘다고 하면서 나중에 시간이 될 때 다시 연락한다고 할 때, 그때는 솔직히 화가 난다. 나에게 이런 태도라면 그들이 하나님도 홀대하겠다는 생각에 너무 화가 나는 것이다.

사람이 아니라 오직 나에게만 위로를 구하라

그 당시 내가 매일 밤 죽여달라고 한 이유는 돈이 없어서, 사역이 힘들었기 때문이 아니다. 나를 가장 힘들고 괴롭게 하는 것은 '지금 내가 듣고 있다고 생각하는 음성이 사탄의 음성이면 어쩌지?' 하는 이 마음 때문이었다. 그리고 주변에서 내게 이렇게 말하는 것 같았다.

"너의 사역이 진짜 하나님으로부터 비롯된 것이라면 열매가 보일 텐데, 너에게는 아무것도 없잖아?"

"하나님이 하셨다면서 너 지금 하나도 안 되고 있잖아."

"사탄도 똑같이 흉내 낼 수 있어. 네가 말하는 것이 하나님의 음성이 아니고 사탄의 음성일 수 있어."

그런 느낌이 올 때마다 힘들었다. 열매로 나무를 안다고 했는데 사역의 열매는 너무 아름다운 회복의 열매인데, 내 삶의 열매는 매일 쪼들리는 열매였다. 그래서 하나님께 여쭤봤다.

"아버지, 제가 사탄의 음성을 듣고 있다면 비록 적은 숫자지만 이 사람들을 죽이시는 겁니다. 제가 빨리 이 사역을 내려놓든지 아니면 죽든지 이 방법밖에 없어요."

그리고 고민하다가 하나님께 다시 여쭤봤다.

"아버지, 저희를 죽여주세요."

그래도 죽이지 않으셨다.

"아버지, 그럼 저희가 교회 문을 닫을까요?"

"아니, 해라."

"그럼 저희가 다른 데로 이사를 갈까요?

"아니, 해라."

때로는 너무 힘들어서 아내와 둘이 앉아 처량하게 펑펑 울기만 했다. 그러면 갑자기 하나님께서 "스톱" 하시며 "일어나! 일어나서 가서 씻어!"라고 하셨다. 그 감동으로 일어나 세수하고 아내도 눈물 때문에 번진 화장을 고쳤다. 그러면 바로 그때 누군가 교회에 온다.

하나님은 한 번도 사람들에게 힘든 티 내지 말고, 항상 기쁜 마음으로 그들을 반기라는 마음을 주셔서 과하게 사람들을 반길 때도 많았다. 아무리 힘들어도 우리는 항상 너무 좋고 너무 행복한 모습만 보여드린다. 우리가 힘든 것은 오직 하나님께만 얘기하고 사람들에게는 전혀 티를 내지 말라고 말씀하셨다. 우리가 사람들에게 힘든 것을 이야기하면 그들로부터 위로받기 원하는 마음이 생기는데, 하나님은 우리가 오직 하나님께만 위로받기를 원하셨던 것이다.

하나님은 항상 나에게 "너는 내 힘으로만 살아라"라고 알려주셨다. 그래서 "오직 예수"에서 '오직'이라는 단어가 나에게는 너무나 중요했다. 오직 예수님만이 나의 힘이며 오직 예수님만이 나의 위로이며 오직 예수님만이 나의 기쁨이다.

실제로 감사를 심어야 거둔다

이 과정 가운데 하나님께서 나와 아내에게 동일하게 세 가지 감동을 주셨던 것이다.

Brian, Will you trust me even when things don't make any sense?
브라이언, 도무지 이해가 안 되어도 나만 신뢰하겠니?

I'm in control.
내가 모든 것을 주관하고 있다.

Therefore, give thanks to me in advance for everything is already done.
그러므로 모든 것이 다 이뤄졌으니 미리 감사만 해라.

그중에서도 세 번째 감동과 명령을 실천하기가 너무 힘들었다.
"그러므로 모든 것이 다 이뤄졌으니 미리 감사만 해라."
하나님은 그냥 감사만 하는 것이 아니고 실제로 감사를 심으라고 명령하셨다.

범사에 감사하라 이것이 그리스도 예수 안에서 너희를 향하신 하나님의 뜻이니라 살전 5:18

> 스스로 속이지 말라 하나님은 업신여김을 받지 아니하시나니 사람이 무엇으로 심든지 그대로 거두리라 갈 6:7

이 말씀대로 우리는 심은 대로 거두게 되기 때문이다. 실제로 감사의 씨앗을 심어야 우리가 그 감사의 열매를 거둘 수 있는 것이다. 그런데 내 눈에는 아무것도 된 것이 없는데, 하나님은 다 되었다고 하시며 미리 감사를 심으라고 하시는 것이다.

나는 그 즉시 "아버지, 뭐가 돼요? 매일 쪼들리고, 빚 독촉이 오고, 사람들은 나를 마치 자기들 종으로 취급하고, 25센트짜리 컵라면 하나로 끼니를 때우는데 도대체 뭐가 되었습니까?" 이렇게 말씀드리지만, 여전히 눈앞이 캄캄해도 하나님이 나와 아내에게 동시에 주신 막강한 명령이기 때문에 순종한다.

우리는 하나님을 신뢰한다. 하나님이 모든 것을 주관하신다. 거기에 적극적이고 능동적인 액션이 필요하다. 그것이 바로 감사를 심는 것이다. 우리는 하나님께 '이미' 받았고 '벌써' 체험한 것이 너무 많다. 또한 감사를 심어야 한다는 강력한 명령에 순종하기로 결단했다. 그때부터는 실질적으로 범사에 무조건 토를 달지 말고, 무조건 감사를 심고, 그리 아니하실지라도 이미 받은 은혜 때문에 감사를 심는다. 이 역시 순종의 훈련이었다.

하나님의 감사 명령 매일 기억하기

말로만 감사하는 것이 아니고 실제 삶으로 실천하며 어떤 상황에도 감사를 심는 것이다.

어려우면 어려울수록 감사, 막히면 막힐수록 감사, 아프면 아플수록 감사, 힘들면 힘들수록 감사를 심어야 하는 이유는, 내가 이렇게 어려울 때 달려가서 도움을 청할 분이 계셔서 감사, 내가 이렇게 모든 것이 막혀 있을 때 달려가서 도움을 청할 분이 계셔서 감사, 내가 이렇게 아프고 힘들 때 달려가서 도움을 청할 분이 계셔서 감사, 더 이상 아무런 은혜나 축복이 없어도 이미 받은 은혜 때문에 감사, 궁극적으로 예수님을 믿은 나는 죽어도 천국이니까 감사, 감사, 감사!! 그러니까 얼마나 감사가 넘칠 수밖에 없는가? 이 마음과 생각, 관점, 가치관 그리고 세계관으로 감사하는 것이 바로 믿음이다.

그런데 현실이 그렇지 않을 때, 오히려 현실이 더 힘들어지고 더 묶일 때, 그때 바로 무조건 토를 달지 말고 감사하라는 하나님의 명령에 순종하는 것이 믿음이며 순종의 훈련이다. 모든 분들이 이 순종의 훈련을 멋지게 통과하기를 바란다.

하나님께서 감사를 심으라고 명령하신 후 어떻게 해야 할까 기도하다가 눈에서 멀어지면 마음에서도 멀어진다는 말이 생각났다. 우리가 계속 눈으로 보면서 감사를 심으라고 하신 하나님의 명령을 기억해야겠다는 마음을 주신 것이다.

그래서 우리의 눈길이 제일 많이 가는 곳에 "감사를 심어라"라고 크게 써서 붙이기로 했다. TV 화면에 "감사를 심어라"라고 써붙였다. TV뿐 아니라 눈이 가는 곳곳에 "감사를 심어라"라고 써붙였다. 냉장고, 화장실, 심지어 휴지걸이에도 붙였다. 자동차에도 "감사를 심어라"라고 써붙였다.

"감사를 심어라"는 하나님의 명령이지만 내 눈에 보이지 않으면 잊어버리기 쉬우니까 온갖 곳에 다 붙여서 눈만 뜨면 감사를 심었다. 또 감사를 심으라는 주제로 설교를 많이 해서 '감사 심기'가 익숙해졌다. 나는 이 정도로 감사를 심으면 뭔가 될 줄 알았다. 그런데 아니었다. 여전히 달라지지 않는 상황들이 몇 년 동안 이어졌다. 그래도 포기하지 않고 감사만 심었다.

감사가 커지면 문제는 작아진다

내 삶은 여전히 깜깜하고 보이는 것이 없었다. 하지만 서서히 좋아지는 것이 있다고 느꼈다. 감사를 심자 환경이 눈에 띄게 바뀌지는 않았지만 내 관점이 바뀌기 시작한 것이다. 여전히 교인은 6명이고 빚은 남아 있었지만, 언제부터인가 이것이 문제로 보이지 않았고, 감사로 받아들이니까 당면한 현실의 문제가 작아지기 시작한 것이다. 문제는 변함없이 같다. 그러나 내 삶에서 그 문제가 차지하는 분량이 작아지기 시작한 것을 느끼게 된 것이다.

예전에는 감당하지 못할 큰 문제만 보였고, 내 안에 감사는 아주 작았다. 그런데 감사를 심으며 감사의 분량과 크기가 커지니까 상대적으로 문제가 작아진 것이다. 그만큼 감사와 하나님의 임재가 계속 커지다보니 나의 개인적 고통이 작아지는 것을 피부로 느끼게 된 것이다. 즉, 예전에는 나의 문제가 90이었고 하나님이 10이었다면, 지금은 하나님이 95가 되고 문제가 5가 된 것이다. 감사를 심으니까 내 안에 계신 하나님이 점점 커졌다. 감사를 통해 내 관점이 바뀌자 감사의 조건이 훨씬 더 많아졌다.

감사는 심는 만큼 수확할 수 있다

'감사'의 헬라어 단어 어근은 카리스, '은혜'의 헬라어 단어 어근 역시 카리스다. 우리가 벌써 받은 은혜를 인정하고 감사를 심을 때 하나님은 우리에게 더 많은 은혜를 부어주신다. 즉 카리스(감사)를 심으니까 카리스(감사)가 자라서 카리스(은혜)의 열매를 누리게 되어 하나님의 은혜(카리스)가 넘치게 된다. 이런 초자연적 선순환의 이적을 하나님은 우리 모두에게 부어주기 원하신다.

그런데 감사를 심지 않으면 은혜의 열매를 수확하지 못한다. "스스로 속이지 말라 하나님은 업신여김을 받지 아니하시나니 사람이 무엇으로 심든지 그대로 거두리라"(갈 6:7).

이 말씀을 보면 더 정확히 알 수 있다. 우리가 감사를 심지 않는데 어떻게 감사의 열매를 누리겠는가? 그래서 계속 감사를 심고 또 심었을 때 하나님이 이런 감동을 주셨다. 내가 바로 감사를 심어도 감사의 씨앗이 싹이 나고, 뿌리를 내리고, 잎과 줄기가 자라고, 꽃봉오리가 맺히고, 열매를 맺으려면 시간이 걸린다는 것이다.

많은 사람들은 감사를 심는다고 하면서 두 가지 잘못을 하고 있다. 첫째, 감사를 심고 바로 열매를 원하는 것이다. 둘째, 감사를 심고 시간이 지나면 그 열매를 수확해서 냉큼 다 먹어버린다. 그렇게 열매를 먹어버리기만 하고 계속해서 감사를 심지 않기 때문에 처음 수확한 것으로 끝나버리고 만다.

하나님이 주시는 마음은 감사를 매일 심지 않으면 매일 거둘 것이 없다는 것이다. 그러니까 하나님은 매일 매 순간 범사에 무조건 토를 달지 말고, 무조건 감사를 계속 심으라고 하시고, 시간이 지나면 우리의 삶에서 감사를 심은 만큼 수확할 수 있다고 알려주신다.

그래서 매일 매 순간 범사에 감사를 심고 또 심었더니 하나님은 매일 매 순간 나의 삶에서 놀라운 수확을 누리게 해주셨다. 그러니까 감사로 말미암아 나의 건강, 가정, 재정 그리고 사역 등 모든 것이 다 놀랍게 회복되기 시작했다.

감사 심기 순종 훈련

내가 이것을 체험했기 때문에 나는 지금도 "감사를 심어라"라는 설교를 가장 많이 하고 항상 이런 도전을 드린다.

"일 년만 정직하게 매 순간 열심히 감사를 심어보세요. 잘 될 때만 감사를 심는 것이 아니고, 안 될 때 힘들 때도, 이해가 안 되어도 범사에 무조건 토를 달지 말고 정직하게 매 순간 감사만 심어보세요."

"일 년 후에 여러분의 삶이 더 나빠지면 저에게 오세요. 제가 책임지고 여러분을 먹여살리겠습니다."

나는 지난 20여 년 동안 똑같이 감사에 도전할 수 있도록 기회를 드렸다. "불평이 있어도 감사합니다", "짜증날 일이 있어도 감사합니다", "부정적 생각이 있어도 감사합니다." 불평불만하고 짜증낼 에너지가 있으면 그 에너지로 감사를 심으라고 도전했다.

2011년 독일 프랑크푸르트에서 감사를 심으라는 주제로 말씀을 전했다. 그 집회에서 여러 사업에 실패하고 자포자기의 심정이 된 한 집사님을 만났는데, 그날 "감사를 심어라"라는 설교에 도전을 받고 본인이 꼭 실천해보고 나중에 간증하겠다는 약속을 하고 집회를 마쳤다.

그리고 일 년 후에 같은 교회에서 집회 요청이 다시 와서 그 교회에 갔을 때 첫날은 그 집사님이 보이지 않았다. 그런데 이틀째 되는 날에 그 집사님을 만났는데 만나자마자 놀라운 간증을 쏟아냈다.

그 집사님은 "감사를 심어라" 설교를 듣고 집에 돌아가 나에게 들은 그대로 실천했다고 했다. 내 눈이 제일 많이 가는 곳에 "감사를 심어라"라고 씨붙이라고 하였는데, 자신의 눈길이 제일 많이 가는 곳이 어딜까 생각해보니 휴대폰이라는 것을 깨닫고, 바로 "감사를 심어라"라고 쓰고 사진을 찍어서 바탕화면에 저장했고, 휴대폰을 볼 때마다 "감사를 심어라"를 보면서 이를 악물고 계속 감사를 심었다고 한다.

그렇게 계속 감사를 심고 있었는데 갑자기 독일의 큰 아웃도어 회사에서 매장을 열어달라는 연락이 왔고, 지난 일 년 동안 네 개의 매장을 오픈하게 되었다고 했다. 하나님은 "감사를 심어라"를 실천한 집사님의 삶을 완전히 회복시켜주셨다.

감사를 심는다는 것은 말로만 하는 감사가 아니라 반드시 본인이 실천해야 한다. 감사 심기를 실천하지 않는다면 그것은 단지 다른 사람의 간증일 뿐이다.

나는 지금도 많은 사람들에게 "감사를 심어라"를 수없이 강조한다. 왜냐하면 내가 감사를 심는 순종의 훈련을 통해 회복되었고, 놀라운 은혜를 체험했고, 지금도 누리고 있고, 앞으로도 계속 감사 심기를 할 것이기 때문이다.

감사 심기 뿐만 아니라 우리는 이해가 되지 않더라도 우리를 힘들게 하는 사람들을 계속해서 축복해야 한다. 우리가 그들을 축복하면 하나님이 싸워주시고, 우리가 축복하면 하나님이 승리를 주시고, 하나님이 그때그때 막아주시고, 하나님이 회복을 주신다. 하나님은 나에게 그것을 너무 많이 체험하게 해주셨다.

CHAPTER 11
달콤한 유혹을 이기는 훈련

하나님께서는 나를 믿음의 훈련으로, 순종의 훈련으로 단련하셨다. 그리고 마지막으로 달콤한 유혹을 이기는 훈련을 허락하셨다. 나에게는 교회를 닫은 후 두 번의 달콤한 유혹의 시험이 있었다.

첫 번째 시험은 교회 문을 닫고 800원밖에 남지 않았을 때 사업을 하는 형의 친구가 나에게 제안한 것이다. 그 분은 몽골 대통령 초청으로 LA시에서 경제사절단 10명을 모아 몽골에 갈 예정인데 내가 그 경제사절단에 합류하기를 바란다고 했다. 내가 예전에 금융 쪽에 몸담았다는 것을 알고 그렇게 제안한 것이다. 그래서 기도를 하자 하나님께서 경제사절단의 일원으로 가라고 하셨다.

문제는 경제사절단은 자비로 몽골에 가야 하는데 돈이 하나도 없어서 고민하고 있었다. 그런데 예전에 방송 선교 시디를 부탁하신 권사님이 갑자기 연락하셔서 만나자고 했고, 하나님이 감동을 주셨다고 하면서 나에게 2천 불을 주시는 것이다. 그때 몽골 왕복 항공권 가격이 딱 2천 불이었다.

형, 나는 돌아온 게 아니야!

하나님의 은혜로 그렇게 몽골에 가게 되었는데, 경제사절단 10명 중 7명이 한국인이었고 나머지가 미국인 LA 시의원이었는데 그중에서도 월가에서 금융 업무를 경험해본 사람은 나밖에 없었다. 그래서 몽골 관계자들과 이야기를 나누다보면 항상 내가 주도적으로 이야기를 하게 되는 바람에 어느새 내가 그 경제사절단의 리더가 되었다.

그때 우리는 몽골 대통령 궁에 머물며 아침이 되면 시설들을 시찰하러 나가기 위한 대형버스에 올라 경찰의 경호를 받으며 다녔다. 몽골에 머무는 동안 같이 갔던 경제사절단은 물론 몽골 정부 관계자들과도 친숙해지니까 몽골 정부에서 나에게 여러 사업 제안을 하게 되었다. 그중 하나는 국영사업을 민영사업으로 바꾸는 몇 가지 제안이었다. 몽골국제공항, 몽골의 철도 민영화 사업, 울란바토르에 신도시와 인프라 구축 그리고 몽골에서 생산되는 캐시미어를 민영화하면 캐시미어 독점 판권을 나에게 준다는 것이다.

이것을 모두 다 계산해보니 그 당시 돈으로 약 8억 5천만 불(약 1.2조 원)이나 되는 금액이었다. 또 모든 제안이 내가 예전에 했던 기업 합병이나 투자 사업과 다르지 않았다. 오히려 그다지 어렵지 않고 큰 노력이 없이도 될 수 있는 사업들이었다. 그리고 만일 이 일들을 모두 성사시키면 어마어마한 돈을 벌 수 있으니 이 지긋지긋한 가난에서 벗어날 수 있겠다는 생각에 나는 너무 행복했다.

결국 하나님께서 내게 이렇게 좋은 기회를 주신다고 생각하니 무척 감사하고 기뻤다. 나는 두꺼운 사업 계획서를 받아들고 미국이 아닌 한국으로 갔다. 때마침 큰형도 잠시 한국에 체류하고 있다고 해서 나는 큰형을 만나 몽골에서 받은 사업 제안들을 행복하게 나누었다. 그 말을 들은 형은 너무 좋아서 눈물을 글썽이며 내 손을 잡고 말했다.

"Brian. Welcome back."

"브라이언, 다시 돌아온 걸 환영한다. 네가 그동안 목회를 한다고 고생이 많았는데 이제 드디어 돌아왔구나."

그런데 큰형의 말을 듣자마자 나는 갑자기 제정신을 차렸다.

"No 형. I'm not back. I'm not gonna do it."

"아니야, 형. 나는 돌아온 게 아니야. 나는 이거 안 할 거야."

그동안 나는 너무 가난에 쪼들려서 힘들었다. 교회도 닫아서 주변 사람들로부터 목회에 실패했다는 소리도 들었다. 그래서 잠시나마 내가 다시 돈에 눈이 멀었던 것이다. 큰형의 말을 듣는 순간 '지금 내가 뭐하고 있지?' 하는 생각이 들며 '이거 아니지. 이러면 안 돼. 이러면 다시 예전의 나로 돌아가는 거야'라는 생각이 너무 강하게 들어서 큰형에게 무례하지만 담대하게 나는 이 일을 다시는 안 한다고 선언해버린 것이다.

그리고 나는 곧바로 미국으로 돌아가 모든 제안을 거절한다고 몽골 정부에 통보했다. 그리고 이 모든 제안이 시험이라는 것을 바로 알 수 있었다. 그 당시 내가 돈이 하나도 없었는데도 그 제안을 받아들이지 않았던 이유가 있었다. 예수님이 40일 금식하신 후 마귀에게 받은 첫번째 시험은 예수님이 가장 춥고 배고팠을 때 돌을 떡으로 만들라는 시험이었다. 하나님은 그 사건을 생각나게 해주시며 예수님도 그렇게 인간의 본능을 이기셨듯이 나도 이 유혹을 반드시 이겨야겠다는 생각밖에 없었다. 하나님은 내가 이 첫 번째 달콤한 유혹의 시험을 이기게 하셨다.

가장 성공적인 이민목회의 유혹

개척교회를 할 당시 나는 큰 교회를 지나갈 때마다 그 교회 목사님들을 무척 부러워했다.

'이 교회 목사님은 돈 걱정 없이, 월세 걱정 없이 목회하는 행복한 그 마음을 과연 알까? 빚 독촉 때문에 매주 금요일 오후 은행 문이 닫혀야 비로소 마음이 놓이고, 월요일에 은행 문이 열리면 다시 초조해지는 이 마음을 알까?'

나는 매번 이런 생각을 했다. 목회 초반 하나님의 이적이 나타났지만 삶은 늘 빚 독촉에 시달리고 있었다. 교회에서 사례비를 받는 것은 바라지도 않았다. 빚 없는 세상에서 살면 얼마나 행복할지 꿈꾸며 사역을 버텨나가고 있었다. 그때 내가 부러워했던 교회에서 4주 동안 일일부흥회를 하게 되고 놀라운 역사가 일어났다. 그 교회 담임목사님이 해외 선교를 마치고 돌아왔을 때 갑자기 성도들이 늘어난 상황을 보고 깜짝 놀라신 것이다.

담임목사님은 자신이 가르치는 은사는 있는데 목양에는 은사가 없다고 말씀하시던 분이었다. 그런데 담임목사님이 교회를 비운 사이에 나는 4주 동안 성도들을 섬기며 성도들의 이야기를 들어주고, 성도들의 전화를 받고 상담도 해드렸다. 목사님이 돌아와서 보니 교회가 부흥되어 있고, 큰 혼란 없이 안정된 교회의 모습을 보고 생각이 많으셨던 것 같았다. 그 목사님이 나에게 이렇게 말씀하셨다.

"우리 교회 교인들이 목사님을 병적으로 좋아하는 것 같아요."

그러고는 자신이 보통 3년에 한 번씩 장기간 해외 선교를 나가는데 이제 목사님이 선교를 떠날 때가 되었다고 하면서 다행히 교인들이 나를 신뢰하고 좋아하니 나에게 이 교회로 와서 담임목사직을 맡아달라고 제안하셨다.

내가 너를 부름 부름대로는 쓰지 않겠다

나는 기도해보겠다고 말씀드리고 집에 와서 아내와 함께 기도했다. 그런데 하나님께서 너무나 뚜렷하게 감동을 주셨다.

"네가 그 교회로 가면 그 교회에서는 너에게 사례비를 주고 사택도 줄 것이다. 네가 그 교회로 가면 내가 그 교회를 가장 성공적인 이민교회로 만들어줄게. 네가 부흥회를 다녀도 교회에서는 너를 적극적으로 지원해줄 거야. 또 책도 쓰고 싶었지? 그 교회로 가면 책도 쓰게 될 거야. 그러니까 목회로 성공할 수 있는 큰 성공을 거둘 것이다."

"그러나 내가 너를 부른 부름대로는 쓰지 않겠다."

하나님이 나를 부르신 것은 이 세계에 있는 모든 교회들을 개혁하고 연합하는 것인데 이 부름대로는 쓰지 않고, 대신 내가 원하는 대로 다 해주실 것이라는 감동을 주시며 나에게 선택하라고 하셨다.

보통 이런 제안을 받으면 기도 응답이라고 덥석 붙잡는 것이 일반적일 것이다. 그런데 나는 하나님이 "내가 너를 부른 부름대로는 쓰지 않겠다"라고 하시는 순간 내가 지금 아무리 힘들어도 하나님이 나를 부르신 부름의 끝이 어딘지, 그 끝에 뭐가 있는지 꼭 보고 싶어졌다. 하나님이 천국을 보여주셨을 때 그 천국에서 기도한 대로 나에게는 모든 인류를 구원해야 하는 사명이 있는데, 그 사명을 바라보며 달려가다가 중간에 멈추고 싶지 않았다.

나는 하나님이 안타까워하신 마음을 떠올렸다. "많은 종들이 이런 훈련이 힘들어서 중간에 떠났고 끝까지 마치지 못했다. 그러나 너만이라도 이 사명을 끝까지 마쳐주기를 바란다"라고 하셨던 것이 생각난 것이다. 지금 내가 아무리 궁핍하고, 가진 것이 없고, 불투명한 미래만이 나를 기다린다 해도 그 유혹에 넘어갈 수 없었다.

그러나 이것 역시 나의 고집이며 아집일 수 있기 때문에 나는 아내와 함께 다시 기도했고 우리는 같은 응답을 받았다. 그래서 바로 하나님께 이렇게 대답했다

"아버지, 싫어요. 안 할래요. 하나님이 부르신 부름대로 끝까지 가보겠습니다."

내가 이렇게 말씀드렸을 때 하나님께서 바로 이런 감동을 주셨다.

"This is your final test."

"이것이 너의 마지막 시험이었다."

와우! 진짜로 "와우" 그 자체였다.

가장 크고 좋으신 창조주 하나님을 붙드는 지혜

그때 하나님께서 나에게 귀한 깨달음을 주셨다. 내가 지내온 긴 세월을 통해서 시험이 오는 것이 아니라 순간순간이 다 시험이었다는 것을. 순간순간 깨어 있지 않으면 곧바로 넘어질 수밖에 없다는 것을 알게 해주셨다.

그것은 마치 '내가 광활한 사막에서 물 한 모금 먹지 못하고 여기까지 왔는데, 지금 내 앞에 구정물이 있다고 이것을 마시라고?'라는 생각 같았다. 물론 그 교회에 가는 것을 선택했다고 그것을 구정물

을 마시는 것이라고 하는 것은 절대 아니다. 그러나 나는 현실에 묶이지 않고 하나님 한 분만 보고 따르고 싶었다. 끝까지 가면 어딘가에는 오아시스가 있다는 믿음이 있기 때문에 흔들리지 않았다. 그리고 끝까지 갔는데 아무것도 없다 할지라도 후회하지 않을 자신이 있었다.

가장 큰 동기부여는 어떻게 해서라도 아버지께서 나에게 부탁하신 것, "많은 종들이 이런 훈련이 힘들어서 중간에 떠났고 끝까지 마치지 못했다. 그러나 너만이라도 이 사명을 끝까지 마쳐주기를 바란다"라고 하신 것을 완수하고 싶었다. 천사들과 피조물 앞에서 아버지를 실망시켜드리고 싶지 않았다.

그런데 그 순간 내가 우리 아버지를 실망시켜드리지 않았다는 안도감이 몰려왔다. 그럼에도 모든 상황은 변하지 않았고, 여전히 우리는 빚 독촉에 시달렸다. 하지만 달콤한 유혹에서 승리했다는 기쁨으로 아내와 나는 하나님께 무한한 감사와 영광을 올려드렸다.

많은 사람들이 어떻게 그 시험을 이길 수 있었느냐고 묻는다. 나는 가장 크시고 가장 좋으신 하나님을 알고 섬기기 때문에 그분의 크심과 좋으심에 비교한다면 이 세상의 어떤 것도 눈에 차지 않는다고, 하나님께서 이런 유혹을 쉽게 이기게 도와주셨다고 말한다. 어찌 창조주의 좋으심을 피조물과 비교할 수 있겠는가?

무엇보다 이것 역시 하나님의 일방적인 은혜이자 일방적인 승리라는 것을 잘 알기 때문에 겸손하고 감사한 마음으로 끝까지 오직 예수님만 붙드는 것이다. 나는 예수님 한 분만 바라보면 된다. 피조물 때문에 나의 마음이 조금이라도 흔들리는 것이 너무 싫다. 그렇기 때문에 앞으로 어떤 달콤한 유혹이 와도 나는 하나님 한 분만으로 만족할 것이다.

순종기도

하나님께 온전히 순종하기 원하시면
오직 믿음으로 기도해주세요.

사랑하는 나의 하나님 아버지.
예수님이 순종함을 배우신 것처럼
저에게도 순종함을 가르쳐주시고 실천하게 도와주세요.

그동안 제 뜻대로, 제가 원하는 대로
하나님께 불순종했던 것을 항복하고 회개합니다.
죄송합니다. 잘못했습니다. 용서해주세요. 다시는 안 그럴게요.

지금부터 예수님의 믿음으로 당신 안에 거하면서
예수님의 순종하심을 배우고 실천해서
하나님의 기쁨이 되게 도와주세요.

본능적으로 하나님께 순종하게 도와주시고
본능적으로 오직 예수님만으로 만족하게 도와주세요.

예수님, 도와주세요. 예수님, 도와주세요.

감사드리며 예수님의 이름으로 기도합니다.
아멘.

PART 4

나의 회복자 하나님

Just Jesus

CHAPTER 12
놀라운 하나님의 임재

내가 체험한 하나님은 불가능을 가능케 하시는 초자연적 하나님이셨다. 우리가 초자연적 창조의 하나님을 의심하지 않으면 얼마든지 그 하나님을 체험할 수 있다. 이것은 절대로 나의 자랑이 아니다. 불가능을 가능케 하시는 초자연적 하나님의 임재를 통해서 우리의 믿음이 성장하고, 우리를 통해서 예수님이 드러나고, 오직 하나님의 영광을 위해서 나누는 것이다.

오직 믿음으로 구하고 조금도 의심하지 말라 의심하는 자는 마치 바람에 밀려 요동하는 바다 물결 같으니 이런 사람은 무엇이든지 주께 얻기를 생각하지 말라 두 마음을 품어 모든 일에 정함이 없는 자로다
약 1:6-8

우리가 의심하지 않고 기도할 때 우리는 하나님의 역사하심을 볼 수 있다. 성경을 보면 하나님께서 죽은 자를 살리시고, 불가능을 가능케 하시고, 창조의 이적을 베푸셨다고 기록되어 있다. 물론 사람들은 하나님에게는 불가능이 없다는 것을 머리로는 알고 있다. 그런데 마음으로는 인정하지 못한다. 하지만 우리 하나님은 어제도 오늘도 영원히 똑같으시다.

예수 그리스도는 어제나 오늘이나 영원토록 동일하시니라 히 13:8

하나님은 그것을 실제로 보여주기 원하시는데 우리는 하나님께 그런 기회를 잘 드리지 않는다. 그래서 나는 모든 분들에게 하나님께 기회를 드리라고 말씀드린다. 우리가 하나님을 머리로만 아는 것이 아니라 그분이 실제로 우리 삶에 나타나시도록 그분을 절대적으로 신뢰하는 믿음으로 오직 예수님만 붙잡으라고 말씀드린다.

Please give God a chance to prove to you how great He is.
하나님께 하나님의 크심을 증명하실 기회를 드리세요.

우리 하나님은 하나님이 얼마나 좋으신 분인지, 하나님이 우리를 얼마나 사랑하시는지, 하나님은 지금도 모든 것을 하실 수 있다는 것을 우리에게 보여주시기 원하시는데, 우리는 대부분 하나님께 기회를 드리지 않고 그런 기회를 빼앗는다.

많은 사람들이 나에게 물어본다.

"왜 목사님에게만 이런 이적이 나타납니까?"

나는 오히려 그들에게 이렇게 반문한다.

"아니에요. 하나님은 모두에게 똑같이 하기를 원하십니다. 다만 저는 끝까지 이해가 되지 않아도 하나님을 절대로 의심하지 않습니다. 그런데 여러분은 하나님을 의심하지 않나요?"

하나님을 의심하면 초자연적인 하나님의 임재는 당연히 나타나지 않는다.

비를 통해 보여주신 하나님의 임재

미국에서 개척교회를 할 때 교인들 중에 어린아이들을 키우는 젊은 엄마들은 일 년에 한 번씩 고민에 빠진다. 바로 핼러윈데이 때문이었다. 미국에서는 핼러윈데이만 되면 아이들이 이런저런 복장으로 등교해서 핼러윈 행사를 한다. 그런데 신앙을 가진 엄마들은 아이들에게 핼러윈 복장을 입혀 핼러윈 행사에 참여시키는 것을 싫어한다. 그렇지만 혹시라도 아이들이 왕따를 당할까봐 고민한다.

한번은 미국 캘리포니아 샌디에이고 지역에서 큰 산불이 났는데 좀처럼 산불이 진화되지 않았다. 목요일에 교인들과 기도 모임을 하려고 모였는데 마침 다음 날이 핼러윈데이였다. 핼러윈데이의 고민을 비롯해서 아이들을 위한 기도 제목을 함께 나누는데 문득 좋은 아이디어가 떠올랐다.

"핼러윈데이 당일인 내일 오후 4시부터 비가 내려서 아이들이 나가지 못하도록 하고, 지금 샌디에이고의 산불이 꺼지지 않고 있는데 큰비가 내려서 산불이 꺼지게 해달라고 같이 기도합시다"라고 했다. 조금은 황당한 기도 제목이었지만 그래도 다 같이 기도하고 밤 10시 반쯤 각자 집으로 돌아갔다. 그날 밤 집으로 돌아가는 고속도로에서 갑자기 소낙비가 내리기 시작했다. 그래서 나는 운전하면서 하나님께 이렇게 말했다.

"아버지, 기도 응답을 주시는 것은 감사한데, 지금 말고 내일 오후예요. 지금은 너무 빨랐어요."

원래 비가 잘 내리지 않는 지역인데, 그때는 와이퍼가 작동되는 속도를 가장 빠르게 해놓고 운전을 해야 할 정도로 억수같이 비가 쏟아졌다. 그런데 그 순간 아내와 나는 기겁을 했다. 왜냐하면 우리 차 옆으로 지나가는 차들 위로는 비가 내리지 않아 와이퍼가 전혀 움직이지 않았고 우리 차만 쏟아지는 비를 맞으며 고속도로를 달리고 있었기 때문이다.

하나님이 우리 차 위로 구름을 모아주셔서 우리 차에만 내렸던 비는 약 2분 후 그쳤다. 그때 다시 옆으로 지나는 차들은 보니 비 한 방울 맞지 않았는데, 우리 차에만 빗방울이 가득 맺혀 있었다. 그래서 그 상황을 하나님께 여쭤봤더니 하나님께서 나의 기도를 들으셨다는 사인으로 보여준 것이라고 하셔서 너무 감사했다.

그리고 다음 날 정확히 오후 4시부터 비가 오기 시작해서 아이들을 핼러윈 행사에 보내지 않게 되었고, 샌디에이고 산불 역시 하나님이 내려주신 비로 순식간에 진화되었다. 비를 통해서 우리는 초자연적인 하나님의 임재와 사랑을 경험하게 되었다.

구름을 통해 보여주신 하나님의 임재

호주 집회인 것으로 기억한다. 지금은 목사님이 되셨는데 그 당시 집사님이었던 한 분이 막 새집을 샀는데, 그 집 마당에서 많은 선교사님과 목사님들을 모시고 대학선교회를 발족하는 기념예배를 드리기로 되어 있었는데, 나 역시 시드니의 다른 지역에서 집회를 마치고 돌아오는 일정에 맞춰서 참석하게 되었다.

그 집에 도착했을 때 마당에서는 고기를 구우며 식사 준비로 분주하고 목사님들은 한창 이야기를 나누고 있었는데, 하늘을 보니 저 멀리서 먹구름이 몰려오는 것이 보였다. 모두 앞마당에서 식사하기 위해 준비 중이었는데 먹구름을 보더니 비가 쏟아지기 전에 어서 안으로 들어가야 하는 것 아닌지 우왕좌왕하는 사이에 나는 그 구름을 보면서 속으로 이렇게 말했다. '이것들이 건방지게, 지금 하나님의 자녀들이 모여 있는데 구름을 몰고 온다고? 말도 안 되지' 그러면서 바로 기도하기 시작했다.

"내가 예수님의 이름으로 명하노니 먹구름은 갤지어다!"

그렇게 혼자서 하늘을 보며 기도하고 있을 때 목사님 몇 분이 옆으로 오시더니 "목사님, 지금 뭐하세요?"라고 물어보셨다. 그래서 지금 우리가 귀한 행사를 해야 하는데 감히 건방지게 먹구름이 몰려와서 기도하고 있다고 말씀드렸다. 다른 목사님들과 다 같이 하늘을 보고 있는데, 그때까지도 한쪽에만 먹구름이 있었는데 갑자기 다른 쪽에서 먹구름이 하나 더 몰려오더니 두 먹구름이 합쳐지며 집사님 집 마당 가운데로 비가 한 방울씩 떨어졌다.

그래서 나는 다시 구름에게 말했다. "이것들이 겁도 없이, 하나님의 일을 방해하려고? 내가 예수님의 이름으로 명하노니 먹구름은 싹 사라질지어다"라고 기도했다. 그러자 갑자기 한쪽에서 거센 바람이 불더니 바람이 먹구름을 밀어버렸다. 그러고는 먹구름이 있던 자리에 파란 하늘이 고개를 내밀었고, 우리는 모인 그 자리에서 파란 하늘 아래 문제없이 행사와 식사를 잘 마쳤다. 그리고 모두 집 안으로 들어가 예배를 드렸다. 그때부터 강한 소낙비가 오기 시작했다.

나중에 들으니 다른 지역에서 예고에 없던 비가 내려 작은 홍수가 났다고 한다. 그날 우리에게 몰려오던 먹구름이 바람에 밀려나면서 그 곳에 폭우가 내려 홍수가 난 것이다. 이렇게 구름을 통해서도 초자연적인 하나님의 임재를 경험할 수 있었다. 마태복음 8장에서 예수님이 바람과 바다를 꾸짖으셔서 풍랑을 잠잠하게 하신 것처럼 우리도 하나님이 하신 일들을 목격하며 하나님께 영광을 돌리게 될 것이다.

태풍을 통해 보여주신 하나님의 임재

2010년 11월에 괌으로 복음을 전하러 갔다. 그때가 추수감사절 연휴라서 청소년들이 모인 연합집회에 말씀을 전하러 간 것이다. 괌은 휴양지라 항상 소란한 분위기인데 이번에는 이상하게 괌 전체가 썰렁하고 심지어 약간 춥기까지 했다. 집회는 목요일부터 시작인데 수요일에 청소년연합집회 관계자분에게 전화가 왔다.

"목사님, 어쩌면 이번 집회를 취소해야 될지도 몰라요."

"왜요?"

"TV 안 보셨어요? 괌에 엄청난 태풍이 오고 있기 때문에 집회를 할 수 없을 것 같아요."

보통 태풍이 아닌 역대급 태풍이 올라오고 있어서 괌이 초긴장 상태라고 했다. 더군다나 그 엄청난 태풍이 괌에 상륙한다는 예상 시간이 우리가 집회하는 목요일 그 시간이었다. 그래서 부모님과 아이들도 대피해야 하고 창문도 나무로 막아야 하기 때문에 불가피하게 이번 집회를 취소해야 할 것 같다는 것이다.

나는 알겠다고 했지만 속에서 마귀에게 화가 치밀어 가만히 두고 볼 수가 없었다. 왜냐하면 내가 여기에 그냥 온 것이 아니라 분명히 기도하고 하나님께서 허락해주셔서 왔기 때문이다. TV를 틀자 진짜 우리가 집회하는 그 시간에 태풍이 지나간다는 예보가 나오고 있었다. 그런데 자세히 보니 다른 태풍이 또 올라오고 있었다. 두 태풍이 괌을 관통하는 시간이 바로 목요일 오후였다.

"이것들이 건방지게 여길 온다고?"

나는 TV를 보면서 기도하기 시작했다.

"내가 나사렛 예수의 이름으로 명하노니 모든 태풍은 괌을 비켜 나갈지어다."

계속 기도하는데 예수님이 배에서 주무시다가 높은 풍랑을 만나게 되어 죽게 되었다는 제자들의 요청으로 일어나셔서 "잠잠하라. 고요하라"라고 하시니 바람이 그치고 잠잠해졌던 것처럼 나도 예수님처럼 하게 해달라고 하면서 기도했다.

> 내가 진실로 진실로 너희에게 이르노니 나를 믿는 자는 내가 하는 일을 그도 할 것이요 또한 그보다 큰 일도 하리니 이는 내가 아버지께로 감이라 요 14:12

"하나님이 이렇게 약속하셨잖아요?"

나는 TV 화면을 보며 계속 명령기도를 했다. 결국 태풍 하나가 더 강력해지면서 다른 태풍을 밀어내더니 태풍의 경로가 바뀌며 괌을 비켜가게 되었다. 태풍이 상륙할 것에 대비해 초비상이었던 지역에 태풍은커녕 비조차 많이 오지 않았다. 집회는 예정대로 진행되었고 더 큰 은혜로 집회를 마칠 수 있었다. 괌에서 태풍을 잠잠케 해주신 하나님은 정말 멋진 분이다. 하나님은 태풍을 통해서도 하나님의 초자연적 임재를 경험하게 해주셨다.

시간을 붙잡아주시는 하나님의 임재

2001년 9월, 그러니까 교회를 개척하고 몇 개월 후에 하나님께서 수련회에 가라고 하셨다. 수련회 일정을 금요일로 잡고 수련회에서 전할 말씀을 준비하고 있었다. 특히 이번 수련회에는 하나님이 준비시키시는 메시지가 열세 개나 되어서 열심히 설교를 준비하고 있었다. 그런데 수련회를 앞두고 전 세계를 놀라게 했던 911 테러가 발생했다.

원래 나의 계획은 화요일부터 목요일까지 말씀을 준비하고 금요일에 수련회를 떠나려고 했는데, 화요일 아침에 운동을 하다가 911 테러 상황을 TV로 보게 된 것이다. 너무 놀라 곧바로 집으로 돌아와 다시 TV를 켜고 하루 종일 뉴스만 보게 되었다. 결국 그날 설교 준비를 전혀 하지 못했고 수요일에도 역시 테러의 충격에 휩싸여 있었다. 아내는 계속 수련회 준비를 하라고 했지만, 나는 이것이 비단 대리리는 사건에 그치는 것이 아니라 영적인 의미가 있으며 마치 하나님에 대한 전쟁인 것 같다고 느꼈다.

그때 문득 하나님께서 몇 달 전 에스겔서를 통해 명령하셨던 것이 생각났다.

> 가령 내가 악인에게 이르기를 악인아 너는 반드시 죽으리라 하였다 하자 네가 그 악인에게 말로 경고하여 그의 길에서 떠나게 하지 아니하면 그 악인은 자기 죄악으로 말미암아 죽으려니와 내가 그의 피를 네 손에서 찾으리라 그러나 너는 악인에게 경고하여 돌이켜 그의 길에서 떠나라고 하되 그가 돌이켜 그의 길에서 떠나지 아니하면 그는 자기 죄악으로 말미암아 죽으려니와 너는 네 생명을 보전하리라 겔 33:8-9

나는 하나님께서 이 말씀을 에스겔에게만 하신 것이 아니라 나에게도 주셨다는 것이 기억이 났다. 하나님은 나에게 빨리 가서 악한 사람들에게 그 악한 길에서 돌이키도록 경고하라고, 회개를 전하라고 하셨는데, 내가 그 말씀을 미처 전하지 못해 수천 명이 죽은 것을 보니 마치 직무유기를 한 것 같아 머릿속이 멍해졌다.

화요일과 수요일에 뉴스만 보다가 목요일이 되니까 설교 준비를 해야 한다는 생각이 났다. 그래서 부랴부랴 몸을 움직여 준비했지만 머리는 여전히 죄책감에 묶여 힘이 들었다. 간신히 준비를 마치고 금요일 아침이 되어 수련회 장소로 떠나려고 하는데 찬양을 준비하지 못한 것이 생각났다. 설교 전에 부르는 찬양 13곡과 설교 후에 부를 찬양 13곡, 모두 26곡을 준비해야 했던 것이다. 그때 찬양 팀이 따로 있었던 것이 아니라 나 혼자서 키보드를 치며 찬양을 인도해야 하기 때문에 찬양 준비는 온전히 내 몫이었고, 찬양할 곡이 준비되면 아내가 가사와 악보 준비를 담당했다.

수련회 당일 아침 7시 50분, 나는 서둘러 하나님께 기도를 드렸다.

"아버지, 지금부터 찬양을 준비해야 하는데 아버지가 도와주세요. 아버지가 무슨 곡을 어떻게 받기 원하신다는 것을 저에게 알려주세요. 그리고 이것을 통해 하나님의 임재 안에서 모두가 예수님을 만나게 해주세요."

이렇게 기도하고 나서 드디어 찬양집을 꺼냈다. 준비한 말씀과 흐름에 맞춰 찬양곡을 뽑고 나자 이미 시간이 많이 흘렀다. 출발하기 전에 한 번씩 모든 곡을 연주하고 불러보는데 그 시간에 하나님이 강력하게 역사하셨다. 나는 아내와 둘이서 찬양을 불렀는데 준비한 26곡만 아니라 더 많은 찬양을 부르고 또 부르며 하나님께 감사와 영광을 올려드렸다.

그러고도 바로 출발하지 못하고 모든 찬양의 악보들을 프린트했으니 또 얼마나 많은 시간이 흘렀겠는가? 우리는 출발하기 직전에 시계를 보고 깜짝 놀랐다. 그때 시각이 아침 8시 10분이었다. 아니 어떻게 이 모든 곡을 뽑고 그 곡들을 불러보고 준비하는 데 20분만 걸렸을까? 말이 안 된다. 그래서 하나님께 어떻게 된 것인지 여쭤봤다.

"여호수아가 아모리 족속과 전쟁할 때 기브온 위에 해가 그대로 머물러 있게 해달라고 기도했지? 내가 너 때문에 시간을 붙잡았다."

결국 하나님께서 초자연적으로 시간을 붙잡아주셨기 때문에 우리가 그 많은 찬양곡을 준비할 수 있었던 것이다. 세상 사람들은 이해하지 못하겠지만 하나님이 붙잡아주신 그 시간은 하나님의 임재로 가득했고 수련회 역시 하나님의 은혜로 승리하고 돌아왔다.

믿고 의심하지 말라

지금도 마찬가지다. 우리 모두 불가능을 가능케 하시는 하나님을 머리로는 알고 있으면서 왜 가슴으로 안 되는지 생각해봐야 한다.

> 오직 믿음으로 구하고 조금도 의심하지 말라 의심하는 자는 마치 바람에 밀려 요동하는 바다 물결 같으니 이런 사람은 무엇이든지 주께 얻기를 생각하지 말라 두 마음을 품어 모든 일에 정함이 없는 자로다
> 약 1:6-8

바로 두 마음을 품고 의심하기 때문에 하나님을 가슴으로 느끼지 못하는 것이다. 하루는 아내가 나에게 이런 질문을 했다.

"여보, 당신은 사람들에게 기도해주면서 기도하는 대로 안 될지도 모른다는 생각을 한 번이라도 해봤어요?"

그런데 나는 단 한 번도 그런 생각을 해본 적이 없다. 지금도 안 된다는 개념을 이해하지 못한다. 이런 확신이 있도록 하나님이 나를 인도해주셨다. 이것 역시 하나님의 일방적인 은혜다.

> 그러나 내가 나 된 것은 하나님의 은혜로 된 것이니 내게 주신 그의 은혜가 헛되지 아니하여 내가 모든 사도보다 더 많이 수고하였으나 내가 한 것이 아니요 오직 나와 함께 하신 하나님의 은혜로라 고전 15:10

많은 사람들은 이렇게 말할 것이다. "나에게도 그런 확신이 있도록 하나님이 인도해주시면 나도 믿겠다." 그렇지만 그것은 하나님이 확신하도록 사인을 주시는데도 불구하고 믿지 못하는 것이다. 하나님이 우리에게 끊임없이 요구하시는 것은 "의심하지 말라"는 것이다. 성경에서도 분명히 말씀하고 계신다.

> 내가 진실로 너희에게 이르노니 누구든지 이 산더러 들리어 바다에 던져지라 하며 그 말하는 것이 이루어질 줄 믿고 마음에 의심하지 아니하면 그대로 되리라 막 11:23

의심하지 말고 그대로 믿으면 나머지는 하나님이 다 알아서 해주신다.

예수께서 이르시되 내 말이 네가 믿으면 하나님의 영광을 보리라 하지 아니하였느냐 하시니 요 11:40

하나님이 이렇게 말씀하셨고 우리의 모든 언행을 보고 계시니 우리는 절대로 의심하지 말아야 한다. 그래서 우리는 두려운 마음과 의심하는 마음까지 항복하고 회개해야 한다.

오직 예수 : 항복 + 회개 = 회복

내가 항상 이것을 강조하는 이유가 두려운 마음, 불안한 마음, 안 될 것 같다는 마음, 의심하는 마음을 항복하고 회개하지 않으면 안 되기 때문에 전하고 또 전하는 것이다. 그리고 많은 사람들이 '하나님을 믿는데 왜 회복이 안 될까?' 하고 의심하는데 의심을 하면 절대 회복이 따라오지 않는다. 의심하지 않을 때 하나님이 다 책임져주신다는 것을 꼭 알아야 한다. 하나님은 우리를 새로운 피조물로 만들기 원하신다.

그런즉 누구든지 그리스도 안에 있으면 새로운 피조물이라 이전 것은 지나갔으니 보라 새 것이 되었도다 고후 5:17

성경에 이토록 분명히 말씀하고 계신데도, 예수님 안에 거하지 않고 예수님 밖에 있으면서 새로운 피조물이 되게 해달라고 한다면 절대 그렇게 될 수 없다. 예수님의 믿음으로 예수님 안에 있게 되면 하나님이 우리를 새로운 피조물로 빚어주시고 우리의 삶을 통해서 하나님의 영광이 드러나게 하신다.

CHAPTER 13

여호와 이레 하나님

때는 1997년으로 교회를 개척하기 전이었다. 나는 필리핀에서 사업을 하고 있었고 모든 것을 다 걸었는데 졸지에 사업에 어려움이 왔다. 그래서 필리핀에서 아내에게 전화를 걸었다.

"여보, 모든 게 묶여버려서 지금 다시 미국으로 돌아가야 될 것 같아. 그리고 미안하지만 지금 우리에게는 160불밖에 없어."

아내에게 미안했지만 솔직하게 다 말할 수밖에 없었다. 그래서 집으로 돌아왔는데 집에는 어른 4명이 살고 있었고 돈은 달랑 160불밖에 없는 상황이었다. 이 돈으로는 단 며칠도 견디지 못하는 금액이었다. 결론부터 말하면 하나님은 160불을 가지고 어른 4명이 4개월을 살 수 있도록 기적을 베풀어주셨다.

120일 철야기도와 4개월의 생활

그때 하나님은 나에게 철야로 21일 다니엘기도를 하라고 하셨고 나와 아내는 교회에서 21일 동안 철야기도를 했다. 철야가 끝나면 교회 기도실에서 자고 새벽기도를 드리고 집으로 돌아왔다.

처음에 둘이서 21일을 작정하고 시작했는데 이 일이 소문이 나서 사람들이 교회로 모이기 시작했고 21일 동안 매일 밤 축제 같은 부흥회가 펼쳐졌다. 그때 나는 평신도였고 그 모임은 내가 찬양으로 인도하고 찬양이 끝나면 각자 기도하는 방식으로 이루어졌다. 그때 놀랍게도 나에게 은사가 다시 나타났다. 내게 누군가 와서 함께 이야기하고 기도하면 하나님이 놀라운 회복을 부어주시는 것이다.

1994년 예수님을 만났을 당시 나에게 은사가 나타났을 때 목사님께서 나에게 말씀만 읽으라고 권면하셨고, 그동안 내 안에 말씀이 쌓이니까 1997년에 은사가 몇 배로 나타난 것이다. 처음에는 말씀 없이 일방적이 하나님의 임재로 은사가 나타났다면, 이제는 하나님의 말씀을 통해서 더 실제적이고 아름답게 회복된 것이다.

아내와 함께 시작한 21일 기도가 너무 좋아서 그 기도가 40일이 되었고, 80일이 되고, 120일로 늘어났다. 매일 밤 교회에 가서 예배드리고 기도실에서 자고, 다음날 새벽에 깨어나 새벽기도를 드리면서 하나님을 더 뜨겁게 만나는 시간을 가졌다. 그러는 동안 우리가 160불로 4개월이나 살았다는 것을 모르다가 120일 철야기도가 끝나고 나자 우리가 이 돈으로 4개월을 살았다는 것을 깨닫게 된 것이다.

　120일 동안 우리에게는 김치를 시작으로 여러 가지 음식을 만들어주시는 분들이 많았다. 그래서 120일 동안 한 번도 음식이 떨어지지 않았다. 물론 그 돈으로 빚을 갚을 수 없고 밀린 월세도 계속 연장해야 했지만 160불로 네 식구가 4개월을 부족함 없이 버틸 수 있었다.

포도와 피자의 하나님

4개월 동안 하나님의 세밀한 사랑을 체험하고 있을 때 한국에서 어떤 기업이 나를 만나러 오겠다는 연락을 받았다. 사업차 방문한다는 연락이었다. 예전 같으면 그런 손님이 오면 비싼 음식점에 모시고 가서 대접했을 텐데, 나에게 그럴 만한 돈이 없었다. 그래서 그 분에게 요즘 저녁마다 교회에 가서 철야예배를 드리기 때문에 대접하지 못하는 상황을 말씀드렸다. 감사하게도 출장을 오신 분이 크리스천이어서 충분히 이해해주셨다. 그래서 식사 대접은 못해 드려도 집에서 다과라도 나누며 이야기를 하자고 해서 그 분을 집으로 모시게 되었다.

　나는 급히 아내에게 다과를 조금만 준비해달라고 부탁했지만 아내는 마켓에서 빈손으로 돌아왔다. 그런데 손님이 포도 한 상자를 선물로 가지고 오셔서 함께 포도를 먹으며 이야기를 나누고 손님은 돌아갔다. 손님을 보내고 교회로 가면서 아내가 왜 슈퍼마켓을 갔다가 그냥 왔는지 설명해줬다. 그때가 여름이어서 포도가 많이 나와 있었는데, 포도 반 상자에 7불이나 되는 가격을 보고 결국 돈이 부족해서 못 사왔다는 것이다. 그런데 마침 손님이 그 포도 한 상자를 사 오신 것을 보고 깜짝 놀랐다며 아내는 해맑게 웃었다.

아내는 손님이 사 온 포도를 보는 순간 하나님이 지금도 우리를 지켜보고 계시며 넘치는 사랑을 베풀고 계신 것을 눈으로 확인해서 하나님께 얼마나 감사했는지 모른다고 했다. 그리고 아내는 우리 눈에 보이지 않는 것이 너무 많다는 것을 깨닫게 되었다고 말했다. 아내의 말이 맞았다. 삶이 힘들지 않았을 때는 보이지 않던 것들이 삶이 어렵고 배고프니까 그때 비로소 하나님의 손이 보이기 시작한 것이다.

그러나 그 이야기를 듣는 내내 내 마음은 가슴이 찢어질 만큼 아프고 아내에게 미안했다. 나보다 더 사랑하는 아내에게 포도 하나 못 사주는 내 자신이 너무 싫은 죄책감과 미안함, 그리고 하나님께 감사한 마음이 합쳐져서 그냥 눈물만 나왔다. 그렇게 둘이서 은혜를 나누며 교회로 가고 있는데 작은 피자집이 보여 아내에게 말했다.

"당신에게 피자 사준 지 오래됐지? 내가 사정이 조금만 풀리면 당신에게 꼭 피자를 사줄게."

그리고 우리는 교회로 가서 포도를 주신 여호와 이레의 하나님께 감사하며 계속 기도했다. 그날도 기도실에서 자고, 다음날 새벽 기도를 마치고 집으로 돌아왔다. 그날이 금요일이었는데 금요일에는 교인들과 따로 금요예배를 드렸다. 그때도 내가 찬양을 인도하고 아내는 다른 방에서 10명 남짓한 아이들에게 성경공부를 가르쳤다. 아내는 항상 아이들을 돌보느라 성인 예배에 함께하지 못할 때가 많았는데, 아이들을 맡긴 부모님들이 고맙다고 돌아가며 간식을 준비해 오셨는데, 그날 준비된 간식이 바로 피자였다.

저녁 예배를 마치고 교인들과 아이들이 모여 간식으로 사온 피자 10판을 충분히 먹은 후 돌아가고 나서 남은 피자를 모아보니 피자 한 판이 남았다. 우리는 차갑게 식은 피자를 울면서 먹었다. 그 전날에 피자 생각만 했는데도 하나님이 내 마음을 다 아시고 피자를 보내주신 거라고 생각하니 여호와 이레의 하나님께 너무 감사해서 하염없이 눈물이 흘렀다.

"하나님이 어제는 포도를 먹여주시더니 오늘은 피자를 먹여주시네."

차갑게 식은 그때 그 피자가 어찌나 맛있던지 지금도 그 피자가 생각난다.

하나님이 주신 성경책

나는 나의 작은 음성까지도 주관해주실 뿐만 아니라 많은 은사도 선물로 나타나게 하신 하나님께 감사한 마음을 담아 매일 밤 교회에서 하나님을 찬양하며 예배드렸다. 40일 철야기도를 마쳤을 무렵 교인들은 더 이상 함께하지 않고 우리 둘만 남게 되었다. 둘만 있으니까 굳이 내가 찬양을 인도할 필요가 없어서 우리는 같이 찬송가를 부르거나 찬양 음악을 틀어놓고 예배를 드렸다.

기도가 끝나면 성경을 읽는다. 그때 아내와 둘이 예배를 드릴 때는 영어성경을 읽었다. 그 이유는 한국어 성경으로는 도대체 무슨 말인지 이해가 되지 않았기 때문이다. 다른 분들이 '현대인의 성경'이 그나마 조금 쉽다고 이야기해주어서 나중에 형편이 좋아지면 꼭 현대인의 성경을 사야겠다고 마음먹었다.

그때 매일 밤 교회에 가서 둘이서 드리는 예배가 얼마나 좋고 행복했는지 지금도 그때를 생각하면 입가에 미소가 지어진다. 예배당에 들어서면 정면에 강대상이 있고 강대상 오른쪽에 드럼과 키보드가 있는데 나는 항상 키보드 앞에 앉아서 기도를 했다. 왜냐하면 누군가 말씀을 전하며 찬양을 하면 바로 가서 키보드를 쳐야 하기 때문이다.

그런데 어느 날 새벽부터 내가 앉는 자리에 새것처럼 보이는 현대인의 성경이 며칠째 놓여 있었다. 성경에 이름도 없고 교인들에게 물어봐도 성경책 주인을 찾을 수가 없었다. 그래서 밤에 기도하러 가서 찬양하고 기도하고 성경을 읽을 때, 비록 내 성경책은 아니지만 그 성경을 읽고 그 자리에 그대로 두고 왔다. 다음 날 기도하러 갔을 때도 아무도 그 성경책을 찾아가지 않았고 그다음 날에도 똑같이 그 자리에 그 성경책이 있었다. 그렇게 일주일 정도 시간이 흘렀는데도 성경책 주인은 나타나지 않았다. 그래서 하나님께 여쭤봤다.

"하나님, 이 성경책 누구 거예요?"

"그건 네 거다."

"네? 이 성경이 왜 제 거예요?"

"네가 이 성경책을 원했잖아."

바로 내가 원했던 현대인의 성경이었고 그것도 완전히 새 성경책이었다. 지금도 그 성경책이 누구 것인지 모르지만 나는 하나님이 두고 가신 성경책이라고 믿고 있다. 그래서 나중에 교회를 개척했을 때 나는 그 성경책을 교회에 비치해두고 성도들에게 하나님이 주신 성경책이라고 했다. 그러자 교인들이 와서 하나님이 주신 성경이라고 매만져보길래 나는 이렇게 말했다.

"우리가 가진 모든 것은 하나님이 주신 것입니다."

그러자 성도들이 그 성경책을 빌려가도 되느냐고 해서 빌려가라고 했다. 놀랍게도 한국말이 서툰 교인들도 이 성경책을 빌려가면 너무 빨리 성경을 읽게 되었다. 성경책을 주신 여호와 이레의 하나님이 그 성경책을 통해서 역사하신 것에 지금도 감사드린다.

수중에 160불밖에 없었을 때도 하나님은 4개월을 부족함 없이 살게 해주셨다. 그동안 하나님은 포도도 먹여주시고, 피자도 먹여주시고, 성경책도 주시고, 은사도 회복시켜주셨다. 우리는 더 강력한 하나님의 역사를 체험하며 여호와 이레의 하나님으로부터 세상에서 가장 값진 행복을 공급받았다.

파푸아뉴기니 승리

감사하게도 2005년부터 해외 집회가 점점 많아졌다. 2005년 교회를 닫을 때부터 하나님의 명령대로 단 한 번도 어느 교회의 문을 두드린 적이 없었는데, 목사님들이 직접 집회 요청을 하셔서 2005년부터 하나님이 허락하신 집회만 매년 9개월 이상 자비량으로 해외를 다니며 복음을 전했다. 한번은 하나님이 한국, 괌, 호주, 파푸아뉴기니로 이어지는 집회를 허락하셨다. 고되고 빡빡한 일정이었지만 보잘것없는 목사를 불러주었다는 것만으로 감사해서 눈물이 날 때가 많았다.

해외에서 집회 요청이 오면 요청하신 곳에서 비행기 표를 보내주시는 것으로 아시는데, 전혀 그렇지 않고 나는 자비로 집회를 다녀야 하는 상황이었다. 단 국내든 해외든 집회 요청이 올 때마다 매번 하나님께 여쭤본다. 그래서 하나님이 허락하시는 곳만 가는데 모든 경비는 내가 부담해서 간다. 2010년에도 정말 많은 나라들을 다녔는데 그때마다 하나님은 돕는 손길을 보내주셔서 넘치지도 부족하지도 않게 딱 필요한 경비만 채워주셔서 하나님이 부르시는 곳으로 달려가서 복음을 전하고 올 수 있었다.

그런데 2010년에 파푸아뉴기니에 가야 할 때는 진짜 돈이 없었다. 파푸아뉴기니는 사람들이 많이 가지 않는 곳이라서 비자 만드는 비용도 비싸고 여비도 만만치 않았다. 파푸아뉴기니에 가려면 먼저 호주로 가서 파푸아뉴기니에 가는 비행기로 갈아타야 한다. 그 비행기마저 매일 있지 않아 호주에서 하루를 묵고 그다음 날 파푸아뉴기니에 도착하게 된다.

파푸아뉴기니의 포트모르즈비 공항에 도착해서 집회 장소인 우카룸파라는 산악 지역으로 가기 위해 다시 경비행기를 갈아타야 한다. 그 곳에 모인 전 세계 500여 명의 선교사님들과 일주일 동안 머물며 집회를 해야 하는데 그 경비행기 왕복 항공료가 없었다. 그 지역에 가면 하나님이 주시는 감동대로 선교사님들에게 헌금도 해야 하기 때문에 계산을 뽑아보니 적어도 9천 불 정도 필요했다. 하나님이 허락하셨으니 가야 하고, 결국 간신히 신용이 회복되어 나온 신용카드로 떠날 준비를 하고 있었다.

그런데 출발하기 전날 뉴욕의 한 장로님께서 보내온 편지를 바빠서 열어보지 못하다가 그다음 날 공항에 도착해서 열어보게 되었는데 그 안에는 수표가 들어 있었고 금액이 딱 9천 불이었다. 그래서 나는 공항에서 장로님께 전화를 드려 감사한 마음을 전하며, 그런데 왜 하필이면 5천 불도 아니고 만 불도 아니고 9천 불이냐고 여쭤봤다. 그러자 장로님께서 일주일 전에 기도할 때 하나님께서 "브라이언 목사에게 9천 불이 필요하니 9천 불을 보내라"는 감동을 주셔서 순종하신 것이라고 하셨다. 그래서 내가 9천 불이 왜 필요했는지 장로님께 말씀을 드리자 장로님도 너무 기뻐하셨다. 장로님을 통해 여호와 이레의 하나님을 또다시 체험한 나는 파푸아뉴기니에서 승리하고 돌아올 수 있었다.

받은 은혜와 받을 은혜

그 이후로 해외 집회를 다니는 동안 한국에서 집회 요청이 점점 늘어났다. 한국은 한 번 가면 한 달가량 아는 장로님 댁에 머물면서 몇몇 교회를 다니며 오직 예수님을 전했다. 내가 자비량으로 집회에 다니는 상황을 잘 아시는 분들이 여러 교회를 연결시켜주기 때문이다. 그러나 아무리 집회를 많이 해도 자비로 다니기 때문에 경비만 겨우 충당하는 생계형 사역을 할 수밖에 없었다.

그런데 어느 날 하나님께서 뜬금없이 해외에 있는 어느 교회에 헌금을 하라는 강한 감동을 주셨다. 그때 하나님이 말씀하신 금액이 3천 불이었는데 그것은 나에게도 매우 큰 금액이었다. 그때도 한 달간 버스와 기차를 타고 전국 일곱 교회를 다니며 열심히 집회를 하고 나서 3천 불 정도 남아 미국으로 돌아가면 이것으로 조금이나마 빚을 갚아야겠다고 생각하고 있을 때였는데, 하나님께서 바로 그 금액을 헌금하라고 하시는 것이다. 나는 바로 순종해서 기쁜 마음으로 송금했다.

이 일이 있기 몇 개월 전에 어느 교회에서 집회를 했는데, 마침 영국에서 만났던 집사님들을 그 집회에서 다시 만나게 되었다. 그중에 한 분은 대기업의 변호사로 있다가 퇴사한 뒤 조금 힘든 상태로 그 집회에서 만난 것이다. 집회를 마치고 집사님이 심방을 요청하셔서 하나님이 주신 감동을 집사님에게 전했는데, 하나님이 역사해주셔서 짧은 시간 안에 다른 대기업으로 입사하게 되셨다.

그리고 몇 개월이 흘러 다른 지역에서 집회를 하는데 그 집사님이 또 오셨다. 집회가 끝나고 나서 그 집사님은 내게 봉투를 건네며 회복을 주신 하나님께 감사하다고 말씀하셨다. "목사님, 제가 첫 월급을 받았는데 하나님께서 주신 감동으로 감사헌금을 목사님께 드립니다." 축복기도를 해드리고 받은 봉투 안에는 3천 불이 들어있었다. 내가 하나님께서 헌금하라고 하신 교회에 헌금을 보내고 나서 하나님께서 다시 3천 불을 채워주실 때까지 단 이틀밖에 걸리지 않았다. 하나님의 손길이 너무 감사해서 기도하며 하나님께 여쭤봤다.

"아버지, 이것이 어떻게 된 겁니까? 저는 그저 하나님께서 3천 불을 헌금하라고 하셔서 순종했을 뿐인데 제가 바라지도 않았는데 어떻게 이렇게 하셨습니까?"

하나님은 내게 이런 감동을 주셨다.

"이것 역시 순종의 테스트였다."

할렐루야! 이것은 비단 순종의 테스트만이 아니다. 왜냐하면 그 집사님은 벌써 몇 달 동안 이 헌금을 하기 위해 준비하고 있었기 때문이다. 하나님은 이 모든 것을 예비하셨는데, 만일 내가 먼저 순종하지 않았다면 이것은 이루어지지 않는 것이다. 모든 것을 예비하시고 공급하시는 하나님, 그래서 이 역시 '여호와 이레'라고 고백하는 것이다. 하나님께서 이만큼 예비하셨는데 내가 순종하지 않았다면 그분의 손길도 보지 못하는 것은 물론, 천사들 앞에서 우리 하나님을 망신시키는 것밖에 되지 않는 것이다.

그 후로도 이와 비슷한 상황이 서너 차례 더 있었다. 물론 내가 3천 불을 도로 받을 생각으로 헌금했다면 그것은 도둑 심보다. 그래서 나는 지금도 많은 분들에게 이렇게 말씀드린다.

"지금도 하나님께서는 여러분에게 선물을 예비하고 계십니다. 그런데 우리가 받은 은혜 때문에 감사하고 순종하지 않는다면 하나님을 체험할 수 없습니다. 받을 은혜만 바라본다면 하나님을 놓칠 수 있어요. 받은 은혜에 감사하면 우리는 당연히 순종할 수 있습니다."

먼저 인정하고 순종하고 감사하는 것, 그리고 가장 중요한 '그리 아니하실지라도'라는 믿음이 있어야 우리가 하나님만 바라볼 수가 있다. 우리가 받을 은혜를 바라보지 말고 받은 은혜를 인정하고 순종하게 되면 당연히 감사할 수밖에 없다. 그리고 순종하면서 그리 아니하실지라도 하나님만 바라보겠다는 믿음만 있으면 하나님의 임재와 사랑을 체험할 수 있는 것이다. 그래서 우리는 이 모든 상황을 통해 여호와 이레 하나님께 감사할 뿐이다.

CHAPTER 14

회복은 용서의 열매다

우리는 먼저 용서는 깨진 관계의 회복이며 회복은 용서의 열매라는 사실을 분명히 알아야 한다. 예수님을 만나고 나서 하나님은 나의 모든 질병을 고쳐주셨다. 내가 가진 질병 중에 가장 심각했던 곳은 허리였다. 16년 동안 허리 통증을 안고 살아가다보니 얼마나 힘들고 아팠는지 모른다. 디스크와 협착증이 얼마나 아픈지는 겪어보지 않은 사람은 모를 것이다.

그런데 그렇게 아팠던 허리 통증을 깨끗이 치유받아도 몇 번은 같은 통증으로 아플 때가 있다. 그럴 때마다 나는 "아버지, 제가 뭘 잘못했나요?"라고 여쭤보면 하나님이 먼저 회개를 시키셨다. 나는 단 한 번도 "아버지, 이게 뭐예요? 고쳐주셨는데 왜 또 아파요?"라고 생각해본 적이 없다. 그리고 지금도 아플 때마다 이렇게 기도한다.

"하나님은 지금도 나에게 놀라운 회복을 주시기 원하시는데, 나의 어떤 죄가 하나님이 주시는 치료를 막고 있습니까?"

너희 허물이 이러한 일들을 물리쳤고 너희 죄가 너희로부터 좋은 것을 막았느니라 렘 5:25

그래서 나는 허리가 아플 때마다 항상 "하나님, 왜 그럴까요?"라고 기도를 한다. 그러면 하나님께서 회개하라고 알려주신다. 회개하면 하나님께서 고쳐주신다. 지금 내 목에 있는 혹 역시 하나님께 여쭤보면 하나님은 "감사만 하라"는 감동을 주신다. 그래서 나는 지금도 회개하고 감사만 하고 있다.

항복하고 회개할 때 용서하시고 회복을 주시는 하나님

어떨 때는 회개하는데도 하나님이 고쳐주시지 않을 때가 있었다. 그리고 아무리 기도해도 내 죄가 아닌 것 같아 계속 하나님께 여쭤보면서 기도하는데, 갑자기 하나님께서 아내에게 내 허리에 손을 얹고 기도하라는 감동을 주셔서 아내가 내 허리에 왼손을 얹고 기도했는데 그때 순식간에 허리 통증이 사라졌다.

그런데 허리 통증이 사라지고 나서 허리를 보는 순간 깜짝 놀랐다. 아내가 내 허리에 손을 얹었을 때 셋째 넷째 손가락이 닿은 부분에 손가락 크기만큼 까맣게 탄 흔적이 있는 것이다. 아내의 손을 통해 하나님의 능력으로 치료하는 광선이 나의 허리 통증을 고치신 것이다. 피부는 물집이 생길 정도로 화상 흔적이 있었지만 아프지 않았고, 아내의 손가락도 멀쩡하고, 허리 통증만 순식간에 사라졌다. 나는 너무 신기해서 하나님께 여쭤봤다.

"아버지, 이것이 어떻게 된 겁니까?"

"내 딸에게도 은사가 나타나게 했는데 본인이 이것을 믿지 않아서 보여주려고 했다."

하나님은 아내에게 은사가 나타나는 것을 직접 보여주시려고 나를 아프게 하셔서 아내가 아픈 부위에 손을 얹고 기도하도록 시키신 것이다.

내가 아내와 결혼하고 평신도일 때 항상 아내와 함께 새벽기도를 다녔는데 하루는 아내가 너무 많이 아팠다. 열이 너무 심해 새벽기도를 못 가겠다고 하는 아내의 이마를 만져보니 불덩이였다. 그래서 나는 잠시 기도해주고 혼자 새벽기도에 가서 아내의 회복을 위해 기도하는데, 하나님이 갑자기 출장 중에 있었던 일들을 생각나게 해주시며 내가 항복하고 회개하도록 인도하셨다.

예수님을 만났지만 아직까지 미숙한 상태였던 나는 세상 사람들을 만나면 나의 교만과 죄들이 있는 그대로 나올 때가 있었다. 나는 분명히 아내를 낫게 해달라고 기도했는데 하나님은 나의 죄를 생각나게 해주시며 회개를 시키셨고 하나님께 용서해달라고 뜨겁게 회개기도를 하는데 갑자기 우리 집 침실을 보여주시는데 누워 있는 아내 몸속에서 까만 뭔가가 나가는 것이 보였다. 그것을 보는 순간 나는 아내가 다 나았다는 확신이 들었다.

나는 하나님께서 나의 죄를 회개하도록 하기 위해 사랑하는 아내를 아프게 하셨다고 생각하니 하나님께 죄송하고 아내에게 미안했다. 새벽기도를 마치고 부랴부랴 집으로 와서 아내를 보니 언제 아팠냐는 듯이 깨끗이 나아 있었다. 내가 먼저 항복하고 회개하니까 내가 용서를 받고 그로 말미암아 내가 사랑하는 사람이 회복되는 것이다. 나도 회복되고 아내도 회복되는 은혜를 부어주신 하나님께 감사와 영광을 올려드린다.

그때부터 나는 내가 아플 때도 가장 먼저 항복하고 회개하고, 아내가 아플 때도 내가 먼저 항복하고 회개할 뿐만 아니라 아내 역시 본인이 아플 때 항복하고 회개하고, 내가 아플 때도 항복하고 회개한다. 그렇게 항복하고 회개할 때마다 하나님께서는 용서해주시고 회복을 주신다.

오직 예수 : 항복 + 회개 = 회복

나는 모든 분들도 항복하고 회개기도 하시기를 항상 강력하게 추천한다. 혹시 지금 어디가 아프다면 항복하고 회개하고 하나님께 용서받아 회복되시기를 바라고, 본인뿐만 아니라 사랑하는 가족들 중에 누가 아프다면 내가 먼저 항복하고 회개하고 용서받으면 하나님께서 가족에게도 놀라운 회복을 부어주실 것이다.

질병도 미래도 고치지 못할까봐?

2005년 LA에서 집회를 했을 때의 일이다. 어느 젊은 엄마가 12살 된 아들을 데리고 찾아왔다. 아들이 태어날 때부터 심각한 아토피로 고생하고 있다고 하는데 아들은 얼굴이 잘생기고 멀쩡했다. 문제는 극심한 아토피로 피부 곳곳에 피가 나서 하루에도 몇 번씩 옷을 갈아입을 만큼 몸 전체 아토피가 심각한데도 얼굴에는 아토피가 없어서 멀쩡해 보였던 것이다.

나는 항상 12세 미만의 경우 부모의 믿음을 위해 먼저 기도해드린 다음 자녀를 위해 기도하는데 그날도 그렇게 기도해드렸다. 그리고 집회가 끝났는데 하나님이 고치셨다는 감동을 주셨다. 그 일이 있고 나서 3개월 후에 어느 댁에 심방을 가서 알게 된 사실인데 집회에 왔던 젊은 엄마가 그 분의 숙모였고, 내가 심방을 온다고 하자 그 엄마가 한걸음에 달려왔다. 나는 너무 반가워서 만나자마자 아들의 상태를 물어봤는데 아토피가 낫지 않았다고 했다. 분명히 하나님이 고치셨다는 감동을 주셨는데 왜 그대로일까 생각하며 아들을 위해 다시 기도해드렸다.

그리고 다시 몇 달이 흘러 어느 결혼식에서 그 분을 우연히 다시 만났다. 그래서 만나자마자 아들의 상태를 물어보니 이번에는 아들에게 이적이 나타난 이야기를 들려주셨다. 그때 두 번의 기도를 받았고 하나님이 고치셨다는 감동을 받았는데도 아들이 낫지 않아서 너무 좌절이 되고 힘들었다고 했다. 그래서 밤에 아들을 재워놓고 펑펑 울면서 하나님께 이렇게 기도했다고 한다.

"하나님, 우리 아들이 평생 이렇게 살게 되면 어떡합니까? 하나님, 우리 아들에게 왜 이런 고통을 주십니까?"

엄마는 아들이 지금은 어리지만 나중에 청년이 되고 세상에 나가 혼자서 살아가야 할 때 평생 아토피로 고통받을 아들의 미래가 너무 걱정이 되어 울부짖으며 기도했던 것이다. 그때 하나님께서 너무나 뚜렷하게 말씀하셨다고 한다.

"너는 왜 내가 이런 질병을 못 고친다고 생각하니? 너는 왜 이 질병에 대한 두려움이 나보다 크니? 네가 얼마나 나를 믿지 않았으면 내가 이 아이의 미래를 고치지 못한다고 하고 질병이 나보다 크다고 생각하니?"

그 순간 아이의 엄마는 처음으로 아이를 위해서가 아니라 본인의 작은 믿음을 철저히 항복하고 회개하는 기도를 했다. 하나님께서 아이 때문에 불안했던 마음과 의심했던 마음을 찔러주신 것이다. 철저히 회개하고 나자 마음이 너무 상쾌해져서 기쁜 마음으로 잠을 자고 다음 날 아침에 아이를 깨웠는데 그렇게나 심했던 아토피가 흔적도 없이 사라진 것이다. 그 밤에 하나님께서 아이의 아토피를 남김없이 고쳐주셨다.

아토피는 치료가 되어도 흉터가 남는데 그 아들은 아기처럼 뽀얀 피부로 회복되었다. 그동안 아토피 때문에 바닷가에는 가보지도 못했는데 하와이로 여행을 가서 태어나서 처음으로 바닷물에 들어가는 아들을 보고 너무 감사해서 눈물이 났다는 간증을 내게 해주었다.

또다시 아토피를 고쳐주신 하나님

우리 교회 교인의 친구가 한국에서 오셨는데 딸이 세 명 있었다. 그런데 둘째 딸이 태어날 때부터 심한 아토피가 있어 온갖 병원을 다녀도 아토피를 치료하지 못했다. 이 아이는 아토피가 너무 심해 눈썹도 빠지고, 두피에도 아토피가 있어서 머리카락도 빠지고, 얼굴은 마치 화상을 입은 것 같은 모습이라고 했다. 그리고 가려움이 너무 심해서 식구들이 돌아가며 긁어줄 정도였다.

셋째를 출산했지만 막내를 돌볼 겨를도 없이 둘째의 아토피로 고생하는 사연을 가진 가정이었다. 아빠 역시 둘째 딸의 상태를 무척 안타까워했다. 특히 온 가족이 고통을 받고 힘들어하자 미국에 가면 치료받지 않을까 해서 무조건 아이를 데리고 미국으로 왔는데, 친구가 집회에 가보자고 졸라 따라 왔다는 것이다.

집회에 늦게 도착한 이들은 통로에 있는 보조의자에 앉아 예배를 드렸고, 설교가 끝날 때 무릎을 꿇고 기도하자고 하는데 그는 이 자리에 오고 싶어서 온 것도 아니고 목사가 하는 말도 귀에 들어오지 않아 무릎을 꿇지 않고 그대로 의자에 앉아 있었다고 한다. 그런데 갑자기 누가 와서 그를 심하게 밀쳤고 의자에서 떨어져 바로 무릎을 꿇자마자 눈물이 터지며 어떤 감동이 느껴졌는데 '지금까지 너는 너의 딸을 위해 기도했는데, 너의 죄 때문에 딸이 아픈 거란다'라는 마음이었다고 한다. 그 순간 자신 때문에 딸이 아프다고 하니까 땅을 치며 눈물로 회개기도 했다.

그리고 하나님의 감동대로 내가 강대상에서 치유선포를 할 때 나의 입술을 통해 "오늘 여러분의 자녀 중에 아토피가 치료받았습니다"라고 선포하자마자 그는 이 기도가 자신의 딸이라는 확신이 들었다. 예배를 마치고 기쁜 마음으로 아이를 보니 아토피는 여전했지만 내 딸이 치료받았다는 확신이 들었다고 했다. 그래서 다음 날 마지막 집회에 가족이 와서 기쁜 마음으로 예배드렸다.

그렇지만 둘째 아이의 상태는 회복의 기미가 없이 그대로였다. 그리고는 5일째 되던 날 아침 엄마가 아이를 깨우려고 가보니까 아토피가 흔적도 없이 사라졌다. 하나님이 바로 고쳐주지 않은 것은 그 믿음을 지키도록 하나님이 인도해주신 것이며 그들은 하나님께 받은 은혜에 감사해서 그리 아니하실지라도 감사하는 마음으로 하나님이 고쳐주실 때까지 기다린 것이다.

그 간증을 전해 듣고 얼마의 시간이 흐른 뒤 그 교인의 집에 심방을 갔다가 아이를 처음 만났다. 여섯 살 아이는 신나게 소파 위를 뛰어다녔다. 얼마 전만 해도 항상 힘없이 소파에 앉아 있기만 하던 아이가 소파 위를 겅중겅중 뛰는 모습을 보니 감격스러워 눈물이 났다고 했다.

이렇게 항복하고 회개하니까 하나님께서 용서해주시고 회복을 주신다는 것을 깊이 깨달은 가족처럼 모든 분들에게도 동일한 은혜가 임하기를 바란다.

하나님과 씨름해보겠습니다

몇 년 전 뉴질랜드에서 집회한 적이 있었다. 뉴질랜드에 도착해서 목사님, 사모님, 권사님과 같이 식사를 하는데, 사모님이 도중에 계속 왔다갔다하셔서 배탈이 나셨나 생각했다. 첫날 집회를 마치고 숙소로 가는 길에 사모님이 자신의 이야기를 하셨다.

"목사님, 저는 3년 넘게 심각한 하혈이 있어요. 하루에도 생리대를 무척 많이 사용할 정도로 하혈이 심해요. 아까 식사할 때 제가 자꾸 왔다갔다해서 불편하셨죠? 하혈 때문에 화장실에 자주 갈 수밖에 없어서 그랬어요. 그래서 저는 이번 집회가 기대가 돼요. 이번 집회를 통해 하나님께서 저를 치료하실 거라는 마음을 주셔서요."

그래서 사모님께 내일 집회부터는 치료가 선포되니까 내일 기도해드리겠다고 말씀드리고 숙소로 돌아왔다. 다음 날 집회에서 하

4부 나의 회복자 하나님 277

하나님은 이번에도 모든 분들이 회개하도록 하셨고 치료도 선포되는 등 그 날도 하나님의 임재가 강했다. 그리고 숙소로 돌아와 사모님께 오늘 기도해드릴지 여쭤봤다. 그러자 사모님이 괜찮다고 하셨다. 나는 사모님께 다시 물었다.

"오늘 치료받으셨어요?"

"아니요. 치료는 받지 않았는데 오늘 하나님이 저에게 회개하라고 찔러주셨어요. 그래서 하나님과 함께 씨름해보려고 합니다."

사모님은 하나님이 찔러주신 마음을 내게도 전해주셨다.

"내 딸아, 너는 3년 넘게 치료해달라고 기도만 했지, 정작 너의 죄를 보여달라고 기도하지 않았잖아."

그러니까 하나님은 죄를 회개하지 않고 치료만 바라고 기도했던 마음을 강하게 찔러주신 것이다. 그래서 처음으로 치료해달라는 기도를 하지 않고 기도 시간 내내 회개만 하셨다고 한다. 다음 날 집회를 끝내고 다시 사모님께 여쭤봤다.

"사모님, 오늘 하나님이 치료해주셨습니까?"

"아니요. 하나님이 저를 회개로 인도하셨으니까 분명히 하나님이 치료하실 것을 확신합니다."

나는 그 말을 듣고 사모님을 축복기도 해드린 후 다음 날 출국했다. 그리고 며칠 뒤 사모님으로부터 이메일이 왔다. 집회가 끝난 그 다음 날부터 하혈이 완전히 멈췄다는 내용이었다. 3년 넘도록 병원에서도 고치지 못한 하혈을 하나님이 깨끗이 치료해주신 것이다. 이번에도 우리가 먼저 항복하고 회개할 때 용서해주시고 회복을 주시는 하나님의 은혜를 함께 누렸다.

이해가 되든 안 되든 축복하라

내가 아는 집사님이 부산에서 건축회사를 운영하는데 어떤 할머니 때문에 공사에 큰 차질을 빚고 있었다. 그 집사님이 공사할 땅에 할머니의 땅이 일부 있어서 서둘러서 협상을 마치지 않으면 공사가 지연되고 공사가 지연될수록 비용이 늘어나기 때문에 곤란한 상황이었다. 그런데 협상이 이루어졌다가도 또다시 엄청난 금액을 요구하며 땅 문제만 나오면 치매 증상을 호소하여 정말 이러지도 저러지도 못하고 있었다.

그래서 하루는 그 집사님에게 전화를 걸어서 말했다.

"집사님, 그 할머니를 축복하고 있어요?"

나는 축복에 대한 성경적 원리를 잠시 설명해주고 지금부터라도 그 할머니를 위해 축복해드리라고 했다. 집사님은 이해가 되지 않지만 축복하겠다고 하고 통화를 끝냈다. 축복의 성경적 원리는 매우 간단하다.

> 예수님은 우리를 저주하는 자를 위하여 축복하라고 명령하셨다(눅 6:28 ; 롬 12:14).

이럴 때 악을 악으로 갚지 않고 악에게 지지 않고 악을 이길 수 있다(롬 12:17,21).

이렇게 나를 힘들게 하는 사람을 위해서 축복하면 나는 물론 나의 가정과 자녀도 축복을 누리게 된다(벧전 3:9).

나를 힘들게 하는 사람을 축복하게 되면 나머지는 하나님께서 다 해결해주신다. 이 성경적 축복의 원리를 쉽게 설명하면 다음과 같다.

1. 내가 누구를 위해 축복했는데 그가 축복을 받기에 합당한 자라면 내가 빌어준 축복이 그에게 가고, 그 축복이 나와 가정과 자녀에게도 온다(마 10:13 ; 벧전 3:9).

2. 내가 누구를 위해 축복했는데 그가 축복을 받기에 합당한 자가 아니라면 그 축복이 없어지지 않고, 그 축복이 다시 나와 가정과 자녀에게로 돌아온다(마 10:13 ; 벧전 3:9).

3. 내가 누구를 위해 축복했는데 그가 나를 저주하면 그 축복이 나와 가정과 자녀에게 돌아오고, 하나님이 대신 그에게 벌을 주신다(롬 12:19 ; 잠 17:13).

4. 그러나 내가 누구를 저주하면 하나님이 나에게 벌을 주신다(롬 12:19 ; 잠 17:13).

이토록 우리가 이해가 되든 안 되든 하나님의 명령이기 때문에 내가 누구를 축복하면 내가 축복한 축복이 나와 가정과 자녀에게 다시 돌아온다. 아무리 억울해도 나를 힘들게 하는 자들을 축복할 때 하나님께서 싸워주시고, 이겨주시고, 그 축복이 나와 가정과 자녀에게로 돌아오게 하신다. 축복만 받고 끝나는 것이 아니라 나와 가정이 회복되고, 나의 환경이 바뀌고, 하나님께서 안 될 것을 되도록 도와주시고, 불가능을 가능케 해주신다.

이 성경적 축복의 원리를 깨닫고 집사님은 그 할머니를 위해 계속 축복했다고 한다. 축복기도를 시작하고 삼 일 후에 할머니의 남편이 서류를 가지고 오면 도장을 찍어주겠다고 연락했다. 그래서 서류를 가지고 가자 늦게 합의해줘서 미안하다고 했다는 것이다. 할머니를 축복하자 모든 묶인 것이 한순간에 해결된 것이다. 모든 것이 성경 그대로이다.

> 너희를 저주하는 자를 위하여 축복하며 너희를 모욕하는 자를 위하여 기도하라 **눅 6:28**

> 너희를 박해하는 자를 축복하라 축복하고 저주하지 말라 **롬 12:14**

남이 나를 힘들게 할 때 우리가 하나님의 명령대로 그들을 축복하면 하나님이 싸워주시고 이겨주시는데, 우리는 하나님의 방법대로 하지 않고 오히려 하나님께 원망할 때가 많다. 그럴 때마다 하나님은 우리에게 이렇게 알려주신다. "내 방법대로 해봐. 그러면 내가 어떻게 하는지 보여줄게." 이것 역시 하나님의 좋으심을 증명할 수 있는 기회를 드리는 일이다.

내가 잘 아는 어느 권사님의 이야기다. 이분은 매우 유능하셔서 아주 큰 은행에 중역으로 재직하고 계셨다. 그런데 중역인데도 불구하고 바로 위 상사가 권사님을 심하게 괴롭혀서 힘들다는 말씀을 자주하셨다. 그래서 권사님에게도 똑같이 축복의 성경적 원리에 대해서 말씀드렸다.

"권사님, 그 상사를 축복해보세요."

권사님은 그날부터 그 상사를 계속 축복했고, 권사님은 더 큰 은행에서 더 많은 연봉을 받고 이직하게 되셨다. 그런데 이직을 할 때 그 상사가 권사님에 대해서 안 좋게 이야기할 경우 힘들어지는데, 그토록 자신을 핍박했던 상사를 계속 축복하자 그 상사가 기쁜 마음으로 권사님을 적극 추천하여 더 좋은 곳으로 이직할 수 있게 되었다. 하나님께서 너무나 아름다운 회복을 주신 것이다.

그러므로 이해가 되든 안 되든 나를 힘들게 하는 자들을 축복해보라. 그러면 우리는 하나님께서 어떻게 해결해주시고, 어떻게 축복해주시는지 확인할 수 있을 것이다.

CHAPTER 15

희귀병은 있어도 불치병은 없다

지금부터 약 20년 전쯤인 것으로 기억하는데 미국 샌프란시스코 근방에서 집회할 때 어떤 집사님 부부를 만났다. 남 집사님은 키가 나와 비슷한데 얼굴과 손은 두세 배가 될 정도로 심하게 부은 모습이었고 집회가 끝난 후 상담을 요청하셨다. 집사님의 이야기는 그 분의 질병이 전 세계적인 희귀병이자 불치병이라고 했다.

대표적인 증상으로 하루에 물 종류를 40리터 마셔야만 하고, 하루 식사도 여섯 끼를 먹어야 하는데 그런 증상과 더불어 화장실을 갈 수 없어 약을 먹어야만 간신히 화장실에 가는 바람에 온몸이 심하게 부어서 고통받고 있었다. 뿐만 아니라 몸에 벌레가 기어다니는 것처럼 가려운 증상으로 잠을 자지 못해 불면증에 시달렸다.

더 심각한 것은 한 시간에 한 번씩 약을 먹지 않으면 눈이 희미해지고, 두 시간 동안 약을 먹지 않으면 정신이 몽롱해지고, 세 시간 동안 약을 먹지 않으면 죽음에 이르는 병을 3년이나 앓고 있다는 것이다. 교회에서 교인들이 집사님을 위해 간절히 기도해도 호전되지 않아 지푸라기라도 잡는 심정으로 힘든 몸을 이끌고 집회에 왔다는 것이다.

너의 믿음을 보이라

집사님 부부와 마주 앉아 이야기를 나누는데, 하나님이 집사님의 양쪽 뇌를 보여주시며 가운데 가느다란 대롱처럼 보이는 곳에 새끼손가락 반 정도 되는 돌이 그곳을 막고 있는 것이 보였다. 그래서 내가 본 그대로 말씀드렸더니 깜짝 놀라며 바로 그것 때문에 이렇게 된 것이라고 했다. 병원에서는 그곳에 종양이 생겨 호르몬 분비를 막고 있기 때문에 수술로 종양을 제거해야 하는데, 그 종양이 수술하기에 너무 위험한 위치에 있어서 수술로 제거하지 못한다는 답변을 들었다는 것이다.

나는 집사님에게 하나님이 자신의 질병을 고치신다는 것을 믿느냐고 물었다. 그러자 집사님은 바로 "아멘" 하며 믿는다고 했다. 그래서 성도님의 손을 잡고 2분 정도 기도하는데 갑자기 하나님이 치료하셨다는 감동을 주셨다.

"하나님이 집사님을 치료하셨습니다."

"아멘."

사실 나는 이렇게 기도하고 나서 집사님이 하나님의 치료를 기다릴 줄 알았다. 그런데 집사님이 갑자기 하나님이 치료해주신다는 확신이 들었다고 하면서 이렇게 질문했다.

"목사님, 그럼 약은 어떻게 할까요?"

그 순간 나 역시 참으로 곤란했다.

'왜 이런 어려운 질문을 지금 물어보시지? 그냥 믿음으로 받고 기다리시면 안 될까?'

복잡한 생각이 들었지만 나는 하나님께 기도하며 여쭤봤다. 그리고 하나님이 집사님에게 이렇게 말씀하신다고 알려드렸다.

"너의 믿음을 보여줘"(Show your faith!).

그러자 잠시 정막이 흘렀다. 그 말을 들은 집사님이 약 10초 정도 생각하더니 벌떡 일어나 바지춤에 걸고 다니던 약 세 병을 망설이지도 않고 쓰레기통에 버렸다. 그 모습을 본 집사님의 아내는 기겁을 했다. 이 약을 먹지 않으면 세 시간 후에 남편이 죽을 수도 있다는 것을 알기 때문이다. 남편은 그런 아내에게 걱정하지 말라고 하며 목사님과 식사하고 갈 테니 집으로 먼저 가 있으라고 했다.

집사님의 아내가 자리를 떠난 후 나와 아내 그리고 남 집사님이 함께 밥을 먹으러 갔다. 그런데 내 믿음이 적었는지, 한 시간 정도 시간이 흘렀을 때 나는 그 분의 눈이 서서히 변하는지 살펴봤다. 그런데 전혀 아니었다. 두 시간이 흐르고 다시 보니 오히려 집사님의 얼굴에 혈색이 돌아오는 것이 보였다. 그리고 세 시간이 흘렀는데 집사님의 얼굴은 오히려 더 좋아진 것 같았다.

그런데 그날 저녁 집회까지 참석했지만 아무런 일도 일어나지 않았다. 그리고 몇 주 후 그 집사님은 이메일로 뇌를 찍은 사진 두 장을 보내왔다. 한 장은 예전에 아팠을 때 찍은 사진이었는데 내가 기도할 때 하나님께서 보여주셨던 바로 그 모습 그대로였고, 다른 한 장은 돌 같은 종양이 깨끗이 사라진 건강한 뇌 사진이었다. 집사님은 메일을 통해 "예수 믿는 나에게 희귀병은 있어도 불치병은 없다"라고 고백하셨다.

그리고 몇 년 후에 그 집사님을 다시 만났는데, 너무나 건강한 모습이었다. 집사님의 이야기가 유명해져서 간증을 하고 다니신다고 했다. 그 후로 만나지 못했지만 지금도 건강하게 믿음을 지키며 살아가신다고 확신한다. 하나님은 이 사건을 통해 또 한번 귀한 깨달음과 믿음의 선포문을 주셨다.

하나님에게 희귀병은 있어도 불치병은 없다.
예수님을 믿는 나에게도 희귀병은 있어도 불치병은 없다.
예수님을 믿는 나는 죽어도 천국이다!

자살을 막아주신 하나님

그만큼 미국 샌프란시스코 근방에서 집회할 때 하나님의 임재가 매우 강해서 그 교회에서 2주간 더 집회를 했다. 그 지역에 소문이 나서 매일 교통이 마비될 정도로 사람들이 몰려와 예배당 안은 발 디딜 틈이 없었다. 사람들이 갑자기 나를 에워싸면 안 되기 때문에 교회에서도 안전 문제에 신경을 쓸 정도였다.

마지막 날 집회를 마치고 나자 교회에서 뒷문으로 빠져나가도록 나를 호위해주어 뛰어가는데 뒤에서 다급히 나를 부르는 여자 목소리가 들렸다. 뒤를 돌아보니 20대 자매 두 명이 서 있었다. 그 자매들은 미니스커트에 진한 화장을 하고 있었다. 알고 보니 나이트클럽에 가기 전에 교회에 들러 예배를 드린 후 나를 불러 세운 것이다. 자매들은 나에게 기도를 해달라고 했다. 한 명씩 하나님께서 주시는 감동대로 기도해주었는데, 두 번째 자매를 위해서 기도할 때 하나님은 이 자매의 마음을 내게 알려주셨다.

"오늘 이 자매가 자살하려고 한다."

그 자매는 오늘까지 나이트클럽에 가서 실컷 놀고 집에 가서 죽으려고 했다고 한다. 그래서 나는 하나님이 알려주신 대로 그 자매를 붙잡고 "하나님, 이 딸을 살려주세요. 이 딸이 죽지 않게 도와주세요"라고 간절히 기도하자 그 자매가 펑펑 울기 시작했다. 그렇게 짧게 기도한 뒤 잠시 위로해주고 나서 나는 급히 그 자리를 떠났다. 그 후 그 자매가 어떻게 되었는지 모르고 많은 세월이 흘렀다.

한번은 뉴욕에 있는 어느 교회의 전도사님과 집회 요청으로 통화를 한 적이 있다. 집회는 일정이 맞지 않았지만, 이런저런 이야기를 나누다가 나를 어떻게 알고 연락을 했는지 물어봤다. 그러자 어느 전도사님의 언니로부터 나에 대한 이야기를 들었다는 것이다. 그 언니는 현재 과테말라 선교사인데, 수년 전 어느 교회 주차장에서 내가 기도해준 덕분에 살 수 있었다고 했다. 언니는 그 날을 마지막으로 극단적인 선택을 하려고 했는데, 마지막으로 주차장에서 기도를 받고 회개하고 회복되어 지금은 과테말라 선교사가 되어 열심히 복음을 전하고 있다고 한다. 역시 우리 하나님의 사랑은 참으로 놀랍고 또 놀랍다.

희귀병은 있어도 불치병은 없다

2009년 11월 잠시 한국을 방문했을 때 나는 CTS의 요청으로 '내가 매일 기쁘게'에 처음 출연했다. 그리고 괌으로 갔다가 다시 한국으로 돌아와 부산에서 집회를 하는 빡빡한 일정이었다. 그런데 부산에서 집회하기 전에 '내가 매일 기쁘게' 방송을 보고 나를 만나겠다고 서울에서 오신 성도님이 계신다는 이야기를 들었다. 그러나 집회 전에는 만날 수 없다고 말씀드리고 집회 시간이 되어 강단에 올라갔을 때 강단 바로 앞에 앉은 부부 중 검붉은 얼굴로 앉아 계신 남자 분을 보는 순간 그가 나를 찾아오신 분이라는 것을 직감할 수 있었다.

은혜 가운데 집회를 마치고 담임 목사님 사무실에서 그 분의 이야기를 듣게 되었다. 그는 서울대학교 의대 교수이자 내과 의사이고 서울에서 병원을 두 개나 운영하고 계셨다. 악보 4천 개를 외워서 색소폰 연주를 할 정도로 명석하고 은사가 많은 분이었다. 그런 분이 어느 날 갑자기 몸이 안 좋아 후배 병원에 가서 검사를 받았다.

그런데 이분은 방사선에 노출될 경우 장기 손상을 가져올 만큼 방사선에 극히 취약한 특이 체질을 가지고 계셨다. 그래서 색소폰 연주를 할 때 커다란 스피커에서 나오는 전자파 때문에 암까지 발병하게 된 것이다. 엑스레이 등 방사선 촬영을 하면 할수록 장기가 녹아내리는 모습에 더 이상 가망이 없다는 선고를 받았다고 한다. 결국 병원 문도 닫고 죽을 날만 기다리고 있었다는 것이다.

그런데 하루는 TV를 보다가 내가 출연한 '내가 매일 기쁘게' 방송을 보게 되었는데 그 순간 '내가 저 목사님을 만나면 살 것 같다'라는 생각이 들었고, 곧 부산에서 집회를 한다는 방송 자막을 보고 무조건 부산을 찾아왔다는 것이다. 자신은 원자폭탄을 맞은 것처럼 몸의 장기가 다 녹아 3개월 시한부 판정을 받았고, 지금이 마지막 3개월째라고 했다. 아무리 마약성 진통제를 먹어도 통증이 사라지지 않아 숨도 못 쉬고 잠도 못 잔다고 하면서 고통을 호소하셨다.

이야기를 들으며 그 분을 보는데 양쪽 폐, 양쪽 신장 그리고 고환, 이렇게 다섯 군데에 마치 실지렁이 같은 것이 꿈틀거리는 게 보였다. 그래서 이런 것이 보인다고 했더니 그 부분에 혈액순환이 안 되어서 온몸에 혈액이 막혀 있다고 했다. 그러니까 내가 본 것은 실핏줄이었고 실핏줄에 있던 혈액이 흘러가려고 해도 막혀 있으니 그것이 마치 꿈틀거리는 것처럼 보였던 것이다.

　내가 그의 손을 잡고 기도하며 그 분을 보는데 오른쪽 가슴부터 막혔던 혈액이 펑펑 터지는 것이 보였다. 마치 먹구름이 사라지고 파란 하늘이 나오듯이 하나씩 없어지고 뚫리는 것을 보여주셨다. 그 순간 그 분이 깊은 숨을 몰아쉬며 이제 숨이 쉬어진다고 했다. 그리고 다시 양쪽 신장에 있던 염증이 펑펑 터지면서 없어지는 것이 보였는데, 그러자 그 분이 갑자기 통증이 없어졌다고 했다.

　그런데 마지막 남은 곳에서는 그런 현상이 없어 이것을 놓고 다시 기도하려고 하자 하나님께서 나에게 하지 말라고 하시며 이것은 본인에게 스스로 기도하라고 하셨다. 그래서 그 분에게 아픈 곳에 본인의 손을 얹으라고 하고 기도해드리자 역시 똑같이 펑펑 터지면서 통증이 없어졌다. 마지막 통증은 직장염에서 직장암으로 가는 상태였는데, 그 부위도 기도하니까 하나님께서 치료해주셨다.

다 내게로 오라

　그는 오랜만에 정상적으로 숨을 쉴 수 있고 통증도 사라져 다음 날 아침 다시 집회에 참석하셨는데, 몇 개월 만에 진통제 없이 편히 잠을 잘 수 있었다고 했다. 부산에서 집회를 마치고 서울로 올라와 그 분을 다시 심방하게 되었을 때 그동안의 이야기를 더 상세하게 들을 수 있었다. 나는 그 분에게 다음과 같이 숙제를 내드렸다.

첫째, 아플 때마다 "수고하고 무거운 짐 진 자들아 다 내게로 오라 내가 너희를 쉬게 하리라"(마 11:28)라는 말씀처럼 통증을 예수님께 다 드리라고 했다. 둘째, "예수님, 도와주세요. 하나님, 저의 통증을 드립니다. 예수님, 도와주세요." 이 기도를 계속하라고 했다. 셋째, 하나님께서 이미 다 들으셨으니 벌써 이루신 것을 감사만 하라고 했다. 이 세 가지 기도를 매일 하라고 했다. 이것이 일명 GAG이다.

GAG

G : Give all your burdens to Jesus

A : Ask Jesus for help

G : Give thanks to God for hearing your prayer

G : 예수님께 나의 모든 문제를 드려라

A : 예수님께 도움을 청하라

G : 나의 기도를 들으신 것에 감사하라

그리고 3개월 후에는 치료를 받을 뿐만 아니라 지금보다 체중도 늘어날 거라는 하나님의 감동을 전하고 축복기도를 해드렸다. 나는 다시 미국으로 돌아왔고 12월 중순이 되었는데 시간이 어느 정도 흘렀기 때문에 지금 어떤 상태인지 궁금했지만 아무 연락이 없었다. 그래서 하나님께 이분이 살아 있는지 여쭤보니 살아 있다고 하셨다.

그리고 이듬해인 2010년, 다시 한국으로 집회를 하러 갔다가 음식점에서 우연히 그 분의 아내를 만나게 되었다. 아내분이 나를 무척 반가워하며 남편이 잘 지내고 있다면서 한국에서의 집회 일정을 물어봐서 알려드리고 헤어졌다. 그런데 그 분이 색소폰을 들고 집회에 찾아오셨는데 처음에는 몰라봤다. 살도 찌고 검붉었던 얼굴은 온데간데없어지고 다른 사람이 되어 있었기 때문이다.

그리고 그 날 자진해서 간증을 해주셨다. 불치병으로 자살 직전까지 갔다가 집회에 와서 기도를 받고 한 달 반 만에 50퍼센트 치료되었고, 3개월 후 하나님께서 정확히 100퍼센트 치료해주셔서 다시 개업을 해서 건강하게 살아가고 있다는 것이다. 간증을 마치고 '나 같은 죄인 살리신' 찬송가 곡의 색소폰 연주가 시작되었고, 그 순간 그 곳은 하나님의 임재와 은혜로 가득했다.

하나님에게 희귀병은 있어도 불치병은 없다.
예수님을 믿는 나에게도 희귀병은 있어도 불치병은 없다.

예수님을 믿는 나는 죽어도 천국이다!

치유선포기도

어느 날 어떤 분이 호주에서 이메일을 보내주셨다. 어느 장로님이셨는데 담석 때문에 내일 병원에 가서 수술을 해야 하는 상황이라 그 전에 기도를 해주면 좋겠다는 내용이었다. 시간을 보니 그 분이 병원에 가기 한 시간 전에 메일을 확인하게 되어 나는 아내와 함께 컴퓨터 모니터를 보면서 바로 그 장로님의 담석을 없애달라고 기도했다. 그리고 한 시간 후에 다시 이메일이 와서 열어보니 수술을 하기 위해 다시 엑스레이를 찍어보니 전날까지 있던 담석이 흔적도 없이 사라져서 수술을 하지 않았다는 것이다. 장로님은 하나님이 치유해주신 것에 감사해서 지금은 베트남 선교사가 되어 영혼 구원에 힘쓰고 계신다.

한번은 한동대학교에 말씀을 전하러 갔다가 교수님들이 기도 부탁을 하셔서 한 분씩 기도해드렸다. 교수님들 중에 남아공에서 오신 국제학교 교장 선생님이 계셨다. 그런데 하나님이 이분의 오른쪽 다리가 아프다는 감동을 주셔서 오른쪽 다리를 고쳐달라고 기도해드린 다음 헤어졌다. 그리고 다음날 주일예배에 말씀을 전하러 갔다. 1부는 영어로 드리는 예배이고, 2부는 한국어로 드리는 예배였다.

예배 전에 기도로 준비하고 있을 때 어제 기도해드린 국제학교 교장 선생님이 오셔서 실은 자신이 태어날 때부터 오른쪽 다리가 1센티 정도 짧아 항상 오른쪽 다리가 불편하고 절뚝거리며 걸었는데, 어제 기도 이후 지금은 다리 길이가 똑같아졌다면서 너무 기뻐하는 것이다. 그러면서 자신은 어디가 아픈지 말하지도 않았는데 어떻게 알고 자신의 다리를 위해 기도했는지 물어보며 계속 내 눈앞에서 왔다갔다하며 걸어다니셨다. 그 모습을 지켜보다가 내가 이렇게 말했다.

"앞으로는 당신의 다리를 위해 기도하지 않겠어. 이러다가 당신이 농구선수가 될 것 같아."

이런 농담을 하고 유쾌하게 한바탕 웃었던 기억이 난다.

한번은 피츠버그에서 며칠 집회를 할 때였는데 거기서 고3인 한국인 자매를 만났다. 그런데 첫날 집회를 마치고 난 뒤 성도님들과 이야기를 나누고 다른 성도님들이 모두 돌아갈 때까지 그 자매가 남아 있었다. 그 자매는 긴 치마를 입고 있었는데 자세히 보니 한쪽 다리를 심하게 절뚝이며 걷는 것이 보였다. 그래서 그 자매의 어머니에게 물어보니 태어날 때부터 한쪽 다리가 3센티나 짧게 태어났다는 것이다. 그래서 집회가 끝나고 사람들에게 인사를 할 때도 불편한 다리를 보이기 싫어 긴 치마를 입고 제일 마지막까지 남아 있었다는 것이다. 이번 집회를 통해 딸이 치료를 받았으면 좋겠다고 해서 기도하겠다고 하고 헤어졌다.

두 분은 다음 날 다시 집회에 참석하였는데 치유선포기도를 할 때였다. 하나님은 인격적인 분이셔서 한쪽 다리가 짧은 분이 고침을 받았다고 하면 누군지 금세 다 아니까 "지금 몸의 균형이 깨진 자가 있는데 균형을 잡아주셨습니다"라고 선포하라는 감동이 있어서 나는 그렇게 치유선포기도를 했다.

나중에 그 자매에게 들어보니 그 순간 앉아 있는 자매 앞으로 큰 불이 달려오는 환상을 보았는데 그때 자신의 몸속에서 까만 무언가가 나가는 것을 봤다고 했다. 그래서 하나님이 고치셨다는 감동을 받아 그 자리에서 바로 일어섰는데 짧았던 다리가 길어지는 역사가 일어난 것이다.

명령기도

또 미국에서 개척했던 교회에서 예배를 드리고 있는데, 갑자기 하나님이 어떤 청년을 지목하시더니 그 청년의 왼쪽 어깨를 위해 기도해주라고 하셨다. 그래서 그 청년에게 하나님이 너의 왼쪽 어깨를 위해 기도해주라고 하시는데 아프냐고 물어봤는데 아프지 않다고 했다. 그래도 하나님이 기도해주라고 하시니 기도해주는데, 그 청년이 갑자기 왼쪽 어깨가 뜨겁다고 하는 것이다.

알고 보니 고등학교 때 왼쪽 어깨가 탈골이 되었는데 10여 년 동안 어깨가 빠진 것도 모르고 통증에 무뎌져 그대로 살아왔던 것이다. 그런데 장시간 인대가 늘어나고 힘줄이 늘어난 것을 하나님이 만지시자 모든 근육을 수축시켜 탈골된 어깨가 제자리로 돌아온 것이다. 청년은 교회 웹사이트에 자신의 어깨를 찍은 기도 전후 사진을 올리며 간증을 한 적이 있다.

그리고 교인 중에 겨울에도 두꺼운 외투에 발에는 항상 일명 '쪼리'라고 하는 샌들을 신고 다니는 독특한 패션 감각을 지닌 자매가 있었다. 하루는 예배 후 성도들이 다 돌아간 후 혼자 남아 아내에게 자신이 머리에 피부병이 있고 발뼈도 튀어나와 아파서 기도를 받고 싶은데 부끄러워서 말을 못하고 있다고 사정을 말했다. 그래서 그동안 머리를 풀지 못하고 발뼈가 튀어나와 부츠나 신발도 제대로 신을 수 없었다는 것이다. 아내를 통해 이야기를 듣자마자 나는 자매를 위해 기도했다. 그런데 하나님께서 그 자매의 몸에서 열여섯 곳을 치료해주셨다. 기도하는 내내 그 자매 역시 본인만 알고 있던 수많은 질병을 하나님이 치료해주시는 것을 느끼며 감사의 눈물을 쏟았다.

그 일이 있고 난 뒤 그 자매가 주일예배를 드리러 왔는데 머리칼을 자르고 까만 셔츠를 입고 짧은 치마에 평생 신고 싶었던 부츠를 신고 나타나 간증을 했다. 이제는 비듬 때문에 입지 못했던 옷도, 튀어나온 발뼈 때문에 신지 못했던 부츠도 신게 되었다면서 자신을 고쳐주신 하나님을 찬양했다.

그리고 한번은 저녁에 교인들과 예배를 드린 다음 개인기도 시간에 각자 눈을 감고 기도하고 있었다. 나 역시 그 날 눈을 감고 기도하는데 하나님께서 우리 교회의 상황들을 세밀하게 보여주셨다. 마치 하나님의 눈이 드론 카메라처럼 조밍하듯이 생생하게 보였다. 아내가 기도하는 것도 보였고, 교인들이 기도하다 조는 것까지 다 보여주셨다. 그런데 한 자매가 보였다. 그때 하나님께서 "내 딸이 나를 향하여 하나님이 살아 계시면 보여달라고 기도했으니 일어나 그 자매에게 내가 살아 있다는 것을 보여주라"는 감동을 주셨다. 그래서 나는 모두 원탁에 앉으라고 하고 그 자매에게 물었다.

"방금 하나님이 살아 계시면 보여달라고 기도했지? 하나님이 지금 너에게 하나님이 살아 계신 것을 보여주라고 하셨어!"

그 말은 듣고 자매가 펑펑 울기 시작했다. 한참을 울고 나자 자신의 이야기를 시작했다. 그 자매는 초등학교 선생님인데 예전에 교통사고가 크게 났고 사고 직후 난간에 매달려 있다가 구조되었는데 그때 충격으로 척추 여섯 군데가 손상을 입었다고 한다. 그때부터 계속 물리치료를 받고 침도 맞아보았지만 낫지 않았다고 한다. 아이들을 가르칠 때도 손이 제대로 올라가지 않아 다른 손으로 팔을 받쳐야 분필을 잡고 쓸 정도라고 했다. 이 자매를 위해 기도하기 위해 손을 잡았을 때 목뼈부터 꼬리뼈까지 너무 많이 어긋나 있는 것을 하나님께서 보여주셨다. 나는 하나님께 이럴 때는 어떻게 기도해야 될지 여쭈었다. 그랬더니 하나님께서 그 뼈들에게 명령하라고 하셨다. 그때부터 지금까지 나는 명령기도를 하게 되었다.

"내가 예수의 이름으로 명령하노니 모든 척추뼈 마디마디마다 지금 제자리로 돌아올지어다."

이렇게 명령기도를 하자 모인 사람들이 갑자기 이상한 소리를 다 같이 듣게 되었다. 그 소리는 우두둑하며 뼈가 맞춰지는 소리였다. 내가 그 자매의 손을 잡고 있었는데, 뼈가 맞춰지는 느낌이 내 손에서도 느껴질 정도였다. 그 시간에 자매의 몸에 어긋나 있던 뼈가 다시 제자리로 돌아오는 기적이 일어났다.

그 청년 역시 "Oh my God, I love everybody"를 연거푸 외치며 어떻게 이런 일이 일어날 수 있냐고 하며 놀라움을 감추지 못했다. 그래서 하나님이 살아 계심을 보여달라고 기도해서 보여준 거라고 하자 자매는 상기된 얼굴로 감사기도를 드렸다. 교인들 모두 그 기적의 현장의 목격자가 된 것이다. 그 뒤로 교인들은 우리 교회의 이름을 'Church hospital'(교회 병원)이라고 부를 정도였다.

하나님은 고쳐주시는 분이시다

하나님은 누구를 만나도 아픈 곳을 보여주시고 알려주셨다. 사람의 손이 아니라도 편지를 붙잡거나 모니터를 보고 기도해도 치유가 일어났고, 손을 놓고 기도해도 치유되고, 기도하면 부러진 뼈가 달라붙고, 튀어나온 뼈가 들어가는 등 많은 이적이 나타났다. 놀라운 일들이 반복되다보니 아내와 나에게는 그런 시간들이 일상이 되어 매일 놀라고 매일 하나님께 감사기도를 드리는 나날이 이어졌다.

나를 만나주신 하나님께서 나 같은 죄인을 통해 성도들을 만나주고 계신 것이다. 그래서 나는 그때나 지금이나 '오직 예수'밖에 모른다. 왜냐하면 내가 체험한 것이 '오직 예수'이기 때문에 내가 체험한 '오직 예수'를 많은 분들이 체험한다면 어떤 상황에서도 하나님께서 그 분들을 고치시기 때문이다. 직접 만나서 기도하든, 만나지 않고 기도하든 하나님은 고쳐주시는 분이기 때문에 나는 그들에게 '오직 예수'만 전하고 있다. 사람들이 이해가 되든 이해가 되지 않든 '오직 예수'만 붙잡게 되면 하나님이 다 책임져주신다.

하나님은 하나님 앞에 믿음으로 나오는 자를 항상 치료해주신다. 여기에는 '하나님의 타이밍'이 있다. 어떤 자들은 바로 그 자리에서, 어떤 자들은 그날 밤에, 어떤 자들은 그다음 날 아침에, 어떤 자들은 일주일 후에, 어떤 자들은 1년 후에, 어떤 자들은 이 세상에서 평생 치료받지 못하고 죽더라도 죽은 후 천국에 가서 온전케된다.

하나님의 입장에서는 우리가 이 세상에서 치료를 받아도 언젠가는 죽기 때문에 우리가 현실의 몸에서 영의 몸으로 바뀔 때 그야말로 온전한 치료가 되고 회복이 되는 것이다. 따라서 지금 하나님이 치료하든 천국에서 새로운 몸으로 거듭나든 하나님은 약속을 지키시는 분이다. 그런데 우리는 하나님께 지금 당장 치료해달라고 한다. 하나님은 오늘도 치료하실 수 있다. 아니면 천국에 가서 치료하시든 우리를 포기하지 않고 반드시 치료하시고 회복시켜주시는 분이다.

그래서 우리는 두려워할 필요가 없다. 그럼에도 불구하고 감사한 것은 하나님은 하루 만에 고쳐주시는 분이다. 그러나 성경에서는 하루가 천년 같고 천년이 하루 같다고 말씀하셨다(벧후 3:8). 그래서 우리는 천년 안에 다 치료를 받게 되는 것이다. 이 세상이 아니라면 저 천국에서 완벽하게 치료받으면 된다. 우리가 이런 생각을 갖게 되면 질병에 대한 두려움이 사라질 것이다.

정신질환도 치료하시는 하나님

하나님은 우리의 체질을 바꿔주시는 분이다. 그만큼 체질이 바뀌었다는 간증은 헤아릴 수도 없이 많다. 우리 하나님은 지금도 우리의 체질을 바꿔주신다. 우리는 영과 혼과 육으로 지음을 받았다. 그렇다면 우리의 마음은 어떨까? 우리 마음에는 여러 가지 질병이 있다. '콜링갓' 방송을 할 때만 해도 TV를 통해서 우울증, 조울증, 공황장애와 같은 마음의 질병까지 치유해주시는 것을 지켜보신 분들이 많다.

마음과 정신의 병 중에는 조현병도 있는데, 조현병을 처음으로 치료한 것은 미국에서였다. 그는 어느 목사님의 아들이었는데 심각한 조현병과 다중인격 장애를 앓고 있었다. 그는 본인만의 세계 안에서 다른 인격체와 대화하는 상태에 이르러 정신병원에 5년 정도 입원했지만 치료되지 않아 가족들이 고통 중에 있었다. 그러나 깊은 상담과 기도를 통해서 하나님은 그를 깨끗이 치료해주셨다.

그런데 한번은 LA에 있는 큰 병원의 정신과 과장이신 크리스천 의사 선생님에게 지금까지 정신과 치료를 하면서 조현병과 다중인격 장애를 치료한 적이 있는지를 물어봤다. 그러자 본인의 경험으로는 조현병이나 다중인격 장애는 치료할 수 없고, 대신 약을 먹어서 조금 조절하는 방법밖에 없다고 했다. 그래서 내가 하나님께서 그 청년의 조현병을 깨끗이 치료하신 이야기를 들려주고 이것이 믿어지냐고 물었을 때 그는 고개만 갸우뚱하며 인정하기 힘들다는 표정을 지었다. 왜냐하면 그 의사의 경험에는 없고 의학적으로, 과학적으로도 치유 사례가 없었기 때문에, 이런 심각한 정신질환을 하나님이 고쳐주셨다는 것이 믿어지지 않았던 것이다.

나는 방송을 통해서 항상 이렇게 말한다. 의사 선생님들은 그들의 전문 지식과 경험으로 말하는데, 나 역시 나의 전문 지식과 경험으로 말한다고 말씀드린다.

"내가 알고 믿고 따르고 증거하는 하나님에게는 불가능이 없으십니다. 하나님만 전능하십니다. 의사 선생님들이 보지 못한 것을 나는 보았습니다. 그들은 할 수 없다고 단정지었지만 하나님은 그것을 하셨고, 나는 그것을 지금까지 보아왔습니다. 그러므로 이제 여러분의 선택입니다. 한계가 없으시고 전능하신 하나님만 절대적으로 신뢰하시겠습니까? 아니면 한계투성이에 잘 되지도 않는 세상 지식을 믿으시겠습니까?"

의학이나 과학 전문가들은 하나님의 역사를 보지 못했기 때문에 이런 기적이 있을 수 없다고 하지만, 나는 31년 동안 하나님의 역사를 너무 많이 봤기 때문에 목숨을 걸고 하나님은 못 고칠 질병이 없다고 말하는 것이다. 기적의 하나님께서 우리의 정신까지도 너무 쉽게 고쳐주신 사례들을 많이 봤기 때문에 나는 이렇게 당당히 말할 수 있다.

항복과 회개기도

하나님 안에서 온전한 회복을 누리기 원하시면
오직 믿음으로 기도하세요

사랑하는 나의 하나님 아버지.
저의 마음을 활짝 열었습니다.
저의 죄를 찔러주세요.
하나님께 정직하게 항복하고 회개할 수 있도록
저에게 회개의 영을 부어주세요.

성령님, 저의 죄를 책망해주시고, 찔러주시고,
하나님의 관점으로 어떤 죄를 지었는지 알려주시고,
하나님의 뜻대로 항복하고 회개하게 도와주세요.
변명하지 않고 합리화하지 않고
바로 인정하고 항복하고 회개하겠습니다.

성령님의 감동대로 죄의 목록을 작성하고
목록대로 하나씩 항복하고 회개기도를 해주세요.

하나님, 저의 (   ) 죄를 항복하고 회개합니다.
죄송합니다. 잘못했습니다. 용서해주세요. 다시는 안 그럴게요.

그동안 받을 은혜만 구했지, 벌써 받은 은혜에
감사하지 못한 것을 항복하고 회개합니다.
죄송합니다. 잘못했습니다. 용서해주세요. 다시는 안 그럴게요.

저의 죄를 용서해주셔서 감사드리며
본능적으로 죄를 멀리하고 하나님께 더 가깝게 나가서
예수님만을 붙잡고 예수님만을 위해서 살게 도와주세요.
예수님, 도와주세요. 예수님, 도와주세요.

감사드리며 예수님의 이름으로 기도합니다.
아멘.

PART 5

져스트 지저스 : 오직 예수

Just Jesus

CHAPTER 16

나의 멘토, 나의 사명, 오직 예수

나는 미국에서 풀러신학대학원을 졸업했다. 이때 반드시 멘토 프로그램 과정을 통과해야 한다. 그러니까 멘토를 찾아야 하고, 누군가가 나의 멘토가 되어 그 멘토와 시간을 보낸 다음 사인을 받아야 하는 것이다. 나는 기도하면서 나의 멘토로 어떤 분이 좋을지 하나님께 여쭤보며 찾고 찾다가 드디어 대상자를 찾았다. 미국 장로교단에서 50년 이상 목회하셨고 캘리포니아 장로 교단의 높은 위치에 계신 분이었다. 풀러신학대학원 1회 졸업생이며 그와 캠퍼스 사역을 같이 시작한 동창이 CCC의 창립자 빌 브라이트 박사님이다. 그러니까 이 교수님도 CCC 창립 멤버였다. 특히 나와 아내를 너무 좋아해주셨다. 이런 완벽한 멘토가 없을 것 같아 감격하고 있을 때 하나님께서 갑자기 그 교수님을 멘토로 하지 말라고 하셨다.

"아버지, 왜요? 저도 멘토가 필요하잖아요."

조금 시간이 흐른 뒤 하나님께서 섭섭한 말투로 다음과 같은 성경 구절을 주셨다.

땅에 있는 자를 아버지라 하지 말라 너희의 아버지는 한 분이시니 곧 하늘에 계신 이시니라 또한 지도자라 칭함을 받지 말라 너희의 지도자는 한 분이시니 곧 그리스도시니라 마 23:9-10

한글성경에는 '지도자'라고 나와 있지만 영어성경으로 하면 '스승'이다. 즉 나의 스승은 그리스도 한 분이라고 알려주시며 이런 감동을 주셨다.

내가 너의 멘토가 되면 안 되겠니?

"브라이언, 내가 너의 스승이자 멘토가 아니었니? 너는 왜 사람의 멘토를 찾니? 나로 만족하지 못하겠니? 내가 너의 멘토가 되면 안 되겠니?"

그런 감동을 받고 나는 하나님께 너무 죄송하고 미안했다. 그래서 나는 그 교수님에게 멘토가 되어달라고 요청하지 않았다. 그때부터 다 내려놓고 성경을 가지고 씨름하기 시작했다. 성경을 보면서 "아버지, 이게 무슨 뜻이에요?", "아버지, 이게 무슨 말이에요?"라고 물으면 하나님이 그때그때 성경을 가르쳐주셨다. 그때부터 하나님과 일대일 성경공부를 시작했다. 마치 하나님께서 사도 바울에게 직접 가르쳐주신 것처럼 말이다.

> 형제들아 내가 너희에게 알게 하노니 내가 전한 복음은 사람의 뜻을 따라 된 것이 아니니라 이는 내가 사람에게서 받은 것도 아니요 배운 것도 아니요 오직 예수 그리스도의 계시로 말미암은 것이라 갈 1:11-12

하나님이신 성령님께서는 성경만 아니고 모든 것을 너무나 상세히 차근차근 가르쳐주기 시작하셨다.

> 보혜사 곧 아버지께서 내 이름으로 보내실 성령 그가 너희에게 모든 것을 가르치고 내가 너희에게 말한 모든 것을 생각나게 하리라 요 14:26

나는 '성령님과 하는 성경공부가 바로 이거구나' 하면서 매일 상상하지 못하는 방법으로 성경공부를 하는데, 그 시간이 얼마나 행복했는지 모른다. 그때부터 나는 성경 주석을 보지 않는다. 주석은 저자에게 주신 감동이고 나에게 주신 감동은 주석과 다를 때가 많았다. 나는 매일 성령님과 일대일 성경공부를 했다. 그런데 이런 성경공부 방법이 위험할 수 있다. 나 혼자서 성경을 연구하다보면 쉽사리 이단으로 빠질 수 있기 때문이다. 그래서 나는 어떤 깨달음을 주실 때 성경적 보수신학과 일치하는지 항상 파헤쳐본다.

내 삶이 오직 예수, 결론이 오직 예수

그러나 내 어머니의 태로부터 나를 택정하시고 그의 은혜로 나를 부르신 이가 그의 아들을 이방에 전하기 위하여 그를 내 속에 나타내시기를 기뻐하셨을 때에 내가 곧 혈육과 의논하지 아니하고 갈 1:15-16

나는 이 말씀을 영어성경으로 볼 때 더 확실하게 이해할 수 있다.

But when God, who set me apart from brith and called me by his grace was pleased to reveal his Son in me so that I might preach him among the Gentiles… Gal 1:15-16 NIV

즉 내가 태어나기 전부터 나를 구별하신 하나님이 나에게 성령님을 통해서 당신 아들을 가르쳐주셔서(요 14:26, 15:26) 나는 그때부터 아버지의 뜻대로 예수님만 전했다고 하는 대목이며, 나에게 주신 사명대로 모든 피조물에게 복음이신 예수님을 증거해서 온 인류가 구원을 얻는 것이다(막 16:15, 한글성경에는 만민에게 복음을 전파하라고 번역되었는데, 원어는 "모든 피조물에게 복음을 전파하라"이다).

그런데 이 진리는 내가 사람에게 배운 것이 아니라 하나님이 내게 주신 것이다.

형제들아 내가 너희에게 알게 하노니 내가 전한 복음은 사람의 뜻을 따라 된 것이 아니니라 이는 내가 사람에게서 받은 것도 아니요 배운 것도 아니요 오직 예수 그리스도의 계시로 말미암은 것이라 갈 1:11 12

그래서 그때부터 지금까지 나의 멘토는 예수님 한 분뿐이다. 그리고 그때부터 나의 사역이 '오직 예수'가 된 것이다. 어떻게 보면 나는 굉장한 고집불통이라 누구의 말도 듣지 않는다. 예수님만이 나의 스승님, 나의 왕, 나의 전부, 나의 아버지, 그리고 나에게도 담임목사님이 계시는데 그분이 바로 예수님이다.

누군가 내게 이렇게 물어본다.

"브라이언, 당신의 목사님은 누구입니까?"

"예수님."

"당신의 목자는 누구입니까?"

"예수님."

"당신의 스승은 누구입니까?"

"예수님."

"당신의 왕은 누구입니까?"

"예수님."

"당신의 기쁨은 누구입니까?"

"예수님."

"당신의 존재 이유는 무엇입니까?"

"예수님."

"당신의 삶의 목적은 무엇입니까?"

"예수님."

그래서 내 삶이 "오직 예수"가 된 것이다. '오직'이라고 말하면서 다른 것을 이야기해서는 안 되는 것이다. 내 설교는 전부 '오직 예수'가 핵심이다. 나는 지금도 설교를 하고 방송 사역을 하고 있다. 그런데 상황마다 설교 주제마다 결론에서 다른 것을 이야기한다면 나는 거짓말쟁이가 되는 것이다. 다른 결론을 말하면서 어떻게 '오직'이라는 단어를 쓰겠는가? "오직 예수"라는 것은 항상 결론이 같아야 한다. 결론이 달라지면 나는 그때그때 변질된 사람이 되고 만다.

부르신 자에게 집중하라

그런데 예수님을 알면 알수록 우리가 상상하지 못하고 한 번도 체험하지 못했던 하나님의 크심을 너무 많이 알게 된다. 내가 깨달은 것은 예수님 한 분만 바라보니까 다른 것이 보이지 않는다는 것이다. 한 분만 바라보니까 그분의 크심이 점점 나에게 나타난다. 사역을 하다보면 종종 부름을 받았다고 하는 분들을 많이 본다. 그릴 때마다 나는 똑같이 말씀드린다.

"여러분, 부름보다 부르신 자에게 집중해주세요."

나의 부름보다 부르신 자에게 집중하다보면, 그것이 선교든 목회든 부르신 자를 기쁘시게 해드리면 그것이 바로 사역이다.

> 너는 그리스도 예수의 좋은 병사로 나와 함께 고난을 받으라 병사로 복무하는 자는 자기 생활에 얽매이는 자가 하나도 없나니 이는 병사로 모집한 자를 기쁘게 하려 함이라 딤후 2:3-4

부르신 자가, 나의 구세주가, 나의 소망이, 나의 기쁨이 오직 예수라는 것을 나는 너무 정확히 알고 있다. 나는 사역 때문에 존재하는 것이 아니다. 나는 지금이라도 하나님께서 사역을 그만두라고 하시면 "감사합니다" 하고 그만둘 것이다. 나에게는 오직 예수님만 계시면 된다.

그리고 내가 하는 사역이 내 것이 아니고 하나님의 것이니까, 하나님이 다 알아서 해주시기 때문에, 나는 사역에 대해서는 거의 기도하지 않는다. 지금도 나는 이것이 내 사역이라고 생각하지 않는다. 하나님의 사역에 내가 얹혀가는 것이다. 하나님께서 하나님이 원하시는 일을 나를 통해서 하시는 것이다. 그래서 '부름'이 아니라 '부르신 자'에게 집중하여 이분의 깊이를 매일 조금씩 알게 되며 예의 바른 교제를 나누는 것이다.

알면 알수록 커지는 하나님

예수님을 만나고 나서 6개월 정도 되었을 때 매일 기도하고 새벽기도를 다니는 생활을 하니까 나에게 이런 느낌이 왔다. '내가 이제 하나님을 50퍼센트 아는 것 같다.' 그런데 조금 더 지나보니 하나님을 50퍼센트 아는 것이 아니라 0.5퍼센트가 되는 것이다. 내가 50퍼센트까지 알던 하나님은 어디 가고 하나님을 너무 모르는 상태가 되어버렸다.

그래서 나는 하나님께 여쭤봤다.

"아버지, 왜 갑자기 0.5퍼센트가 된 겁니까? 제가 그동안 죄를 많이 지어서 뒷걸음질하고 있는 건가요?"

그래서 다시 열심히 성경을 보고 기도하고 하나님을 알아가려고 노력해서 다시 50퍼센트까지 올려놓았다. 그런데 또 갑자기 0.5퍼센트로 떨어졌다. 그래서 또다시 열심히 해서 50퍼센트까지 올려놓았다. 그리고 갑자기 또 0.5퍼센트가 되었다. 그렇게 여러 번 반복하니까 도무지 왜 그런지 알 수가 없었는데 그때 하나님이 나에게 이런 감동을 주셨다.

"브라이언, 너는 그동안 나의 크기를 100이라고 생각해서 나에 대한 너의 지식의 크기가 50이 되면 너는 나를 50퍼센트 안다고 생각했었지? 그런데 나의 크기를 100이라고 생각했다가 내가 10,000이 되니까 네가 알고 있는 나를 0.5퍼센트로 느끼게 된 거란다."

즉 내가 알던 하나님이 백 배 커지신 것이다. 그때까지만 해도 나는 하나님이 100인 줄 알았는데, 하나님을 알면 알수록 하나님에 대한 이해는 물론 나의 믿음도 성장하여 하나님이 더 커지기 시작해서 10,000이 되니까 내가 아는 하나님이 100배로 커지셔서 하나님에 대한 나의 지식이 0.5로 느껴진 것이다.

하나님을 더 알아가면서 일만이 백만이 되고, 백만이 억이 되고, 억이 100억이 되어 하나님께서 백 배씩 커지시며 나의 믿음도 백 배씩 성장하기 시작했다. 이런 사건이 12번 반복되다보니 나의 믿음도 100 곱하기 12자승으로 성장했다. 즉 하나님의 크기가 커지는 만큼 나의 믿음 역시 그만큼 성장하게 하신 것이다. 그러나 나는 그것이 이제 막 시작이라는 사실에 무척 감사하다. 그래서 매일 하나님을 기대한다. '오늘은 하나님이 어떤 면을 보여주실까?' 나는 지금 여기에 있지만 5년 후에 나는 더 깊어질 것이라는 기대감에 미래의 내 모습이 기다려진다.

예수님 한 분만 바라보니까 다른 것은 보이지 않고, 그분만 바라보니까 성령님이 기뻐하셔서 나에게 매번 예수님을 알려주신다. 그리고 하나님의 눈으로 성경을 보니까 성경이 매번 다르게 느껴진다. 이 세계 모든 만물을 창조주의 눈으로 보니까 너무 다르다.

하나님께서 내게 계속해서 알려주신 말씀이 있다.

> 너희 중에는 그렇지 않아야 하나니 너희 중에 누구든지 크고자 하는 자는 너희를 섬기는 자가 되고 마 20:26

그런데 역시 영어로는 Not so with you, 즉 나만큼은 세상 사람처럼 인정받고 권력 다툼하며 감투 쓰려고 하지 말라고 성경을 통해 당부하신다. 이것이 우리 아버지의 소원인데 내가 무엇을 못하겠는가. 그래서 그분 뜻대로 순수하게 예수님만 바라보고 또 바라보고 증거하고 있다.

그동안 나는 이 진리를 잘 몰랐다. 그분이 나에게 원하셨고, 내가 만난 예수님이 너무 좋아서 나는 그분을 바라보았을 뿐이다. 이것은 예수님이 나의 멘토이시기 때문에 내가 예수님께 배운 것이다. 그래서 예수님도 어떤 상황에서도 아버지 하나님만 바라보셨다는 것을 알게 되었다.

예수님은 아버지 하나님과 천국만 전하셨다. 나는 죄인이기 때문에 감히 하나님을 바라보지 못하지만, 그분께 가는 유일한 길이신 예수님을 바라볼 수 있다. 그래서 나는 "오직 예수"라고 전하고 있다.

3가지 오직

우리는 3가지 '오직'에 대해서 익히 알고 있다. 오직 말씀, 오직 은혜, 오직 믿음(Sola Scriptura, Sola Gracia, Sola Fide)이다. 그런데 어떻게 '오직'이란 단어를 세 번이나 사용하는가? 이것은 문법에도 어긋나는 것 아닌가? 그런데 이런 문법의 오류를 쉽게 해결하는 방법이 있는데 그것이 바로 오직 예수다!

오직 말씀? 말씀이신 오직 예수(요 1:1)!

오직 은혜? 은혜의 근원이신 오직 예수(요 1:17)!

오직 믿음? 믿음의 주님이신 오직 예수(히 12:2)!

그러므로 오직 말씀, 오직 은혜, 오직 믿음(Sola Scriptura, Sola Gracia, Sola Fide)은 오직 예수로 결론난다! 나는 "오직 예수"로 모든 피조물들을 다 예수님 손에 드린다. 그다음부터는 예수님이 모든 피조물을 아버지 하나님께 드린다. 그 말씀이 골로새서에 있다.

> 그의 십자가의 피로 화평을 이루사 만물 곧 땅에 있는 것들이나 하늘에 있는 것들이 그로 말미암아 자기와 화목하게 되기를 기뻐하심이라
>
> 골 1:20

즉 하나님 아버지께서 예수님을 통해서 모든 피조물이 하나가 되는 것으로 말미암아 예수님을 통해 아버지 하나님과 하나가 되기 원하시는 것을 알기 때문에 마가복음 16장 15절의 명령대로 모든 피조물에게 복음이신 예수님만 전파하는 것이 나의 사명이다.

> 보라 내가 너희에게 쓰는 것은 하나님 앞에서 거짓말이 아니로다
>
> 갈 1:20

또 이르시되 너희는 온 천하에 다니며 만민에게 복음을 전파하라

막 16:15

이 두 성경 구절은 나에게 매우 중요한 사명이다. 아버지가 천지 만물을 만드시며 원래 우리와 하나였는데 우리의 죄로 말미암아 하나님과 우리 사이가 갈라졌다. 그런데 하나님은 우리가 다시 하나님과 하나가 되기를 원하신다. 이것이 바로 아버지의 마음이며 복음이다. 그런데 그 아버지의 마음을 이룰 수 있는 분은 딱 한 분밖에 없다. 모든 피조물이 아버지 하나님과 하나가 될 수 있는 방법이 바로 오직 예수님이다. 예수님의 피로 말미암아 모든 것이 하나가 되고 아버지와 화평을 이루어 아버지께 돌아올 수 있다.

복음이란 예수님을 믿어서 하나님과 하나 되는 것이다. 그러므로 나의 사명은 모든 피조물에게 예수님을 증거하며 모든 피조물을 예수님 손에 드리는 것이다. 예수님이 모든 피조물을 아버지 하나님께 올려드리면 끝나는 것이다. 그래서 나의 사명은 "오직 예수"이며 나의 멘토 역시 "오직 예수"이다.

결론은 오직 예수

내 이름으로 일컫는 내 백성이 그들의 악한 길에서 떠나 스스로 낮추고

기도하여 내 얼굴을 찾으면 내가 하늘에서 듣고 그들의 죄를 사하고 그들의 땅을 고칠지라 대하 7:14

이 말씀을 볼 때 한글성경은 그 순서가 잘못 기록되었다. 원어의 순서는 "내 이름으로 일컫는 내 백성이 스스로 낮추고 기도하여 내 얼굴을 찾으며 그들의 악한 길에서 떠나면 내가 하늘에서 듣고 그들의 죄를 사하고 그들의 땅을 고칠지라"이다.

역대하 7장 14절을 한글 순서가 아니라 원어 순서대로 다시 정리해보면 다음과 같다.

1. 스스로 낮추고,
    = 나의 자유의지로 스스로 하나님께만 항복하고,
2. 기도하여,
    = 나의 자유의지로 스스로 하나님께 기도하며,
3. 내 얼굴을 찾으며,
    = 나의 자유의지로 스스로 하나님께 회개하면서,
4. 악한 길에서 떠나면,
    = 나의 자유의지로 스스로 악한 길에서 떠나
      하나님께로 돌아가면,
5. 내가 하늘에서 듣고,
    = 하나님께서 스스로 우리의 기도를 들으시고,

6. 그들의 죄를 사하고,

    = 하나님께서 스스로 우리의 죄를 사하시고 용서하시고,

7. 그들의 땅을 고칠지라,

    = 하나님께서 스스로 모든 면에서 회복을 주신다.

여기서 나눈 7단계를 3단계로 쉽게 정리한 것이 바로 "항복 + 회개 = 회복이다."

오직 예수 : 항복 + 회개 = 회복

Just Jesus : Surrender + Repentance = Restoration

결론부터 말하면 우리가 항복하고 회개할 때 하나님의 회복은 따라온다. 무엇을 항복하느냐 하면 가장 먼저 우리의 주권, 즉 우리가 주인 행세했던 모든 것, 더욱이 우리의 계획, 마음, 감정, 의지, 비뚤어진 성품, 버릇, 중독, 욕심, 관점, 가치관, 불신앙, 의심, 나의 과거의 아픔, 상처 등 모든 것을 다 항복하고 회개할 때 하나님이 나를 온전케 회복시켜주심으로써 나의 건강이 회복되고, 부부가 회복되고, 가정이 회복되고, 나의 사업, 사역, 직장, 재정, 심지어 나의 환경과 현실과 미래도 멋지게 바꿔주시고 모든 것을 새롭게 만들어 주신다(전 3:11).

우리는 우리의 죄를 정직하게 인정하고 항복하고 회개해서 용서

받고 하나님과의 막힌 담을 허물어야 한다. 그래야 하나님의 치료와 회복이 임하게 된다. 이것은 비단 나에게만 적용되는 것이 아니다. 우리가 먼저 항복하고 회개할 때 나라와 민족이 흔들리지 않을 것이고 목사가 회개할 때 교회는 망하지 않는다. 부모가 회개할 때 행복한 가정이 될 뿐만 아니라 가장인 아빠가 먼저 회개할 때 그 가정에 하나님이 예비하신 모든 축복과 치료가 회복되고 예비하신 모든 좋은 것이 회복된다. 그래서 우리의 나라와 민족이 하나님 앞에 나와 항복하고 회개하게 해달라고 기도하는 것이다. 특히 위정자, 정치 경제 지도자, 교계 지도자들이 먼저 무릎 꿇고 하나님께 항복하고 회개하면 하나님께서 용서하시고 나라와 민족을 고쳐주신다(대하 7:14).

그래서 이것 역시 결론은 오직 예수이다.

CHAPTER 17

방송 사역에서 가상 교회까지

하나님께서는 2014년부터 한국 CTS 본사에서 방송 사역을 하라고 명령하셨다. 처음에는 내가 잠시 한국에 머무르며 사역하기를 원하시는 줄 알고 한국으로 왔다. 그동안 집회 때문에 한국에 방문한 일이 많았지만 한국에 정착하여 사역을 한다는 것은 쉽지 않았다.

  40년을 미국에서 살아도 한국인이라는 자긍심을 가지고 살았지만, 막상 한국에 오니까 문화도 낯설었다. 특히 한국에서 나고 자란 사람보다 한국어가 유창하지 못한 내가 방송을 한다는 것이 어색했다. 하지만 하나님이 보내신 곳이기 때문에 더 노력하며 감사한 마음으로 CTS에서 방송 사역을 시작했다.

  나는 하나님께서 나를 한국으로 보내신 이유를 분명히 알고 있다. 과거 한국 교회가 큰 부흥을 이루었을 때도 있었지만, 지금의 한국 교회는 그 부흥의 빛을 점점 잃어가고 있다. 무엇보다 대한민국이 복음으로 회복되기를 바라는 하나님의 마음이 고스란히 전달되었기 때문에 하나님은 나를 이 나라에 선교사로 보내셨다고 생각한다.

아내와 나는 어린 나이에 이민을 갔기 때문에 뿌리는 한국인이지만 여러모로 한국이 낯선 미국인에 가까운 사람이었다. 그랬던 내가 CTS 지사와 본사에서 13년이라는 긴 시간 동안 방송 사역을 하게 된 것이다. 한국 교계에 연줄도 없고 내세울 것도 없는 미국에서 온 무명의 목사에게 방송 사역을 할 수 있도록 인도해주신 하나님과 CTS에 감사한 마음만 가득하다.

CTS에서 여러 다양한 프로그램을 했지만 지금도 많은 분들이 기억하는 것은 '콜링갓'이다. 이것은 나에게도 특별한 프로그램이었다. 전문 방송인도 아닌 내가 매일 생방송을 진행한다는 것이 어쩌면 무모한 도전이었을지도 모른다. CTS의 모든 관계자분들의 용기와 결단에 다시금 감사를 드린다.

나는 오늘도 죽으러 간다

나는 매일 생방송을 하러 나갈 때마다 죽으러 나갔다. 나라는 한 사람을 통해서 한 영혼이 살아난다면 나는 지금이라도 기꺼이 내 생명과 바꾸겠다는 마음으로 갔다. 왜냐하면 나의 주님이시며 나의 멘토이신 예수님도 그러셨기 때문에 나에게도 이것이 당연하다는 마음으로 매일 죽으러 나가며 이렇게 기도했다.

"하나님, 저는 오늘도 죽으러 나갑니다. 저의 목숨을 하나님의 자녀를 위해서 기꺼이 바치겠습니다. 그래서 오늘 방송 중에 저와 일면식도 없는 하나님의 자녀를 하나님이 살리기 원하시면 언제든 저의 목숨과 맞바꾸셔서 그를 살려주세요."

그런데 놀라운 사실은 매일 죽으러 나가는데 매일 살아서 돌아왔다.

> 자기의 생명을 사랑하는 자는 잃어버릴 것이요 이 세상에서 자기의 생명을 미워하는 자는 영생하도록 보전하리라 요 12:25

> 사람이 친구를 위하여 자기 목숨을 버리면 이보다 더 큰 사랑이 없나니 요 15:13

나는 예수님의 사랑을 받은 대로, 그리고 예수님으로부터 배운 대로 실천하고 싶었다. 그런데 나는 매일 죽으러 나가는데 '콜링갓' 방송을 통해서 매일 나와 모든 시청자들이 예수님의 생명으로 살아나는 역사를 눈으로 보게 되고, 많은 사람들이 예수님을 인격적으로 만나며 영생으로 채워지는 순간들을 경험하며 하나님께 영광을 돌렸다.

매일 내 목숨을 기꺼이 버리겠다는 마음으로 가는데, 하나님은 자기 목숨을 버리는 자에게 영생으로 보존해주시겠다고 하신다.

> 자기의 생명을 사랑하는 자는 잃어버릴 것이요 이 세상에서 자기의 생명을 미워하는 자는 영생하도록 보전하리라 요 12:25

목숨을 버리는 자는 영원한 생명으로 채워주신다는 헬라어도 생각이 났다.

ψυχή, ψυχή, ζωή 목숨, 목숨, 영생

나의 멘토이시며 롤 모델이신 예수님께 배운 대로 내가 매일 죽으러 나가니까 매일 하나님의 생명으로 채워주시는 것이다. 하나님께서 지금도 나에게 "나의 자녀들을 위해 너의 목숨을 바칠 준비가 되어 있니?"라고 질문하신다면 "예, 당연하죠. 기꺼이 내 목숨을 바치겠습니다"라고 답할 것이다. 이 마음에는 변함이 없다.

매일 '콜링갓' 방송을 하면서 나는 내가 목사에서 어느 순간 목자로 성장하고 있다는 것을 깨닫게 되었다. 지금도 성도들의 마음과 아픔이 고스란히 전달되어 매일 그들을 위해 기도하게 된다. 결국 '콜링갓'의 목적은 방송국의 목적과 다르다는 것을 분명히 알게 되었고, 더 나아가 하나님의 목적은 바로 나의 목적이 되었다.

CTS는 방송사이기 때문에 시청률에 민감할 수밖에 없다. 또한 콜링갓을 좋아하는 시청자는 치료받고 회복되기를 간절히 바란다. 나는 이 두 마음을 잘 알고 있다. 그런데 하나님께서 나에게 주신 마음은 CTS도 시청자도 모든 분들이 예수님을 뜨겁게 만나는 것이다. 누구든지 예수님을 인격적으로 만나야 예수님을 제대로 믿고 따를 수 있다. 그런데 예수님을 만나지 못했는데, 어떻게 예수님을 믿고 따를 수 있겠는가. 그래서 지금도 매일 예수님을 만나야 한다고 귀가 따갑게 말하는 것이다.

콜링갓 : 예수님을 뜨겁게 만나는 기도 사역

하나님이 나에게 주신 사명대로 오직 예수님만 증거해서 이들이 예수님을 인격적으로 만나 교제하게 되면 그때 비로소 종교인에서 신앙인으로 성장하고, 신앙인에서 제자로 성장하고, 제자에서 그리스도의 군사로 성장해서 비로소 소금과 빛의 역할을 하며 삶으로 예수님을 증거하는 진짜 크리스천으로 성장할 때 비로소 예수님을 위해 사는 하나님의 기쁨이 되는 것이다.

나에게는 신앙의 목표와 목적이 있다.

> 신앙의 목표는 오직 예수님만을 위해서 사는 것이다(고후 5:15).
> 신앙의 목적은 예수님을 닮아가면서 하나님의 기쁨이 되는 것이다(롬 8:29 ; 고후 5:9).

예를 들면 콜링갓은 다양한 메뉴를 준비한 식당이 아니라 딱 한 가지 메뉴로 승부를 거는 식당이다. 방송으로 보는 '콜링갓'은 매일 구성이 똑같다. 전화를 받고 기도해드리는 것이 전부다. 그런데 왜 사람들이 '콜링갓'을 볼까? 이유는 매우 간단하다.

> 하나님이 모든 것을 지으시되 때를 따라 아름답게 하셨고 또 사람들에게는 영원을 사모하는 마음을 주셨느니라 그러나 하나님이 하시는 일의 시종을 사람으로 측량할 수 없게 하셨도다 전 3:11

우리 안에는 영적인 것을 추구하는 마음이 있다. 영원을 추구하는 것이 뭔지는 잘 몰라도 본능적으로 우리의 영은 '오직 예수'를 추구한다. 그래서 나는 콜링갓 프로그램을 진행하며 영원을 추구하는 마음을 담아 많은 사람들에게 '오직 예수'를 전했다.

특히 2020년에 시작된 코로나 팬데믹으로 외출을 못하게 되고 그대신 방송을 보게 되니까 '콜링갓' 사역은 오히려 점점 부흥하게 되었다. 대면예배도 드리지 못하는 상황까지 오자 모든 교회에서 온라인 예배를 구축하기 시작했고, 성도님들 역시 휴대폰이나 컴퓨터로 예배를 드리고 방송을 보는 일이 익숙해졌다. 코로나가 한창일 때는 팀에 코로나 환자가 발생하면 아무리 생방송일지라도 방송을 하지 못하는데 '콜링갓'은 한 번도 방송을 쉬지 않고 매일 시청자들과 소통하며 은혜를 쌓아나갔다.

'콜링갓' 이외에도 유튜브 방송으로 '자판기'라는 프로그램이 신설되었고, 성도들과 생방송으로 소통하며 함께 예배드리는 '와보라'가 신설되었다.

콜링갓이 시청자들과 소통하고 기도하는 프로그램이었다면 '자판기'는 신앙생활에 궁금한 것들을 풀어주면서 신앙에 실제적인 도움을 주는 프로그램이었으며 '와보라'는 전 세계에 계신 성도님들과 줌으로 연결해서 함께 찬양하고 예배드리며 화상으로 기도해드리고 치료와 회복을 체험하는 귀한 예배 시간이었다.

코로나로 많은 사람들이 고통받고 있을 때 하나님은 콜링갓, 자판기, 그리고 와보라를 통해 강권적으로 개입해주셔서 많은 분들이 예수님을 만날 수 있도록 인도하는 교두보 역할을 담당하게 하셨다.

가상교회를 세우라

2014년 CTS 본사에서 방송 사역을 시작하면서 해가 거듭될 때마다 매년 1월 1일에 나는 하나님께 여쭤봤다.

"아버지, CTS 사역을 올해까지 합니까?"

그때마다 하나님이 계속하라고 하셔서 방송국과의 계약을 연장하고는 했다. 2021년 1월 1일에도 하나님께 여쭤봤다. 그런데 그때 CTS 사역은 올해까지만 하라고 하셨다. 그래서 나는 2021년

12월 31일에 사역을 마무리하게 되었다. 모든 분들이 예수님을 뜨겁게 만나기 바라는 마음으로 '오직 예수'만 전한 '콜링갓'은 물론 모든 CTS 사역을 감사로 마칠 수 있었다. 정말 많은 분들과 소통했고, 하나님의 이적이 많이 나타났고, 하나님의 임재로 가득했던 시간들을 떠올리면 감사한 것밖에 없다.

2021년 12월 31일 CTS 사역을 내려놓고 나는 하나님께 내가 앞으로 어떤 사역을 하기 원하시는지 여쭤봤다. 그때 하나님은 나에게 가상교회를 세우라고 하셨다. 즉 유튜브를 통해 모든 피조물에게 복음을 전파하는 사역을 하라고 하셨다(막 16:15).

그런데 이때 '가상교회'라는 단어는 일찍이 2005년 1월 1일에 주신 감동이었다. 미국에서 교회를 개척할 때 매년 1월 1일에 금식하며 하나님의 뜻을 구하는데 2005년 1월 1일에는 하나님께서 기도 중에 매우 명확히 이런 환상을 보여주셨다.

Virtual Church

너무 생소한 단어인데 직역하면 가상교회다. 그렇지만 도대체 'Virtual Church'가 뭔지 어떻게 생겼는지 알 수가 없었다. 그때나 지금이나 이 가상교회라는 사역을 하는 데가 없기 때문에 벤치마킹할 데도 없었다. 나는 그나마 영상으로 선교하는 사역이라 생각하고, 2005년 4월에 교회를 닫고 본격적으로 순회 부흥 사역을 자비로 시작하게 되었는데, 이때에도 나는 'Virtual Church'라는 단어를 잊지 못했다.

그런데 2005년 2월 14일 전 세계를 바꾸는 놀라운 사건이 생겼는데 그것이 바로 우리에게 이미 매우 친숙한 유튜브(YouTube)가 설립된 것이다. 그리고 17년이 지난 2021년 1월 1일, 하나님께서 유튜브를 통해서 Virtual Church, 즉 가상교회를 세우시겠다고 매우 명확한 감동을 주셨다. 그리고 계속 기도할 때 'Virtual Church'가 무엇인지 알려주셨다.

> Virtual Church란 전 세계에 지역적, 시간적 한계나 제재 없이 언제 어디서나 80억 인구에게 24시간 예수님만 증거할 수 있는 생명의 공동체

그래서 드디어 2022년 1월 1일부터 'Just Jesus'라는 이름으로 유튜브에서 가상교회를 시작하게 되었다. 가상교회는 교회 건물이 있는 것이 아니고, 성도들이 와서 함께 예배를 드리는 것도 아니고, 그야말로 유튜브를 통해 'Just Jesus'를 구독하면 Just Jesus 가상교회 등록 교인이 되는 것이다. 우리는 이 유튜브 매체를 이용해 많은 분들과 신앙으로 소통하는 프로그램을 만들어 성도님들에게 더 가깝게 다가가기 위해 많은 노력을 기울이게 되었다.

그렇게 시작된 Just Jesus 가상교회 등록 교인이 2025년 2월에 10만 명이 되었다. 하나님께 너무 감사했다. 불과 3년 만에 하나님

이 놀라운 부흥을 주셨다.

저스트 지저스 교회와 유튜브 방송국

처음에 하나님이 가상교회를 하라고 하셨을 때는 휴대폰 카메라로 찍어서 방송을 하면 되겠다고 생각했다. 하지만 아내와 둘이 방송을 시작하기 어려울 것 같아 콜링갓 작가님께 함께 유튜브 방송을 하자고 하자 흔쾌히 수락해주셔서 처음에는 아내와 나, 그리고 작가님 가정과 함께 Just Jesus 유튜브 채널을 오픈했다. 마침 작가님의 딸이 타 방송사 피디라서 퇴근 후 편집을 하며 "만나요", "들어요", "다와요"가 시작되었는데 시간이 지날수록 점점 구독자도 늘고 채널이 커지는 것이 눈에 보였다. 그래서 제작 인원을 보충하고 사무실도 마련해서 지금은 방송국 같은 규모로 열심히 하나님의 마음을 담은 방송을 만들어가고 있다.

    Just Jesus 가상교회의 주된 역할은 전 세계를 향해 온라인으로 복음을 전하는 것이다. 그 역할을 위해 하나님은 방송 제작을 할 수 있는 장소 또한 예비해주셨다. 2022년 1월 1일 Just Jesus 유튜브 방송을 시작할 때만 해도 스튜디오 공간이 없어 시간당 스튜디오를 빌려서 촬영을 해야만 했고, 사무실도 없어 책상 두 개가 간신히 들어가는 공유 오피스텔에서 편집을 하고 업로드하는 상황이었다.

그래서 제작사 대표는 매일 변두리를 돌며 스튜디오로 쓸 만한 장소를 찾아다닌다는 이야기를 듣고 나는 매일 기도하기 시작했다. 하나님이 원하시는 장소에서 복음을 전하는 방송을 마음껏 제작할 수 있는 여건을 허락해달라고 기도하고 또 기도했다. 그러던 중 예전에 알고 지내던 지인으로부터 안부 연락이 와서 현재의 상황에서도 너무 감사하게 예수님을 증거하고 있다고 말씀을 드렸다. 그러자 뜬금없이 본인에게 건물이 있으니 그곳에 한 층을 교회로, 방송국으로 사용하면 좋겠다고 하셨다.

처음 그 말씀을 듣고 나는 감사하지만 하나님께 먼저 여쭙고 듣고 분별한 다음 알려드리겠다고 했다. 그래서 기도하는데 그 분이 계속 연락을 주시며 본인은 벌써 응답을 받았다고 하며 꼭 그 장소를 사용해달라고 하셨다. 그래서 계속 하나님께 여쭈며 드디어 몇 달 만에 하나님이 허락하셔서 그 분에게 말씀을 드리고 그 장소에 Just Jesus 가상교회, Just Jesus 유튜브 방송을 하는 스튜디오를 꾸며서 마음 편히 방송을 제작하게 된 것이다.

놀라운 사실은 건물의 한 층 전부를 무상으로 임대해주셨을 뿐만 아니라 모든 인테리어 역시 직접 해주셨고, 매달 내는 관리비까지 헌신해주신다는 것이다. 그래서 지금까지 Just Jesus 가상교회를 통해 들어오는 헌금 전액은 교회나 방송국 운영에 사용되지 않고 온전히 80억 인류 구원을 이루는 곳에만 흘려보내고 있다.

지금까지 부족함 없이 유튜브 방송을 제작할 수 있도록 모든 여건을 허락해주신 하나님께 모든 감사와 영광을 올려드리며 또한 Just Jesus 가상교회를 위해 본인의 건물을 내어주신 귀한 분께 이 책을 빌려 감사의 마음을 전하고 싶다.

80억 구원을 위해 세계로

사무실, 교회, 방송국의 인테리어까지 마치고 처음 입당하던 날, 감동과 감격으로 하나님께 영광을 올려드린 그 날이 지금도 생각난다. Just Jesus 가상교회는 일반 교회와는 전혀 다른 모습으로 인테리어 공사가 시작되었다. 예배당이 있는 것이 아니라 스튜디오와 편집실, 기도실, 회의실이 있다. 누가 봐도 교회의 모습은 아니다. 방송으로 사역을 해야 하기 때문에 방송 제작사 같은 모습으로 인테리어 공사가 시작될 때 나는 언제쯤 사용이 가능한지 여쭤보았다. 그랬더니 2022년 6월 16일에 공사를 마치고 6월 17일부터 사용이 가능하다고 하셨다.

6월 17일은 내가 예수님을 만난 날인데 그 날짜에 Just Jesus 가상교회 입당을 하게 된다는 것이 꿈만 같았다. 하나님도 6월 17일을 기억하시고 정확하게 Just Jesus 가상교회의 시작을 같은 날로 맞춰주셨다. 생각만 해도 감사와 감격과 감동을 넘어 하나님께 모든 영광을 올려드린다.

이것은 온라인 사역이라 다양한 방송 프로그램을 통해 복음을 전하다가 이제는 한 달에 한 번씩 "다와요"라는 이름으로 대면 예배를 드린다. 매달 예수님을 만나기 위해 지방은 물론이고 해외에서도 참석하는 성도들이 있을 정도로 하나님의 임재 안에서 뜨겁게 예배드리고 있다.

또한 2024년부터는 하나님이 해외로 나가라고 하셔서 일본 도쿄에 가서 복음을 전하고 왔다. 복음의 불모지인 일본에서 복음을 전하기가 쉽지 않을 것 같았는데, 하나님이 함께해주시는 곳에 은혜가 넘친다는 것을 알기 때문에 하나님만 믿고 시작된 도쿄 "다가요" 예배는 기적 그 자체였다. 하나님이 주신 감동대로 "다가요" 현장 예배에서 들어온 헌금 전액을 일본 땅에 흘려보내고 돌아왔다.

일본은 교회가 많지 않지만 어려운 상황 가운데 복음을 전하고 계시는 목사님과 선교사님들에게 작지만 힘을 실어드리고 왔다는 것 자체가 기적이고 감사였다. 앞으로도 Just Jesus 대면 예배 중 하나인 국내 "다와요"를 포함해 해외 "다가요"에서 모인 헌금 전액은 그 현지에 흘려보낼 예정이다.

하나님은 나를 순회 부흥사로 부르시고 2014년에 한국으로 가라고 하시며 한국을 위해 기도하라고 하셨다. 그리고 이제는 80억 구원을 이루기 위해, 그리고 모든 민족이 "오직 예수"로 하나가 되기 위해 영어와 일본어 사역도 준비 중이고 더 많은 언어로 사역이 이어져 모든 민족이 예수님의 이름으로 하나가 되는 그 날을 위해 Just Jesus 가상교회를 사용해주실 거라 믿는다.

하나님은 나를 부르셔서 모든 민족을 구원하라고 하셨다. 그래서 80억을 넘어 모든 민족이 구원을 이루는 그 날까지 Just Jesus 가상교회의 불은 꺼지지 않을 것이다.

153 기도
온 인류 구원을 위해서 오직 믿음으로 기도하세요.

153 : 매일 1번씩 5분 이상 3가지 합심기도를 해주세요.

사랑하는 나의 하나님 아버지,
온 인류와 나라와 민족을 위해서
기도할 수 있는 특권을 허락하셔서 감사합니다.

온 인류구원을 위해서
전 세계 모든 자들이 마음을 활짝 열고
하나님께 항복하고 회개하고 예수님께 생명을 바치고,
예수님만을 절대적으로 신뢰하고 따르며
예수님 안에 거하며 예수님만을 위해서 살게 도와주세요.

대적기도
전 세계 모든 사람들의 마음, 생각, 눈, 귀와 입을 가리고 있는
모든 거짓, 속임수, 욕심, 음란, 공포, 이기주의, 자존심, 교만,
인종차별, 동성애, 진보주의, 사회주의, 인본주의, 우상숭배는
예수님의 이름으로 묶임을 받고 무저갱에 던져지고,

모든 자들이 하나님의 초자연적 권능으로
마귀의 거짓과 어두움을 대적하고,
초자연적 본능으로 예수님만을 절대적으로 신뢰하고 따르며
예수님 안에 거하며 예수님만을 위해서 살게 도와주세요.

나라와 민족을 위해서
모든 나라와 민족의 정치경제 지도자들의
마음, 생각, 눈, 귀와 입을 가리고 있는
마귀의 거짓과 어두움은
예수님의 이름으로 묶임을 받고 무저갱에 던져지고,
모든 자들이 마음을 활짝 열고 하나님께 항복하고 회개하고
예수님께 생명을 바치고 예수님만을 절대적으로 신뢰하고 따르며
예수님 안에 거하며 예수님만을 위해서 살게 도와주세요.

예수님, 도와주세요. 예수님, 도와주세요.

예수님의 이름으로 기도합니다.
아멘.

에필로그

이제 당신의 삶이 하나님의 이야기로
가득 채워질 시간입니다

지난 31년간 숨 가쁘게 한 분만 바라보며 달려왔습니다.

오직 예수!

이유는 매우 간단합니다. 하나님이 원하셨기에 어떻게 해서라도 하나님께 기쁨을 드리고자 예수님 한 분만 바라보며 달려왔고 '오직 예수'라는 한 우물만 팠습니다. 그런데 놀라운 사실은 '오직 예수'라는 우물을 파면 팔수록 더 많고 놀라운 초자연적 은혜가 저를 기다리고 있는 것을 체험했고, 하나님께서 이런 우리를 찾고 계신다는 사실도 깨닫게 되었다는 것입니다.

> 여호와의 눈은 온 땅을 두루 감찰하사 전심으로 자기에게 향하는 자들을 위하여 능력을 베푸시나니… 대하 16:9

그런즉 너희는 먼저 그의 나라와 그의 의를 구하라 그리하면 이 모든 것을 너희에게 더하시리라 마 6:33

이 책을 시작할 때 나눈 그대로 이것은 저의 이야기가 아니고 나를 살리시고 사용하시는 하나님의 이야기입니다. 그런데 놀라운 사실은 이렇게 좋으신 하나님께서 여러분을 만나주시고, 살려주시고, 사용하시기를 원하신다는 것입니다.

그러므로 부디 부탁드리니 세상에는 마음을 닫고 하나님께만 마음을 활짝 여시고 저를 만나주신 하나님을 기대하면서 여러분도 만나달라고 하시면 하나님께서 반드시 여러분을 만나주시고, 살려주시고, 소금과 빛으로 사용하실 것을 확신하며 모든 분들을 사랑하며 마음껏 축복합니다.

33 선포기도

매일 아침 믿음으로 선포하면서 하루를 시작해주세요.

오직 예수님만을 절대적으로 신뢰하고 예수님 안에 있을 때

1. 나는 신실한 성도다(엡 1:1).
2. 나는 신령한 복을 받은 자다(엡 1:3).
3. 나는 선택받은 자다(엡 1:4).
4. 나는 하나님의 자녀다(엡 1:5).
5. 나는 은혜받은 자다(엡 1:6).
6. 나는 죄사함을 받은 자다(엡 1:7).
7. 나는 하나님의 지혜와 총명이 넘치는 자다(엡 1:8).
8. 나는 하나님의 목적이 있는 자다(엡 1:9).
9. 나는 하나님의 기업을 받은 자다(엡 1:11).
10. 나는 하나님의 영광의 찬송이다(엡 1:12).
11. 나는 성령님의 인치심을 받은 자다(엡 1:13).
12. 나는 하나님의 보증을 받은 자다(엡 1:14).
13. 나는 하나님의 마음과 지혜를 알 수 있는 자다(엡 1:17, 3:10).
14. 나는 하나님의 부르심의 소망이 있는 자다(엡 1:18).
15. 나는 부활의 능력을 알고 믿는 자다(엡 1:19-21).

16. 나는 교회이고 나의 머리는 예수님이시다(엡 1:22-23).

17. 나는 죄로 죽었다가 살아난 자다(엡 2:1).

18. 나는 구원의 은혜를 받은 자다(엡 2:5).

19. 나는 예수님과 함께 하늘에 앉을 자다(엡 2:6).

20. 나는 믿음으로 구원의 선물을 얻은 자다(엡 2:8).

21. 나는 하나님만을 자랑하는 자다(엡 2:9-10).

22. 나는 하나님과 가까운 자다(엡 2:13).

23. 나는 하나님과 화목함을 받은 자다(엡 2:16).

24. 나는 하나님의 평안을 얻은 자다(엡 2:17).

25. 나는 하나님께 나아갈 수 있는 자다(엡 2:18, 3:12).

26. 나는 하나님의 가족이다(엡 2:19).

27. 나는 거룩한 성전으로 공사중이다(엡 2:22).

28. 나는 하나님의 상속자다(엡 3:6).

29. 나는 하나님의 약속에 참여하는 자다(엡 3:6).

30. 나는 하나님의 일꾼이다(엡 3:7).

31. 나는 예수님의 증인이나(엡 3:8).

32. 나는 하나님의 능력으로 강건함을 얻은 자다(엡 3:16).

33. 나는 하나님의 권능으로 승리하는 자다(엡 3:20).

오직 예수 : 항복 + 회개 = 회복(대하 7:14)

저작권은 Just Jesus & ALDO Communication에게 있습니다.

저스트 지저스 : 오직 예수

초판 1쇄 발행	2025년 6월 17일
초판 6쇄 발행	2025년 10월 1일
지은이	브라이언박
펴낸이	여진구
책임편집	안수경 김도연
편집	이영주 진효지 최현수 구주은 김아진 배예담
책임디자인	노지현 ㅣ 마영애 조은혜 정은혜 남은진
마케팅	김상순 강성민
제작	조영석 허병용
마케팅지원	최영배 정나영
경영지원	김혜경 김경희 김영하

303비전성경암송학교 유니게 과정
이슬비전도학교 / 303비전성경암송학교 / 303비전꿈나무장학회

펴낸곳 규장

주소 06770 서울시 서초구 매헌로 16길 20(양재2동) 규장선교센터
전화 02)578-0003   팩스 02)578-7332
이메일 kyujang0691@gmail.com
페이스북 facebook.com/kyujangbook
카카오스토리 story.kakao.com/kyujangbook
등록번호 1922-2461
since 1978.08.14
홈페이지 www.kyujang.com
인스타그램 instagram.com/kyujang_com

ⓒ 저자와의 협약 아래 인지는 생략되었습니다.
이 출판물은 저작권법에 의해 보호를 받는 저작물이므로 무단 전재와 무단 복제를 할 수 없습니다.

책값 뒤표지에 있습니다.
ISBN 979-11-6504-626-2 03230

규 | 장 | 수 | 칙

1. 기도로 기획하고 기도로 제작한다.
2. 오직 그리스도의 성품을 사모하는 독자가 원하고 필요로 하는 책만을 출판한다.
3. 한 활자 한 문장에 온 정성을 쏟는다.
4. 성실과 정확을 생명으로 삼고 일한다.
5. 긍정적이며 적극적인 신앙과 신행일치에의 안내자의 사명을 다한다.
6. 충고와 조언을 항상 감사로 경청한다.
7. 지상목표는 문서선교에 있다.

하나님을 사랑하는 자 곧 그의 뜻대로 부르심을 입은 자들에게는 모든 것이 合力하여 善을 이루느니라(롬 8:28)

규장은 문서를 통해 복음전파와 신앙교육에 주력하는 국제적 출판사들의 협의체인 복음주의출판협회(E.C.P.A:Evangelical Christian Publishers Association)의 출판정신에 동참하는 회원(Associate Member)입니다.